Giampiero Teresi

REGIME FORFETTARIO 2019

La prima guida che ti spiega il Nuovo Regime Forfettario 2019 anche se non capisci nulla di Fisco.

Al 2019.

*Anno di Successi, Promesse
e Matrimoni.. (il mio!)*

Indice

Capitolo 1

Lavora in proprio!   pag. 1

Capitolo 2

Come aprire una Partita IVA   pag. 8
- 2.1 La Prestazione Occasionale
- 2.2 Come aprire una Partita IVA
- 2.3 I Diritti Camerali della Camera di Commercio
- 2.4 I Contributi INAIL
- 2.5 PEC e Firma Digitale
- 2.6 Le false Partite IVA
- 2.7 Serve un Conto Corrente aziendale?
- 2.8 Come scegliere il Codice ATECO
- 2.9 Il Cassetto Fiscale ed il Cassetto Previdenziale
- 2.10 La NASPI: come richiederla in modo anticipato
- 2.11 In quale periodo dell' anno conviene aprire Partita IVA

Capitolo 3

Il Regime Forfettario 2019   pag. 96
- 3.1 Regime Forfettario 2019
- 3.2 I Vantaggi del Regime Forfettario 2019
- 3.3 I limiti di fatturato
- 3.4 Cosa scaricare con il Regime Forfettario
- 3.5 lavoratore Dipendente e Partita IVA
- 3.6 Dal Regime dei Minimi al Regime Forfettario 2019
- 3.7 Operazioni con l' estero

Capitolo 4
I Contributi Previdenziali   pag. 146
- 4.1 I Contributi INPS per Commercianti ed Artigiani
- 4.2 Come ridurre i Contributi INPS
- 4.3 Contributi INPS per Professionisti "senza cassa"
- 4.4 Contributi Previdenziali per professionisti con cassa

Capitolo 5
Calcolare Tasse e Contributi   pag. 174
- 5.1 Tasse e Contributi per Commercianti ed Artigiani
- 5.2 Tasse e Contributi per Professionisti e Freelance
- 5.3 Tassazione al 5% o tassazione al 15%?
- 5.4 saldo, acconto e Ravvedimento Operoso

Capitolo 6
Come emettere le fatture   pag. 189
- 6.1 Come emettere una fattura nel Regime Forfettario
- 6.2 Il Contributo Integrativo INPS
- 6.3 Il rimborso delle Spese Anticipate
- 6.4 La marca da bollo in fattura
- 6.5 La Nota di Credito
- 6.6 Fattura non pagata: cosa fare?
- 6.7 La Fatturazione Elettronica
- 6.8 Il contratto da Lavoratore Autonomo

Capitolo 7 pag. 211

La Dichiarazione dei Redditi

- 7.1 Dichiarazione dei Redditi Modello 730
- 7.2 Dichiarazione dei Redditi Modello UNICO
- 7.3 Quando non è necessario inviare la Dichiarazione dei Redditi

---

Capitolo 8 pag. 231

Commercialista Online

1. LAVORA IN PROPRIO!

Il Regime Forfettario è tutta la mia vita. Quantomeno, è la totalità del mio lavoro: ciò che studio, analizzo e approfondisco ogni giorno da 5 anni ormai. Io stesso ho aperto Partita IVA per la prima volta nel 2013 in quel Regime Fiscale che rappresenta il suo predecessore: il Regime dei Minimi.

Nel 2016 sono poi passato al Regime Forfettario (in verità era già stato introdotto nel 2015, ma con una serie di limitazioni che ne rendevano impossibile l' utilizzo), per poi abbandonarlo nel 2017 a causa (e per fortuna!) del superamento dei limiti di incasso imposti dallo stesso.

Non ho mai smesso di aggiornarmi su tutte le novità che negli anni sono state introdotte e che hanno modificato il Regime Forfettario anche e soprattutto perchè dal 2014, per primo in

Immagine 1. La Homepage del mio sito www.regime-forfettario.it

Italia, ho sviluppato un Servizio di Contabilità Online specializzato appunto nel Regime Forfettario. Gestisco quindi dal 2014 la Contabilità di centinaia di Lavoratori Autonomi (Professionisti, Commercianti o Artigiani) sparsi in tutta Italia che hanno deciso di aprire la propria Partita IVA in questo particolare Regime Fiscale di vantaggio, e gestisco tutto ciò completamente Online.

Ed è proprio di questo che voglio parlarti in questo volume e cioè del Regime Forfettario 2019, modificato dalla nuova Legge di Bilancio 2019 che lo ha migliorato sotto alcuni aspetti rendendolo di fatto l' unico Regime Fiscale di vantaggio esistente in Italia.

Il Regime Forfettario 2019 è ideale quindi per tutti quei Professionisti, Artigiani o Commercianti che per la prima volta decidono di immettersi nel mondo del lavoro perché garantirà loro una serie di vantaggi fiscall ed una gestione contabile semplificata e più leggera.

Il nuovo Regime Forfettario in verità potrà essere utile anche a tutti coloro che una partita IVA ce l' hanno già, magari nel Regime Ordinario o Semplificato, e che potranno in questo modo ridurre la propria pressione fiscale ed alleggerire in modo sostanziale gli adempimenti burocratici, che sono causa di una perdita di tempo infinita.

Anche tutti i Lavoratori Dipendenti, a tempo determinato o indeterminato, potranno agevolarsi del Regime Forfettario magari per realizzare il sogno di una vita di mettersi finalmente in proprio, o forse semplicemente per arrotondare il proprio stipendio sfruttando nel tempo libero proprie capacità Professionali o i propri hobby.

Ogni giorno, grazie al mio lavoro, ho la possibilità di confrontarmi con decine di Imprenditori e Professionisti, futuri Lavoratori Autonomi che hanno come sogno quello di sviluppare la propria Start-up o quello di iniziare la propria attività Professionale magari dopo anni di studi e specializzazioni. Durante le mie Consulenze (oltre 2.500 Consulenze Gratuite effettuate nel 2018) propongo alla maggior parte di loro l' adesione al Regime Forfettario, che rappresenta quindi nella maggioranza dei casi il Regime Fiscale ideale per poter iniziare la propria Attività sia per i vantaggi fiscali ed economici ma soprattutto per la sua semplicità burocratica e di gestione.

Diciamoci la verità, il posto fisso è morto, non esiste più. Sono davvero pochissime al giorno d' oggi le Aziende che possono permettersi di assumere dei dipendenti a tempo indeterminato e la maggior parte di queste sono Imprese Statali con concorsi pubblici che richiamano annualmente migliaia di giovani per l' assegnazione di 2-3 posti di lavoro.

Le Aziende che negli anni passati assumevano costantemente Lavoratori dipendenti hanno adesso modificato la propria strategia preferendo"collaborare" con Liberi Professionisti titolari di partita IVA in modo da poter risparmiare sui costi dei Contributi Previdenziali ottenendo anche la possibilità di poter interrompere volontariamente ed in qualsiasi momento il rapporto lavorativo con il Collaboratore.

L' aumento dei licenziamenti è indirettamente proporzionale alle nuove assunzioni: nonostante diminuiscano le assunzioni di Lavoratori a tempo determinato, aumenta invece il numero dei disoccupati per licenziamento.

Questa è purtroppo la realtà di oggi, ed i giovani e meno giovani ne devono prendere atto. I politici ne fanno un pinto fisso delle loro campagne ed i sindacati spingono sull' argomento, ma il problema rimane: gran parte dei giovani di oggi sono disoccupati. Come correre ai ripari?

C' è chi dice che non dovremmo essere troppo "choosy" e quindi dovremmo accettare qualsiasi lavoro ci venga proposto anche se non è quello per il quale ci siamo preparati per 5-10 anni della nostra vita fino a quel momento. C' è chi suggerisce di pazientare, la crisi non durerà in eterno e terminata questa ci sarà un nuovo boom economico.
A mio avviso invece, la migliore alternativa in questo momento di declino economico è quella di decidere di diventare Lavoratore Autonomo.

Sì, i titolari di Partita IVA, al contrario di quelli con il contratto, sono anche una specie di Commercialisti di loro stessi, d' altronde sono gli unici che vengono identificati con un Regime Fiscale. Il dipendente riceve ogni mese il cedolino, tra Aprile e Maggio porta la certificazione al Commercialista o al Caf e la dichiarazione dei redditi è fatta. L' Autonomo è sempre lì a far quadrare i conti, a rincorrere datori di lavoro che spariscono, a incrociare come una battaglia navale gente che paga a 60, 90 o 120 giorni, attaccando marche da bollo a destra e a manca. Certo, devi impegnarti, ma mica devi per forza fare la fame se sei una Partita IVA.
Anzi, sfatiamo un mito: ci sono le Partite IVA che guadagnano e sono felici, anche a 25 o 30 anni.

So bene che l' idea, esposta in questo modo, può spaventare: lavorare in proprio non significa solo dare un calcio a tutti gli eventuali capi, fare gli orari che si preferiscono, lavorare con chi si vuole. Significa anche e soprattutto essere il proprio Capo, imparando a gestire se stessi, il proprio lavoro, i propri tempi, creando contatti di lavoro sia per eventuali collaborazioni sia con Clienti presenti e futuri.

Per riuscire a diventare un lavoratore Autonomo è necessario innanzitutto individuare il proprio ambito di azione, individuare cioè l' ambito per il quale siamo portati o per il quale abbiamo studiato negli ultimi anni.

Lavorare in proprio è nella maggior parte dei casi sinonimo di paura. Paura, oltre che per i rischi di insuccesso, anche per gli elevati costi di gestione. È idea comune che aprire una Partita IVA sia dispendioso, e dispendiosa sia anche la sua gestione, compresi i costi del Commercialista e soprattutto la quantità di tasse da dover pagare ogni anno.

In questo volume ti dimostrerò che non è così. Esistono nuovi strumenti fiscali, come il nuovo Regime Forfettario 2019, che permettono a Lavoratori Autonomi, specialmente Liberi Professionisti, Freelance, ma anche Artigiani e Commercianti, di immettersi per la prima volta nel mondo del lavoro usufruendo da subito di notevoli Vantaggi fiscali e contabili.

Inizierò col mostrati tutti i casi in cui non sarà addirittura necessario aprire una Partita IVA per poter sviluppare un' Attività occasionale. Ti mostrerò anche come nella maggior parte dei casi aprire una Partita IVA è assolutamente gratuito e gratuita è la sua gestione negli anni. I famosi "costi fissi" di gestione sono presenti infatti soltanto in alcune categorie di Lavoratori Autonomi e soltanto in alcuni Regimi Fiscali.

Nei capitoli successivi ti illustrerò tutti i vantaggi ed i svantaggi di aprire una Partita IVA nel caso tu dovessi scegliere di intraprendere qualsiasi tipo di Attività Economica, ti parlerò naturalmente di tutte le novità del Regime Forfettario 2019, e di come questo Regime Fiscale potrà permetterti di risparmiar anche diverse migliaia di Euro tra tasse e Contributi Previdenziali.

Io per primo sono un Lavoratore Autonomo ed ho scelto di specializzarmi nella Consulenza fiscale rivolta a tutti i Liberi Professionisti, Freelance, Commercianti ed Artigiani che hanno deciso di aderire ad un particolare Regime Fiscale di Vantaggio: il Regime Forfettario.

Quattro anni fa ho fondato il mio blog (www.regime-forfettario.it) che nel tempo è diventato un punto di riferimento per tutti coloro che hanno bisogno di notizie utili per aprire la propria Partita IVA e diventare così Lavoratori Autonomi. Nel blog tratto esclusivamente argomenti fiscali legati all' unico Regime Agevolato esistente in Italia (il Regime Forfettario appunto) e lo faccio utilizzando un linguaggio semplice, comprensibile anche a chi non ha competenze nel campo fiscale. Ho deciso di utilizzare lo stesso linguaggio semplice anche in questo manuale, per cui mi scuso in anticipo con te se non troverai quasi mai riferimenti o norme legislative (incomprensibili), potrai però approfondire successivamente con una rapida ricerca su Google.

Molti articoli presenti nel mio blog sono stati poi successivamente fonte d' ispirazione per la scrittura di questo manuale. Fondamentale è stato anche il gruppo di discussione su Facebook (Regime-Forfettario.it - Consigli utili) che conta ad oggi più di 5.000 iscritti, e dalle stesso domande che ogni giorno mi vengono poste nel Gruppo prendo spunto per la scrittura di nuovi articoli (a proposito, ti invito ad iscriverti!)

Immagine 2. Il mio gruppo Facebook "Regime-Forfettario.it - Consigli utili"

Spero con questo manuale di riuscire a fornirti tutte le informazioni utili per aiutarti nelle scelte più opportune soprattutto se in questo periodo stai pensando di aprire la tua Partita IVA. In ogni caso sarò a tua disposizione per qualsiasi Consulenza specifica e nei prossimi Capitoli ti spiegherò anche come potrai contattarmi.

2. COME APRIRE UNA PARTITA IVA

In questo capitolo ti parlerò di tutto ciò che bisogna sapere per aprire una Partita IVA: procedure, costi, tempi di apertura, presenza o meno di un conto corrente, ecc.

Ma prima di addentrarmi in questo importante argomento voglio parlarti di tutti i casi in cui non sarà necessario aprire una Partita IVA, ti parlerò quindi dello strumento fiscale della Prestazione Occasionale.

2.1 LA PRESTAZIONE OCCASIONALE

Nel caso in cui l' Attività lavorativa svolta dovesse essere saltuaria, e dovesse inoltre rispettare alcuni restrittivi limiti, sarà possibile evitare l' apatura di una Partita IVA e lavorare ugualmente rispettando le normative fiscali. Lo Stato ha infatti messo a disposizione di tutti i soggetti lo strumento della Prestazione Occasionale, strumento utilissimo per regolamentare tutte quelle Attività Professionali e non effettuate per un periodo limitato di tempo (come ad esempio le attività lavorative derivanti da un hobby) che potrà quindi sostituirsi a tutta la burocrazia derivante dall' apertura di una Partita IVA.

La Prestazione Occasionale è utilissima anche per tutti i Lavoratori Dipendenti che hanno il bisogno o la necessità di migliorare la propria condizione economica sfruttando le proprie abilità, le proprie conoscenze o i propri hobby per generare un reddito alternativo in modo legale e riconosciuto dallo Stato. Dal nome stesso di questo strumento puoi però facilmente intuire che può essere utilizzato solo occasionalmente, non potrai pensare infatti di costruire il tuo business sull' utilizzo della Prestazione Occasionale a meno che non vorrai ristagnare in una situazione di precariato negli anni a venire. Analizziamo quindi come poter utilizzare al meglio la Prestazione Occasionale e quando invece non converrà, o non sarà possibile legalmente, prenderla in considerazione.

Cosa è la Prestazione Occasionale?
L' articolo 222 del Codice Civile definisce il lavoro Occasionale in questo modo: *"si può definire lavoratore autonomo occasionale chi si obbliga a compiere, dietro corrispettivo, un'opera o un servizio con lavoro prevalentemente proprio, senza vincolo di subordinazione, né potere di coordinamento del Committente ed in via del tutto occasionale"*.

Dato che all' inizio di questo volume ho promesso di utilizzare il meno possibile riferimenti di legge o spiegazioni troppo complicate, cercherò di spiegarti nel modo più chiaro possibile come e quando utilizzare la Prestazione Occasionale per il tuo lavoro

Chiariamo subito il concetto più importante, cioè la natura Occasionale della Prestazione. Potrai utilizzare la Prestazione Occasionale solo quando svolgerai in modo occasionale il tuo lavoro per un Committente (il Committente è colui che commissiona un lavoro). Per lavoro Occasionale possiamo intendere quindi una prestazione lavorativa saltuaria, caratterizzata dall' assenza di abitualità, professionalità, continuità e coordinazione. Se tutti questi requisiti verranno soddisfatti contemporaneamente, potrai utilizzare la Prestazione Occasionale senza dover obbligatoriamente aprire una Partita IVA. Analizziamo queste caratteristiche nello specifico.

Assenza di abitualità: la prestazione lavorativa che deciderai di svolgere per il tuo Committente dovrà essere sporadica. Potrai avere più Committenti, e quindi ottenere incarichi da lavoro Occasionale da più persone o aziende ma ogni Prestazione Occasionale non dovrà ripetersi per più di una volta l' anno con lo stesso Committente. Se dovesse succedere ciò, non potrai più utilizzare lo strumento della Prestazione Occasionale.

Assenza di professionalità: la stessa Prestazione Occasionale non potrà essere Professionale. Ciò significa che sarà proibito utilizzare questo strumento fiscale ai Professionisti che, per esercitare il proprio lavoro, devono obbligatoriamente iscriversi ad Albi Professionali (Avvocati, Architetti, Ingegneri, ecc.), o chi presta attività di collaborazione in favore di associazioni e società sportive dilettantistiche in quanto sono previste altre norme al riguardo.

Assenza di continuità: ogni singola Prestazione occasionale non potrà durare più di 30 giorni, inoltre svolgere più volte durante l' anno lo stesso tipo di prestazione lavorativa farà si che questa non sarà più ritenuta Occasionale. Sarà quindi obbligatoria in questo caso l' apertura di una propria Partita IVA.

Assenza di coordinazione: la Prestazione Occasionale dovrà essere svolta in modo autonomo. Il Committente quindi non potrà in alcun modo coordinare il lavoro del lavoratore autonomo, e questo lavoro non dovrà essere parte del ciclo di produzione del Committente stesso.

Lo so, non è semplicissimo comprendere quando è possibile utilizzare la Prestazione Occasionale e quando invece si è obbligati ad aprire una Partita IVA. Cercherò allora di spiegartelo utilizzando degli esempi pratici.

Quando è possibile usare la Prestazione Occasionale?
Prima di scrivere questo manuale ho cercato alcune informazioni sul web sulla Prestazione Occasionale. Tantissimi articoli consigliano di utilizzare la Prestazione Occasionale fino al raggiungimento di compensi occasionali pari a 5.000 Euro annuali. Gli stessi articoli impongono poi l' apertura di una Partita IVA qualora i compensi annuali dovessero superare questo limite annuale.

Niente di più sbagliato, la Prestazione Occasionale non funziona in questo modo!

Se anche a te hanno consigliato di lavorare con la Prestazione Occasionale fino ad un reddito di 5.000 Euro lordi annuali e ti hanno avvertito di dover obbligatoriamente aprire una Partita IVA nel caso superassi questo limite significa che hai a che fare con il Professionista sbagliato.
Ciò che regola la possibilità di utilizzare la Prestazione Occasionale non è affatto il limite dei 5.000 Euro, bensì il Principio di Abitualità ed il Principio di Occasionalità.
Secondo questi Principi sarà possibile utilizzare la Prestazione Occasionale solo nel caso in cui questa non superi la durata di 30 giorni annuali per Committente e solo nel caso in cui questa sia svolta UNA TANTUM, cioè una volta l' anno, con ogni Committente a prescindere dal compenso pattuito.

Per spiegare meglio quando è possibile utilizzare la Prestazione Occasionale e quando sarà necessario aprire una Partita IVA mi servirò di 2 esempi.

Esempio 1 - Ipotizziamo un Professionista al quale venga commissionato un lavoro UNA TANTUM, cioè una sola volta nell' arco dell' anno con lo stesso Committente, per un compenso pattuito pari a 8.000 Euro per la durata di 20 giorni.

In questo caso il Professionista potrà utilizzare la Prestazione Occasionale nonostante il compenso sia superiore a 5.000 Euro in quanto non violerà nessun requisito della Prestazione Occasionale stessa. Non sarà quindi obbligato ad aprire una Partita IVA e potrà lavorare in regola con il Fisco emettendo regolare ricevuta di Prestazione Occasionale (vedremo a breve di cosa si tratta).

Esempio 2 - Ipotizziamo invece lo stesso Professionista al quale venga commissionato un lavoro con cadenza mensile per 2 giorni al mese, per il compenso di 100 Euro al mese, dunque 1.200 Euro annuali.

In questo caso il Professionista non potrà utilizzare la Prestazione Occasionale, nonostante il compenso sia di molto inferiore ai 5.000 Euro annuali, perché non rispetterebbe il Principio di Occasionalità. Sarà quindi obbligato ad aprire una Partita IVA.

Pensi sia una cattiva notizia? Non è così, ti dimostrerò nei capitoli successivi come l' apertura di una Partita IVA risulti quasi sempre più conveniente dell' utilizzo della Prestazione Occasionale anche con redditi annuali molto bassi.

Adesso che abbiamo chiarito in quali casi sarà possibile utilizzare la Prestazione Occasionale, analizziamo quale documento regolarizzerà il lavoro svolto, cioè la ricevuta di Prestazione Occasionale

Come si effettua la Prestazione Occasionale?

La Prestazione Occasionale potrà essere svolta sia in presenza di un contratto tra le parti, sia senza alcun tipo di contratto.

Nel primo caso il Lavoratore Autonomo e il Committente dovranno compilare un contratto di Lavoro Occasionale nel quale verranno stabilite le mansioni che il Lavoratore Autonomo dovrà svolgere, la durata ed i luoghi dove verrà svolta la Prestazione Occasionale ed il compenso pattuito. Consiglio sempre la compilazione di un contratto che regoli i doveri di entrambe le parti. Puoi trovare facilmente dei modelli contrattuali già pre-compilati semplicemente effettuando una ricerca su Google.

Dopo aver materialmente svolto la Prestazione Occasionale, il Lavoratore autonomo non dovrà emettere fattura, ma dovrà in ogni caso fornire una ricevuta di Prestazione Occasionale specificando che trattasi di prestazione fuori dal campo di applicazione dell' IVA ai sensi dell'art. 5 del D.P.R. 633/197. Analizziamo come si compila una Ricevuta di Prestazione Occasionale ed esaminiamo gli elementi essenziali che la compongono.

I campi che dovranno essere obbligatoriamente presente saranno quindi:
* *i dati del Lavoratore Autonomo occasionale (nome, cognome, luogo e data di nascita, indirizzo e codice fiscale);*
* *i dati del Committente (nome, cognome, o ragione sociale se trattasi di società, Partita IVA o codice fiscale, indirizzo);*
* *la descrizione della prestazione svolta (è opportuno far riferimento, se sottoscritta ad una lettera d'incarico che disciplini gli aspetti essenziali della prestazione);*

- *l' importo lordo;*
- *l'eventuale ritenuta d'acconto nella misura del 20%, se il Committente riveste la qualifica di Sostituto d'Imposta (analizzeremo tra poco cosa significa);*
- *l'importo netto percepito;*
- *data, luogo e firma del Lavoratore Occasionale che rilascia la ricevuta.*

NOME _ COGNOME
Via _____ , n. __
Cap. _____   Città ____
C.F. _____
Luogo di Nascita _____
Data di nascita __ __ __

Spett.le

NOTULA N. ... DEL ....

Il sottoscritto _____ dichiara di ricevere la somma lorda di euro _____ (€ _____,00), di cui euro _____(€ _____,00) a titolo di rimborso spese per l'attività occasionale di collaborazione per_____ per un totale di ____ giorni. Al suddetto importo lordo andrà detratta la ritenuta d'acconto (20%) pari a euro _____ (€ _____,00) per un corrispettivo netto pagato pari a euro (€ _____,00)

dichiara inoltre

sotto la propria responsabilità
che la prestazione resa alla ditta ha carattere del tutto occasionale, non svolgendo il sottoscritto prestazione di lavoro autonomo con carattere di abitualità;
di non avere fruito nell'anno ai fini contributivi, della franchigia di € 5.000 prevista dall'art. 44 del D.L. 30 settembre 2003, n. 269;
di non essere soggetto al regime Iva a norma dell'ex art. 5, comma 2, D.P.R. 633/72

Data

In fede

_____

_____
(FIRMA)

Immagine 3. Esempio di ricevuta di Prestazione Occasionale

www.regime-forfettario.it

Come avrai avuto modo di notare, l' importo lordo può essere diverso dall' importo netto della Prestazione Occasionale. Questo perché il più delle volte è necessario applicare la Ritenuta d' Acconto ai compensi percepiti.

Cosa è la ritenuta d' Acconto?

La Ritenuta d' Acconto è uno strumento scelto dal Fisco per assicurare il versamento delle tasse. Rappresenta dunque una trattenuta sui compensi del Lavoratore Autonomo occasionale operata direttamente dal Committente che diverrà quindi Sostituto d' Imposta.

Per comprendere meglio il funzionamento della Ritenuta d' Acconto cercherò di spiegarti tutto con un esempio.
Ipotizziamo un Professionista o Freelance al quale venga commissionato un lavoro, ad esempio la realizzazione di un sito internet, per il compenso pattuito pari a 1.000 Euro.
Al momento del pagamento del lavoro, il Committente dovrà decurtare il compenso del Professionista del 20% applicando la Ritenuta d' Acconto appunto, e dunque pagherà al netto il Professionista "solo" 800 Euro.

Che fine fa dunque il 20% dei compensi, 200 Euro in questo caso, del Professionista? Di sicuro non rimarrà nelle tasche del Committente!

Quest' ultimo infatti diverrà "Sostituto d' Imposta" e sarà obbligato a versare allo Stato la Ritenuta d' Acconto.
Il Sostituto d' Imposta (il Committente quindi) dovrà quindi versare il 20% prima decurtato tramite un Modello di pagamento F24, utilizzando il Codice Tributo 1040 nella sezione Erario.

*Il Committente dovrà poi fornire, entro Febbraio dell'
anno successivo, una Certificazione Unica sulla Ritenuta d'
Acconto versata al lavoratore autonomo occasionale. Il
versamento dovrà avvenire entro il giorno 16 del mese successivo
al pagamento.*

*Ecco un esempio di come dovrà essere compilato il Modello F24
per il versamento della Ritenuta d' Acconto.*

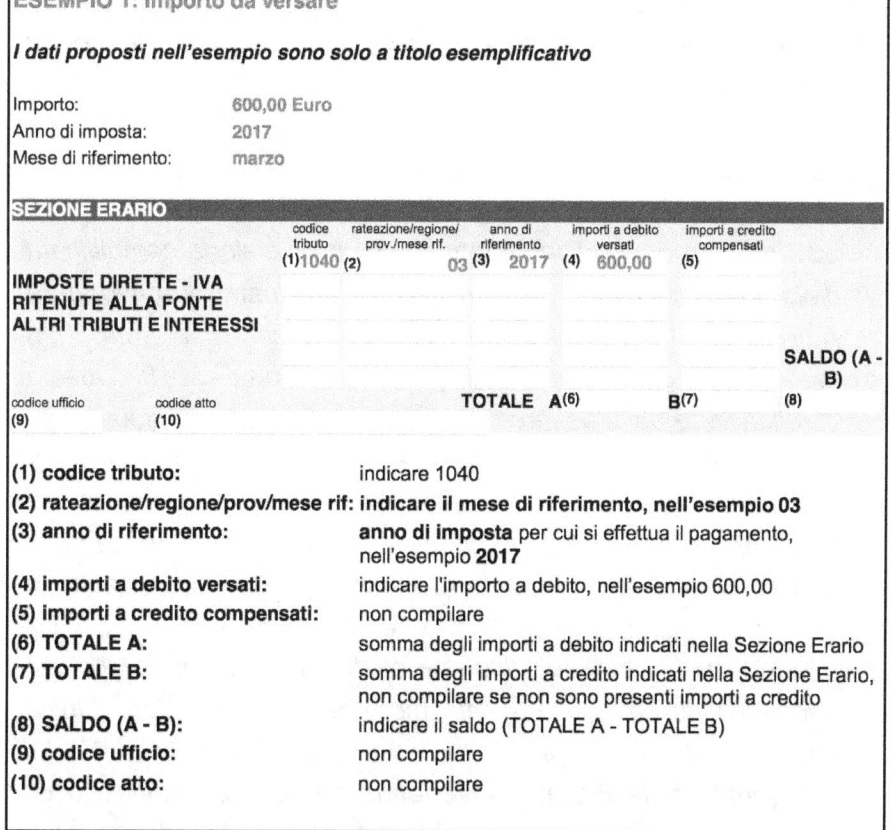

ESEMPIO 1: importo da versare

I dati proposti nell'esempio sono solo a titolo esemplificativo

Importo:	600,00 Euro
Anno di imposta:	2017
Mese di riferimento:	marzo

SEZIONE ERARIO

	codice tributo (1)	rateazione/regione/ prov./mese rif. (2)	anno di riferimento (3)	importi a debito versati (4)	importi a credito compensati (5)
IMPOSTE DIRETTE - IVA RITENUTE ALLA FONTE ALTRI TRIBUTI E INTERESSI	1040		03 2017	600,00	
					SALDO (A - B)
codice ufficio (9)	codice atto (10)		TOTALE A (6)	B (7)	(8)

(1) codice tributo:	indicare 1040
(2) rateazione/regione/prov/mese rif:	indicare il mese di riferimento, nell'esempio 03
(3) anno di riferimento:	**anno di imposta** per cui si effettua il pagamento, nell'esempio **2017**
(4) importi a debito versati:	indicare l'importo a debito, nell'esempio 600,00
(5) importi a credito compensati:	non compilare
(6) TOTALE A:	somma degli importi a debito indicati nella Sezione Erario
(7) TOTALE B:	somma degli importi a credito indicati nella Sezione Erario, non compilare se non sono presenti importi a credito
(8) SALDO (A - B):	indicare il saldo (TOTALE A - TOTALE B)
(9) codice ufficio:	non compilare
(10) codice atto:	non compilare

*Immagine 4. Esempio di compilazione del Modello F24 per il pagamento
della ritenuta d' Acconto preso dal portale dell' Agenzia delle Entrate*

Cosa è la Certificazione Unica

La Certificazione Unica è il documento che i Sostituti d'Imposta (i Committenti delle Prestazioni Occasionali) sono tenuti a rilasciare ai Lavoratori Autonomi, con lo scopo di certificare i redditi percepiti e di certificare l' effettivo versamento delle Ritenute d' Acconto operate.

L'Agenzia delle Entrate, con provvedimento apposito ha reso disponibili sul proprio sito internet i modelli di Certificazione Unica 2019 che i Sostituti d'Imposta (o i loro consulenti fiscali) dovranno utilizzare per attestare i redditi da Prestazione Occasionale erogati durante l' anno.

Esistono due tipi di Certificazione Unica:

* *La Certificazione Unica sintetica - E' una versione semplificata della Certificazione. Deve essere consegnata al Lavoratore Autonomo che ha svolto la Prestazione Occasionale entro il 28 febbraio 2019 relativa ai compensi occasionali 2018. Questa certificazione deve essere compilata dal Sostituto d' Imposta per ogni percettore di redditi soggetti a ritenuta d' acconto, cioè per ogni Lavoratore Autonomo al quale ha commissionato un lavoro.*
* *La Certificazione Unica ordinaria - E' la versione completa della certificazione. Deve essere trasmessa tin modo telematico a cura del Sostituto d'imposta all'Agenzia delle Entrate entro il 7 marzo 2017. Prevede una serie di informazioni aggiuntive rispetto a quelle riportate nel modello di Certificazione Unica sintetico da consegnare ai lavoratori, informazioni utili all'Agenzia delle Entrate per effettuare i controlli d'ufficio e gli accertamenti con largo anticipo rispetto al passato.*

Vediamo adesso un esempio di Certificazione Unica sintetica.

CERTIFICAZIONE UNICA 2017

CERTIFICAZIONE DI CUI ALL'ART. 4, COMMI 6-ter e 6-quater,
DEL D.P.R. 22 LUGLIO 1998, n. 322, RELATIVA ALL'ANNO | 2016 |

DATI ANAGRAFICI	Codice fiscale	Cognome o Denominazione				Nome		
DATI RELATIVI AL DATORE DI LAVORO, ENTE PENSIONISTICO O ALTRO SOSTITUTO D'IMPOSTA	Comune ROMA		Prov. RM	Cap 00100	Indirizzo			
	Telefono, fax		Indirizzo di posta elettronica				Codice attività 631200	Codice sede

DATI RELATIVI AL DIPENDENTE PENSIONATO O ALTRO PERCETTORE DELLE SOMME	Codice fiscale	Cognome o Denominazione		Nome				
	Sesso M	Data di nascita 1986	Comune (o Stato estero) di nascita	Provincia di nascita (sigla) SA	Categorie particolari	Eventi eccezionali	Casi di esclusione dalla precompilata	

DOMICILIO FISCALE ALL' 1/1/2016

Comune	Provincia (sigla)	Codice comune

DOMICILIO FISCALE ALL' 1/1/2017

Comune	Provincia (sigla)	Codice comune	Fusione comuni

DATI RELATIVI AL RAPPRESENTANTE — Codice fiscale

RISERVATO AI PERCIPIENTI ESTERI

Codice di identificazione fiscale estero	Località di residenza estera

Via e numero civico	Non residenti Schumacker	Codice Stato estero

DATA 07 03 2017   FIRMA DEL SOSTITUTO D'IMPOSTA   X

Immagine 5. Esempio di una Certificazione Unica rilasciata dal Sostituto d'
Imposta. In questa prima pagina verranno riportati i dati del Lavoratore
Occasionale ed i dati dell' Azienda.

Codice fiscale del percipiente

Mod. N. | 1 |

CERTIFICAZIONE LAVORO AUTONOMO, PROVVIGIONI E REDDITI DIVERSI

DATI RELATIVI ALLE SOMME EROGATE

Causale 1

TIPOLOGIA REDDITUALE M

DATI FISCALI

| 2 Anno | 3 Anticipazione ☐ | 4 Ammontare lordo corrisposto 180,00 | 5 Somme non soggette a ritenuta per regime convenzionale |

| 6 Codice | 7 Altre somme non soggette a ritenuta | 8 Imponibile 180,00 | 9 Ritenute a titolo d'acconto 36,00 |

| 10 Ritenute a titolo d'imposta | 11 Ritenute sospese | 12 Addizionale regionale a titolo d'acconto |

| 13 Addizionale regionale a titolo d'imposta | 14 Addizionale regionale sospesa | 15 Addizionale comunale a titolo d'acconto |

| 16 Addizionale comunale a titolo d'imposta | 17 Addizionale comunale sospesa | 18 Imponibile anni precedenti |

| 19 Ritenute operate anni precedenti | 20 Spese rimborsate | 21 Ritenute rimborsate |

DATI PREVIDENZIALI

| 29 Codice fiscale Ente previdenziale | 30 Denominazione Ente previdenziale |

| 32 Codice azienda | 33 Categoria |

| 34 Contributi previdenziali a carico del soggetto erogante | 35 Contributi previdenziali a carico del percipiente | 36 Altri contributi |

| 37 Importo altri contributi | 38 Contributi dovuti | 39 Contributi versati |

FALLIMENTO E LIQUIDAZIONE COATTA AMMINISTRATIVA

| 41 Somme corrisposte prima della data di fallimento | 42 Somme corrisposte dal curatore/commissario |

REDDITI EROGATI DA ALTRI SOGGETTI

	52 Codice fiscale	53 Imponibile
54 Ritenute a titolo d'acconto	55 Ritenute a titolo d'imposta	56 Ritenute sospese
57 Addizionale Regionale a titolo d'acconto	58 Addizionale Regionale a titolo d'imposta	59 Addizionale Regionale sospesa
60 Addizionale comunale a titolo d'acconto	61 Addizionale comunale a titolo d'imposta	62 Addizionale comunale sospesa

Casi particolari Operazioni straordinarie

| 71 Codice fiscale (sezione lavoro autonomo e redditi diversi) | 72 Codice fiscale (sezione pignoramento presso terzi) | 73 Codice fiscale (sezione indennità di esproprio) |

Somme liquidate a seguito di pignoramento presso terzi

| 101 Codice fiscale debitore principale | 102 Somme erogate | 103 Ritenute operate | 104 Somme erogate non tassate |

Riservata al soggetto erogatore delle somme

| 105 | 106 | 107 | 108 |

Somme corrisposte a titolo di indennità di esproprio, altre indennità e interessi

| INDENNITÀ DI ESPROPRIO E RISARCIMENTO DEL DANNO | | ALTRE INDENNITÀ E INTERESSI | |
| 131 Somme corrisposte | 132 Ritenute operate | 133 Somme corrisposte | 134 Ritenute operate |

| INDENNITÀ DI ESPROPRIO E RISARCIMENTO DEL DANNO | | ALTRE INDENNITÀ E INTERESSI | |
| 135 Somme corrisposte | 136 Ritenute operate | 137 Somme corrisposte | 138 Ritenute operate |

Immagine 6. Seconda pagina di una Certificazione Unica. In questa pagina sono presenti i dati relativi agli impatti pagati ed alla Ritenuta d' Acconto versata

Può capitare che un Committente non fornisca entro i termini la Certificazione Unica al Lavoratore Autonomo che ne attesti l' effettivo versamento della Ritenuta d' Acconto. Cosa fare in questi casi?

Secondo l'amministrazione finanziaria, l'omesso, il tardivo, l'incompleto o l'infedele rilascio al Lavoratore Autonomo della Certificazione Unica è punito con una sanzione amministrativa (da €. 258 euro a €. 2.065).
E' però diritto e compito del Lavoratore Autonomo sollecitare il Sostituto di Imposta attraverso una lettera raccomandata, oppure attraverso la Posta Elettronica Certificata (PEC).
Se anche tramite il sollecito la Certificazione non viene inviata, il Lavoratore Autonomo è tenuto a denunciare la violazione al competente Ufficio territoriale dell'Agenzia delle Entrate, oppure andando direttamente presso la Guardia di Finanza.
Quindi, se hai svolto lo scorno anno delle Prestazioni Occasionali ma non hai ancora ricevuto la Certificazione nei termini sopra indicati, ti consiglio di intimarne la consegna al Sostituto d'Imposta, precisando che, in caso contrario, si procederà immediatamente con la segnalazione all'Amministrazione finanziaria con rilevanti conseguenze a suo carico.

Prestazione Occasionale tra privati
Nel caso in cui la Prestazione Occasionale avvenga tra un Lavoratore Autonomo occasionale ed un privato non sarà necessaria l' applicazione della Ritenuta d' Acconto. In questo caso quindi il Lavoratore autonomo riceverà l' intero compenso senza alcun tipo di detrazione.
Andrà in ogni caso compilata allo stesso modo la ricevuta di Prestazione Occasionale che naturalmente non comprenderà la voce "Ritenuta d' Acconto".
Ecco il modello di Prestazione Occasionale tra privati:

```
Nome Cognome
Indirizzo
CAP Città
Codice Fiscale

                                                        Spett.le Nome Cliente
                                                                    Indirizzo
                                                                   Cap Città
                                                               Codice fiscale

Nota n. ___ del _____

Io sottoscritto _____, nato a _____ il _____ e residente a _____

in via _____ n. _____

codice fiscale _____

                               DICHIARO

di avere ricevuto in data _____ dal Sig. _____ residente a _____ in
via_____ n_____

codice fiscale _____

la somma sotto indicata per il lavoro occasionale di _____ eseguito nel periodo
_____

                                                        Compenso Lordo _____ euro


La prestazione è di natura occasionale ed è esclusa dall'applicazione dell'IVA (art. 5 del D.P.R. n. 633
del 26 ottobre 1972).

Data

                                                                           Firma
```

Immagine 7. Esempio di ricevuta di Prestazione Occasionale tra privati dove non è presente la Ritenuta d' Acconto

Applicazione della Marca da Bollo

Oltre al rilascio della ricevuta di Prestazione Occasionale è presente un altro obbligo fiscale, quello dell' applicazione della marca da bollo. Sulla ricevuta di Prestazione Occasionale infatti dovrà essere applicata una marca da bollo del valore di 2 Euro se i compensi pattuiti supereranno i 77,47 Euro. Sarà possibile acquistare una marca da bollo del valore di 2 Euro in qualsiasi tabacchi o rivenditore di valori bollati.

La marca dovrà essere applicata al momento dell'emissione della ricevuta. Bisognerà fare attenzione alla data di emissione della marca da bollo in quanto questa potrà essere anteriore alla data della ricevuta, ma mai posteriore. La data posteriore della marca rende la ricevuta "irregolare" pur mantenendo validi tutti gli aspetti civili e fiscali della ricevuta di Prestazione Occasionale emessa.

La marca da bollo va apposta solo sulla ricevuta originale: la ricevuta che viene consegnata al Committente. Sulla copia che rimane al Lavoratore Autonomo basterà riportare la dicitura: *"Imposta di bollo assolta sull'originale, identificativo n.ro (indicare il numero identificativo della marca da bollo)".*
Nota bene: il numero identificativo della marca da bollo si trova sulla marca da bollo stessa, ricorda di trascrivere il numero identificativo prima di consegnare l'originale al Committente.

Chi sarà obbligato quindi al pagamento della marca da bollo? Premesso che la marca da bollo dev'essere apposta al momento dell'emissione della ricevuta, la Legge non indica chi è obbligato al pagamento tra il Lavoratore Autonomo e il Committente. Spetta quindi alle parti la scelta, ad esempio, ma la maggior parte delle volte è il Lavoratore Autonomo che acquista ed applica la marca da bollo salvo poi richiedere al Committente il rimborso del costo nella ricevuta stessa.

Attenzione a non ometterne l' applicazione! Come già specificato: *"La marca da bollo va apposta obbligatoriamente su tutte le ricevute di importo superiore a €77,47."* È prevista una sanzione amministrativa da una a cinque volte l'importo della marca. La medesima sanzione è prevista nel caso in cui la marca da bollo riporti data posteriore a quella della ricevuta.

Limiti della Prestazione Occasionale

Abbiamo già analizzato i casi in cui sarà possibile utilizzare la Prestazione Occasionale. Adesso invece analizziamo i due più importanti limiti di questo strumento fiscale.

Il primo limite è rappresentato da un limite temporale. Il lavoratore autonomo non potrà svolgere una o più Prestazioni Occasionali nei confronti dello stesso Committente per un periodo superiore ai 30 giorni lavorativi nell'arco dell'anno solare. Il Lavoratore autonomo potrà, però, collaborare con più Committenti superando complessivamente il tetto dei 30 giorni. L'importante è che questo limite non venga oltrepassato rispetto a ogni singolo Committente.

Dunque, se ipotizziamo di svolgere prestazioni occasionali vari con 5 Committenti diversi durante l'anno, possiamo ottenere fino a un massimo di 150 giorni lavorativi, ossia di 30 al massimo per ciascuno dei 5 Committenti. Sarà quindi impossibile esclusivamente superare il limite di 30 giorni nell' arco dell' anno di lavoro autonomo con lo stesso Committente. Se questo dovesse succedere non sarà più possibile continuare ad utilizzare la Prestazione Occasionale e dunque sarà obbligatoria l' apertura di una Partita IVA.

Un secondo limite è, invece, di tipo reddituale. Il Lavoratore autonomo non può percepire complessivamente nell'anno solare compensi da Prestazioni Occasionali superiori a complessivi 5.000 euro netti.
Attenzione: in questo caso, il limite vale in generale. Nell'esempio riportato sopra, il lavoratore autonomo sarà tenuto a percepire in tutto non oltre la somma indicata all'anno, 5.000 Euro netti quindi, considerando tutti e cinque i Committenti.

Visto che i compensi derivanti dalle Prestazioni Occasionali sono sottoposti a una Ritenuta d'Acconto del 20% (solo se effettuate nei confronti di Aziende o titolari di Partita IVA) ciò implica che il tetto massimo netto sarà di 5.000 euro all'anno, escluso quindi di Ritenuta d'Acconto

Superato questo limite reddituale la Prestazione Occasionale potrà essere ugualmente effettuata, ma non sarà più trattata fiscalmente come Occasionale.

Il lavoratore autonomo sarà quindi tenuto a segnalare al Committente che il compenso pattuito per la prestazione farà superare il limite annuale dei 5.000 euro netti. Il Committente avrà quindi la possibilità facoltativa di accettare la prosecuzione della collaborazione, che, per la parte eccedente i 5.000 Euro, sarà sottoposta al versamento dei Contributi Previdenziali.

In genere i Committenti interrompono i rapporti lavorativi con i Lavoratori Autonomi nel momento in cui questi dovessero superare il limite annuale, proprio perché saranno da quel momento in poi obbligati a versare per loro parte dei Contributi Previdenziali INPS alla Gestione Separata. Vediamo nello specifico come funziona:

Se la somma delle Prestazioni Occasionali effettuate con più Committenti dovesse superare il limite dei 5.000 Euro netti sarà quindi obbligatoria l' iscrizione alla Gestione Separata dell' INPS. Parleremo nello specifico della Gestione Separata INPS nei capitoli successivi, ma in questo momento ciò che importa sapere è che sarà obbligatorio versare una quota di Contributi Previdenziali INPS per la parte eccedente il limite dei 5.000 Euro netti.

L' obbligo decorrerà quindi nel momento in cui il Lavoratore Autonomo dovesse superare la predetta soglia, e solo per l'importo eccedente i 5.000 euro. Ad esempio se nel corso dell'anno si dovessero percepire 6.000 Euro di compensi

occasionali, sarà obbligatorio versare i Contributi Previdenziali sulla parte eccedente i 5.000 Euro pari quindi a 1.000 Euro.
Su questa eccedenza dovrà essere calcolata la percentuale di Contributi Previdenziali della Gestione Separata INPS in vigore. Dal 1 Gennaio 2017 questa percentuale è pari al 25,72%, basterà quindi calcolare il 25,72% di 1.000 Euro che sarà pari a 257,20 Euro.

Il pagamento dei Contributi Previdenziali in Gestione Separata INPS sarà così ripartita:

• 2/3 dei Contributi Previdenziali sarà a carico del Committente
• 1/3 dei Contributi Previdenziali sarà a carico del Lavoratore autonomo

Cercherò di chiarire meglio questa ripartizione con un esempio pratico:

Ipotizziamo che un Lavoratore Autonomo svolga una Prestazione Occasionale nei confronti di una società di consulenza informatica: ipotizziamo il compenso pattuito per la prestazione ammontare ad euro 6.000.
Dato che è stata in questo modo sarà superata la soglia dei 5.000 Euro, sulla parte eccedente, cioè Euro 1.000 dovrà essere operata la ritenuta dei Contributi Previdenziali in Gestione Separata, applicando l'aliquota del 25,72% valida dall'anno 2017.

La ricevuta di prestazione occasionale dovrà evidenziare i seguenti importi:

Compenso lordo: € 6.000
Ritenuta Irpef 20%: (€ 1.200)
Ritenuta previdenziale: (€ 85,73)
Netto: € 4.714,27

Come potrai notare in questo caso il Lavoratore autonomo subirà sia la trattenuta della Ritenuta d' acconto del 20% (1.200 Euro in questo esempio) sia la trattenuta di 1/3 dei propri Contributi Previdenziali in Gestione Separata INPS (85,73 Euro in questo caso).

Il Committente invece sarà tenuto, entro giorno 16 del mese successivo al pagamento, sia al versamento della Ritenuta d' Acconto del 20% (1.200 Euro appunto) sia dei 2/3 dei Contributi Previdenziali in Gestione Separata INPS restanti che quinti saranno pari ad Euro 171,47 (257,20 Euro - 85,73 Euro versati dal Lavoratore autonomo).

Valutazione. Risulterà quindi ancora più oneroso per un Committente delegare una Prestazione Occasionale ad un Lavoratore Autonomo che abbia già superato il limite di compensi annuali netti di 5.000 Euro. In questo caso infatti il Committente sarà costretto al versamento dei 2/3 dei Contributi Previdenziali in Gestione Separata INPS, sulla parte eccedente i 5.000 Euro, che non avrebbe versato nel caso in cui avesse scelto di collaborare con un Lavoratore Autonomo che non avesse superato questo limite.

Vietato pubblicizzarsi!
Oltre ai 2 limiti di cui abbiamo già ampiamente discusso (il limite temporale ed il limite reddituale) esiste un terzo limite, forse ancora più limitante rispetto ai primi due: l' impossibilità di pubblicizzare la propria Attività lavorativa per chiunque si avvalga della Prestazione Occasionale.

La Prestazione Occasionale, in quanto UNA TANTUM, deve rispettare il principio di Occasionalità di cui abbiamo discusso. La presenza di qualsiasi forma pubblicitaria dell' Attività farà quindi cessare di ritenere Occasionale l' Attività stessa.

www.regime-forfettario.it

Se deciderai di utilizzare questo strumento sarai impossibilitato ad effettuare ogni tipo di pubblicità alla tua Attività lavorativa.

Non potrai dunque pubblicizzarti con:
- volantini
- bigliettini da visita
- pubblicità su giornali, radio, tv, Social Network
- sito internet personale

L' impossibilità di possedere un proprio sito internet che pubblicizzi la propria Attività lavorativa credo che rappresenti il limite più importante. Sappiamo quanto quanto sia fondamentale al giorno d' oggi possedere una propria presenza online utile ad acquisire clienti in target per la propria Attività lavorativa, ed è per questo che ritengo utile approfondire meglio questo argomento.

Potrai possedere un sito internet personale solo se questo non pubblicizzi in nessun modo la vendita di un tuo prodotto o servizio personale. Potrai quindi ad esempio possedere un blog che parli di argomenti strettamente collegati alla tua Attività a patto che tu non venda esplicitamente al suo interno un servizio o prodotto ed a patto che tu non pubblicizza il alcun modo il tuo lavoro. Non potrai possedere un tuo sito internet personale nel caso in cui questo abbia come obiettivo   monetizzare con la vendita di qualsiasi prodotto o servizio. Non sarà neanche possibile possedere al suo interno banner pubblicitari (ad esempio i banner pubblicitari di Google Adsense) che ti consentano di guadagnare sui visitatori del tuo sito. In tutti questi casi dunque non potrai utilizzare lo strumento della Prestazione Occasionale ma sarai invece costretto ad aprire una Partita IVA.

Dichiarazione dei Redditi per la Prestazione Occasionale
Qualsiasi Lavorare Autonomo che abbia percepito redditi da Prestazione Occasionale avrà l' obbligo (tranne in alcuni casi che

analizzeremo a breve) di compilare ed inviare la propria Dichiarazione dei Redditi. Nel caso di redditi da Prestazione Occasionale va predisposto ed inviato il Modello UNICO Persone Fisiche entro il mese di Giugno dell' anno successivo al pagamento percepito delle relative Prestazioni lavorative.

Il Modello UNICO ha al suo interno diversi quadri ed ognuno di questi è utile a dichiarare diverse tipologie di redditi. Analizzeremo i vari campi del Modello UNICO nei capitoli successivi, per adesso ci basta sapere che il quadro da compilare per dichiarare i redditi da Prestazione Occasionale è il quadro RL denominato "Redditi Diversi". Questo quadro non è esclusivo dei redditi prodotti da prestazione Occasionale, infatti anche eventuali redditi di affitto o subaffitto andranno dichiarati in questo quadro.

I redditi diversi sono disciplinati dall'articolo 67, comma 1, lettera l del Testo Unico delle Imposte sui Redditi e sono calcolati effettuando la differenza tra l'ammontare che è stato percepito complessivamente nel periodo di imposta preso in considerazione e le spese che il lavoratore ha dovuto sostenere per la sua produzione. Si avrà dunque la possibilità di dichiarare eventuali spese sostenute per realizzare il Reddito da Prestazione Occasionale a patto che queste spese siano dimostrabili con documenti fiscali (scontrini o ricevute fiscali).

In questo quadro il Lavoratore Autonomo avrà l' obbligo di dichiarare il Reddito Lordo percepito nel precedente anno fiscale e l' ammontare delle Ritenute d' Acconto versate. Per far ciò dovrà verificare l' ammontare dei compensi e delle Ritenute d' Acconto presenti nelle Certificazioni Uniche consegnate da tutti i Committenti entro Febbraio dello stesso anno. Nel caso di Prestazioni Occasionali verso Privati o verso l' estero non sarà invece presente alcuna Certificazione Unica. In questo caso basterà sommare tutti i compensi percepiti nell' anno ed inserirli nel quadro RL.

Consiglio: purtroppo capita spesso che qualche Committente non consegni in tempo la Certificazione dei Compensi. Ti consiglio dunque di sollecitare ogni tuo Committente affinché ti consegni in tempo (entro il 28 Febbraio) la tua Certificazione Unica necessaria all' invio della tua dichiarazione dei redditi Modello UNICO.

Un aspetto importante riguarda la possibilità di essere esonerati dalla presentazione della Dichiarazione dei Redditi per i Lavoratori autonomi occasionali che hanno percepito soltanto redditi da Prestazione Occasionale sotto i €. 4.800 lordi. In questo caso il reddito può non essere indicato in Dichiarazione fino al raggiungimento di questa soglia, in quanto esiste una specifica detrazione che abbatte totalmente l'imposta dovuta. Tutto questo sarà possibile a patto che questo sia stato l'unico reddito percepito. Ciò significa che non possono agevolarsi di questa regola tutti i Lavoratori Autonomi che al lavoro occasionale hanno affiancato un lavoro Professionale continuativo o dipendente che ha loro prodotto un reddito, di qualunque ammontare o entità.

Se vi trovate in questa situazione (unico reddito da Prestazione Occasionale che non superi i 4.800 Euro annuali), il mio consiglio è però quello di presentare comunque la Dichiarazione dei Redditi. Questo perché se il Committente, o i vari Committenti, hanno operato delle trattenute sul compenso e hanno versato le relative Ritenute d' Acconto, al Lavoratore Autonomo occasionale è concessa la possibilità di recuperare le Ritenute d' Acconto versate.

Le Ritenute d' Acconto versate per un Reddito da Prestazione Occasionale non superiore a 4.800 Euro non erano infatti dovute e potranno essere recuperate soltanto inviando la Dichiarazione dei Redditi Modello UNICO Persone Fisiche.

Esistono due modi differenti per recuperare le Ritenute d' Acconto versate e non dovute:

- Richiedendo un rimborso all' Agenzia delle Entrate, che lo effettuerà tramite bonifico o assegno
- Convertire i rimborsi spettanti in Credito d' Imposta da utilizzare per il pagamento di future tasse nelle successive Dichiarazioni dei Redditi

Consiglio sempre ai miei Clienti la seconda soluzione, cioè quella di utilizzare queste somme come Credito d' Imposta da utilizzare per il pagamento delle proprie future tasse, in quanto le richieste di rimborso all' Agenzia delle Entrate mediante assegno o bonifico hanno tempi biblici, e a volte possono superare i due anni di attesa. Potresti dunque trovarti nella situazione di dover attendere fino a due anni per ottenere il tuo rimborso ma essere ugualmente obbligato a pagare le tue tasse l' anno successivo nella successiva Dichiarazione dei Redditi.

Tassazione Prestazione Occasionale
Riepilogando, il reddito da Prestazione Occasionale, come ogni altro reddito, sarà oggetto a tassazione IRPEF e in alcuni casi soggetto a trattenute INPS. Abbiamo visto come i Contributi INPS non siano necessari nel caso in cui il totale dei redditi da Prestazione Occasionale non dovesse essere superiore a 5.000 Euro. Nel caso in cui il reddito da Prestazione Occasionale dovesse essere superiore a questo limite, il Lavoratore Autonomo, per la sola parte eccedente, dovrà versare i Contributi alla Gestione Separata INPS in quota con il proprio Committente. La percentuale di questa contribuzione dal 1 Gennaio 2017 è pari al 25,72% (da calcolare sulla parte eccedente i 5.000 Euro). 2/3 di

questa sarà a carico del Committente, 1/3 di questa cifra sarà a carico del Lavoratore Autonomo e verrà trattenuta e versata dal Committente in concomitanza della trattenuta e del versamento della Ritenuta d' Acconto.

Oltre al versamento dei Contributi Previdenziali sarà obbligatorio il pagamento delle tasse, cioè le imposte IRPEF. Queste saranno assenti se il reddito dovesse essere inferiore a 4.800 Euro al netto delle Ritenute d' Acconto, ma sarà necessario versare l' IRPEF nel caso in cui il reddito netto dovesse superare questo limite. La tassazione IRPEF è regolata da percentuali diverse in base ai vari scaglioni di reddito. Parleremo delle percentuali degli scaglioni IRPEF nel capitoli successivi, in questo momento analizziamo soltanto il primo scaglione IRPEF. Per redditi compresi tra 0 e 15.000 Euro la percentuale di tassazione IRPEF sarà pari al 23% del Reddito Netto. Dato che la Ritenuta d' Acconto è pari al 20% del compenso Lordo, per Redditi annuali superiori a 4.800 Euro questa non basterà a coprire l' intera percentuale di tassazione IRPEF (manca infatti ancora il 3% di imposte da versare). La Ritenuta d' Acconto rappresenterà infatti, come dice il termine stesso, quindi solo un' acconto sulle imposte.

Dopo aver inviato la Dichiarazione dei Redditi Modello Unico Persone Fisiche sarà quindi necessario provvedere al completamento delle proprie tasse incrementando la quota di tasse mancanti tramite un versamento di imposte effettuabile con un Modello di pagamento F24.

Prestazione Occasionale si o Prestazione Occasionale no?
In questa capitolo abbiamo abbondantemente analizzato lo strumento fiscale della Prestazione Occasionale analizzando quando è possibile utilizzarla e quando invece è obbligatoria l' apertura di una Partita IVA.

Ma la domanda conclusiva allora è: è davvero così conveniente utilizzare la Prestazione Occasionale?

Secondo me non lo è affatto, ed adesso ti spiegherò i motivi

Lavorare con la Prestazione Occasionale sarà limitante per il tuo lavoro per i seguenti motivi:

- Non potrai lavorare con lo stesso Committente più di una volta l' anno
- Non potrai lavorare con un Committente più di 30 giorni l' anno anche non consecutivi
- Se sei un Professionista iscritto ad un Albo sarai impossibilitato ad utilizzare la Prestazione Occasionale
- Non potrai far crescere il tuo business, dovrà rimanere un prodotto/servizio Occasionale
- Se la somma dei tuoi compensi annuali sarà superiore a 4.800 Euro il tuo Committente sarà obbligato a versare anche i 2/3 dei tuoi Contributi Previdenziali
- Non potrai pubblicizzare in alcun modo il tuo prodotto/servizio
- Non potrai possedere un tuo sito internet nel caso in cui questo fosse basato sulla promozione del tuo prodotto/servizio

Se stai pensando di intraprendere seriamente la tua Attività Professionale, qualunque essa sia, la Prestazione Occasionale non fa per te.

Ma non farne un dramma, ti dimostrerò nei paragrafi successivi come l' apertura di una Partita IVA risulti, nella maggior parte dei casi, ancora più conveniente dell' utilizzo della Prestazione Occasionale.
Ti dimostrerò come la Partita IVA ti permetterà di poter risparmiare migliaia di Euro in tasse sviluppando il tuo Business in modo legale. Abbi fede!

2.2 COME APRIRE UNA PARTITA IVA

Sono davvero tanti i dubbi intorno al mondo della Partita IVA: come si apre una Partita IVA? L' apertura ha un costo? Quali sono le spese da sostenere? Cerchiamo quindi di fare un pò chiarezza.

La pratica da effettuare per poter aprire una Partita IVA (così come il costo da sostenere) è differente in base al tipo di Attività Economica che dovrà essere intrapresa. Possiamo quindi suddividere tutte le Attività Economiche esistenti in 2 grandi Categorie:

• La Categoria dei Professionisti
• La Categoria dei Commercianti e degli Artigiani

Dato che ognuna di queste Categorie deve affrontare una procedura diversa per poter aprire una Partita IVA, sarà meglio analizzarle separatamente.

Aprire Partita IVA come Professionista.
Aprire una Partita IVA per intraprendere un' attività Professionale è molto più semplice e molto meno costoso rispetto alla pratica di invio attività per la Categoria dei Commercianti ed Artigiani. Iniziamo subito con una bella notizia: aprire una Partita Iva nelle Categorie Professionali è assolutamente gratuito. Non è presente alcun costo fisso annuale, nessun bollo o diritto da pagare, allo stesso modo sarà possibile chiudere la propria Partita IVA senza alcuna spesa.

Per tutte le Attività Professionali, nelle quali sono comprese le Professioni regolamentate da un Albo di appartenenza e le Attività Professionali senza Albo iscritte alla Gestione Separata INPS, l' iter burocratico per l' apertura della Partita IVA verrà completato presentando l' apposita modulistica presso qualsiasi ufficio dell' Agenzia delle Entrate presente nel territorio italiano.

Bisognerà quindi compilare e presentare l' apposito Modello AA9/12 che è possibile scaricare direttamente dal sito Ufficiale dell' Agenzia delle Entrate all' indirizzo www.agenziaentrate.gov.it, in alternativa sarà possibile ritirare il Modello cartaceo presso qualsiasi ufficio dell' Agenzia delle Entrate. Analizziamo adesso come dovrà essere compilato il Modello AA9/12 in ogni suo capo per poter aprire una Partita IVA nelle Categorie Professionali

Il Modello AA9/12 è composto da 4 pagine, ogni pagina dovrà essere numerata in ordine progressivo compilando l' apposto campo in alto a destra. Nella parte superiore di ognuna delle 4 pagine che compongono la dichiarazione, dovrà essere riportato il Codice Fiscale del professionista che vorrà aprire partita IVA.

Riporto adesso la copia del Modello AA9/12 in tutte le sue pagine, e di seguito descriverò le istruzioni per la compilazione di ogni Quadro.

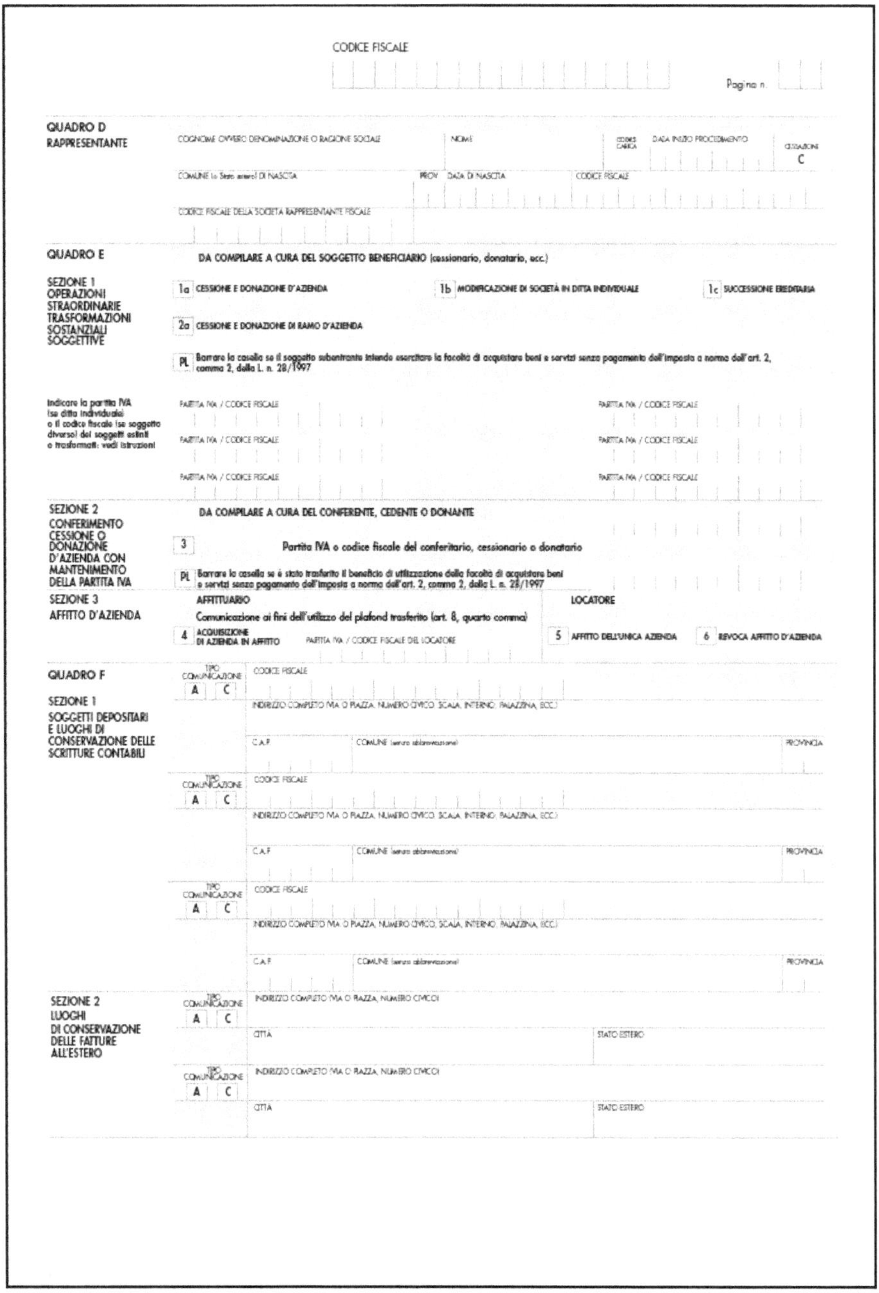

CODICE FISCALE

Pagina n.

QUADRO D RAPPRESENTANTE

COGNOME OVVERO DENOMINAZIONE O RAGIONE SOCIALE — NOME — CODICE CARICA — DATA INIZIO PROCEDIMENTO — CESSAZIONE C

COMUNE (o Stato estero) DI NASCITA — PROV. — DATA DI NASCITA — CODICE FISCALE

CODICE FISCALE DELLA SOCIETÀ RAPPRESENTANTE FISCALE

QUADRO E

DA COMPILARE A CURA DEL SOGGETTO BENEFICIARIO (cessionario, donatario, ecc.)

SEZIONE 1 OPERAZIONI STRAORDINARIE TRASFORMAZIONI SOSTANZIALI SOGGETTIVE

1a CESSIONE E DONAZIONE D'AZIENDA   1b MODIFICAZIONE DI SOCIETÀ IN DITTA INDIVIDUALE   1c SUCCESSIONE EREDITARIA

2a CESSIONE E DONAZIONE DI RAMO D'AZIENDA

PL Barrare la casella se il soggetto subentrante intende esercitare la facoltà di acquistare beni e servizi senza pagamento dell'imposta a norma dell'art. 2, comma 2, della L. n. 28/1997

Indicare la partita IVA (se ditta individuale) o il codice fiscale (se soggetti estinti o trasformati: vedi istruzioni)

PARTITA IVA / CODICE FISCALE — PARTITA IVA / CODICE FISCALE

PARTITA IVA / CODICE FISCALE — PARTITA IVA / CODICE FISCALE

PARTITA IVA / CODICE FISCALE — PARTITA IVA / CODICE FISCALE

SEZIONE 2 CONFERIMENTO CESSIONE O DONAZIONE D'AZIENDA CON MANTENIMENTO DELLA PARTITA IVA

DA COMPILARE A CURA DEL CONFERENTE, CEDENTE O DONANTE

3   Partita IVA o codice fiscale del conferitario, cessionario o donatario

PL Barrare la casella se è stato trasferito il beneficio di utilizzazione della facoltà di acquistare beni e servizi senza pagamento dell'imposta a norma dell'art. 2, comma 2, della L. n. 28/1997

SEZIONE 3 AFFITTO D'AZIENDA

AFFITTUARIO
Comunicazione ai fini dell'utilizzo del plafond trasferito (art. 8, quarto comma)

LOCATORE

4 ACQUISIZIONE DI AZIENDA IN AFFITTO   PARTITA IVA / CODICE FISCALE DEL LOCATORE

5 AFFITTO DELL'UNICA AZIENDA   6 REVOCA AFFITTO D'AZIENDA

QUADRO F

SEZIONE 1 SOGGETTI DEPOSITARI E LUOGHI DI CONSERVAZIONE DELLE SCRITTURE CONTABILI

TIPO COMUNICAZIONE A C — CODICE FISCALE

INDIRIZZO COMPLETO (VIA O PIAZZA, NUMERO CIVICO, SCALA, INTERNO, PALAZZINA, ECC.)

C.A.P. — COMUNE (senza abbreviazioni) — PROVINCIA

TIPO COMUNICAZIONE A C — CODICE FISCALE

INDIRIZZO COMPLETO (VIA O PIAZZA, NUMERO CIVICO, SCALA, INTERNO, PALAZZINA, ECC.)

C.A.P. — COMUNE (senza abbreviazioni) — PROVINCIA

TIPO COMUNICAZIONE A C — CODICE FISCALE

INDIRIZZO COMPLETO (VIA O PIAZZA, NUMERO CIVICO, SCALA, INTERNO, PALAZZINA, ECC.)

C.A.P. — COMUNE (senza abbreviazioni) — PROVINCIA

SEZIONE 2 LUOGHI DI CONSERVAZIONE DELLE FATTURE ALL'ESTERO

TIPO COMUNICAZIONE A C — INDIRIZZO COMPLETO (VIA O PIAZZA, NUMERO CIVICO)

CITTÀ — STATO ESTERO

TIPO COMUNICAZIONE A C — INDIRIZZO COMPLETO (VIA O PIAZZA, NUMERO CIVICO)

CITTÀ — STATO ESTERO

Immagine 8. Prima pagina del Modello AA9/12

35

**QUADRO D
RAPPRESENTANTE**

COGNOME OVVERO DENOMINAZIONE O RAGIONE SOCIALE   NOME   CODICE CARICA   DATA INIZIO PROCEDIMENTO   CESSAZIONE

C

COMUNE (o Stato estero) DI NASCITA   PROV.   DATA DI NASCITA   CODICE FISCALE

CODICE FISCALE DELLA SOCIETÀ RAPPRESENTANTE FISCALE

QUADRO E

DA COMPILARE A CURA DEL SOGGETTO BENEFICIARIO (cessionario, donatario, ecc.)

**SEZIONE 1
OPERAZIONI
STRAORDINARIE
TRASFORMAZIONI
SOSTANZIALI
SOGGETTIVE**

| 1a | CESSIONE E DONAZIONE D'AZIENDA | 1b | MODIFICAZIONE DI SOCIETÀ IN DITTA INDIVIDUALE | 1c | SUCCESSIONE EREDITARIA |

| 2a | CESSIONE E DONAZIONE DI RAMO D'AZIENDA |

PL   Barrare la casella se il soggetto subentrante intende esercitare la facoltà di acquistare beni e servizi senza pagamento dell'imposta a norma dell'art. 2, comma 2, della L. n. 28/1997

Indicare la partita IVA
(se ditta individuale)
o il codice fiscale (se soggetto
diversi dei soggetti estinti
o trasformati, vedi istruzioni)

PARTITA IVA / CODICE FISCALE   PARTITA IVA / CODICE FISCALE

PARTITA IVA / CODICE FISCALE   PARTITA IVA / CODICE FISCALE

PARTITA IVA / CODICE FISCALE   PARTITA IVA / CODICE FISCALE

**SEZIONE 2
CONFERIMENTO
CESSIONE O
DONAZIONE
D'AZIENDA CON
MANTENIMENTO
DELLA PARTITA IVA**

DA COMPILARE A CURA DEL CONFERENTE, CEDENTE O DONANTE

| 3 | Partita IVA o codice fiscale del conferitario, cessionario o donatario |

PL   Barrare la casella se è stato trasferito il beneficio di utilizzazione della facoltà di acquistare beni e servizi senza pagamento dell'imposta a norma dell'art. 2, comma 2, della L. n. 28/1997

**SEZIONE 3
AFFITTO D'AZIENDA**

AFFITTUARIO   LOCATORE

Comunicazione ai fini dell'utilizzo del plafond trasferito (art. 8, quarto comma)

| 4 | ACQUISIZIONE DI AZIENDA IN AFFITTO | PARTITA IVA / CODICE FISCALE DEL LOCATORE | 5 | AFFITTO DELL'UNICA AZIENDA | 6 | REVOCA AFFITTO D'AZIENDA |

QUADRO F

**SEZIONE 1
SOGGETTI DEPOSITARI
E LUOGHI DI
CONSERVAZIONE DELLE
SCRITTURE CONTABILI**

TIPO COMUNICAZIONE   A   C   CODICE FISCALE

INDIRIZZO COMPLETO (VIA O PIAZZA, NUMERO CIVICO, SCALA, INTERNO, PALAZZINA, ECC.)

C.A.P.   COMUNE (senza abbreviazioni)   PROVINCIA

TIPO COMUNICAZIONE   A   C   CODICE FISCALE

INDIRIZZO COMPLETO (VIA O PIAZZA, NUMERO CIVICO, SCALA, INTERNO, PALAZZINA, ECC.)

C.A.P.   COMUNE (senza abbreviazioni)   PROVINCIA

TIPO COMUNICAZIONE   A   C   CODICE FISCALE

INDIRIZZO COMPLETO (VIA O PIAZZA, NUMERO CIVICO, SCALA, INTERNO, PALAZZINA, ECC.)

C.A.P.   COMUNE (senza abbreviazioni)   PROVINCIA

**SEZIONE 2
LUOGHI
DI CONSERVAZIONE
DELLE FATTURE
ALL'ESTERO**

TIPO COMUNICAZIONE   A   C   INDIRIZZO COMPLETO (VIA O PIAZZA, NUMERO CIVICO)

CITTÀ   STATO ESTERO

TIPO COMUNICAZIONE   A   C   INDIRIZZO COMPLETO (VIA O PIAZZA, NUMERO CIVICO)

CITTÀ   STATO ESTERO

Immagine 9. Seconda pagina del Modello AA9/12

CODICE FISCALE

Pagina n.

QUADRO G
INFORMAZIONI INERENTI LE ATTIVITÀ ESERCITATE

Barrare la casella "A" in caso di comunicazione di nuova attività
Barrare la casella "C" in caso di comunicazione di cessazione di attività

SEZIONE 1
ALTRE ATTIVITÀ ESERCITATE

TIPO COMUNICAZIONE	CODICE ATTIVITÀ	DESCRIZIONE ATTIVITÀ	VOLUME D'AFFARI PRESUNTO	CONTABILITÀ SEPARATA
A C				
A C				
A C				
A C				

SEZIONE 2
ALTRI LUOGHI IN CUI VENGONO ESERCITATE LE ATTIVITÀ E/O CONSERVATE LE SCRITTURE CONTABILI

Barrare la casella "A" in caso di comunicazione di nuova sede
Barrare la casella "C" in caso di comunicazione di chiusura sede

TIPO COMUNICAZIONE	TIPO SEDE	INDIRIZZO COMPLETO (VIA O PIAZZA, NUMERO CIVICO, SCALA, INTERNO, PALAZZINA, ECC.) / C.A.P. / COMUNE	SCRITTURE CONTABILI / PROVINCIA
A C			
A C			
A C			

QUADRO H
Presunzione di cessione – rapporto di rappresentanza art.1, comma 4, D.P.R. n. 441/1997

Partita IVA o codice fiscale del rappresentante

QUADRO I
ALTRE INFORMAZIONI IN SEDE DI INIZIO ATTIVITÀ

INDIRIZZO DI POSTA ELETTRONICA — TELEFONO prefisso numero — FAX prefisso numero

SITO WEB

Dati relativi all'immobile destinato all'esercizio dell'attività

TITOLARITÀ DELL'IMMOBILE — TIPO DI CATASTO — SEZIONE — FOGLIO — PARTICELLA — SUBALTERNO

ESTREMI REGISTRAZIONE CONTRATTO DI LOCAZIONE O DI COMODATO (v. istruzioni) — DATA DI REGISTRAZIONE — UFFICIO — NUMERO — SOTTO NUMERO — SERIE

OPERAZIONI INTRACOMUNITARIE — VOLUME ACQUISTI PRESUNTO — VOLUME CESSIONI PRESUNTO

Dati relativi all'attività esercitata

TIPOLOGIA DELLA CLIENTELA — LUOGO DI ESERCIZIO APERTO AL PUBBLICO — INVESTIMENTI INIZIALI — euro 0 – 5.000 — euro 5.001 – 50.000 — euro 50.001 – 200.000 — oltre euro 200.000

ALLEGATI

Immagine 10. Terza pagina del Modello AA9/12

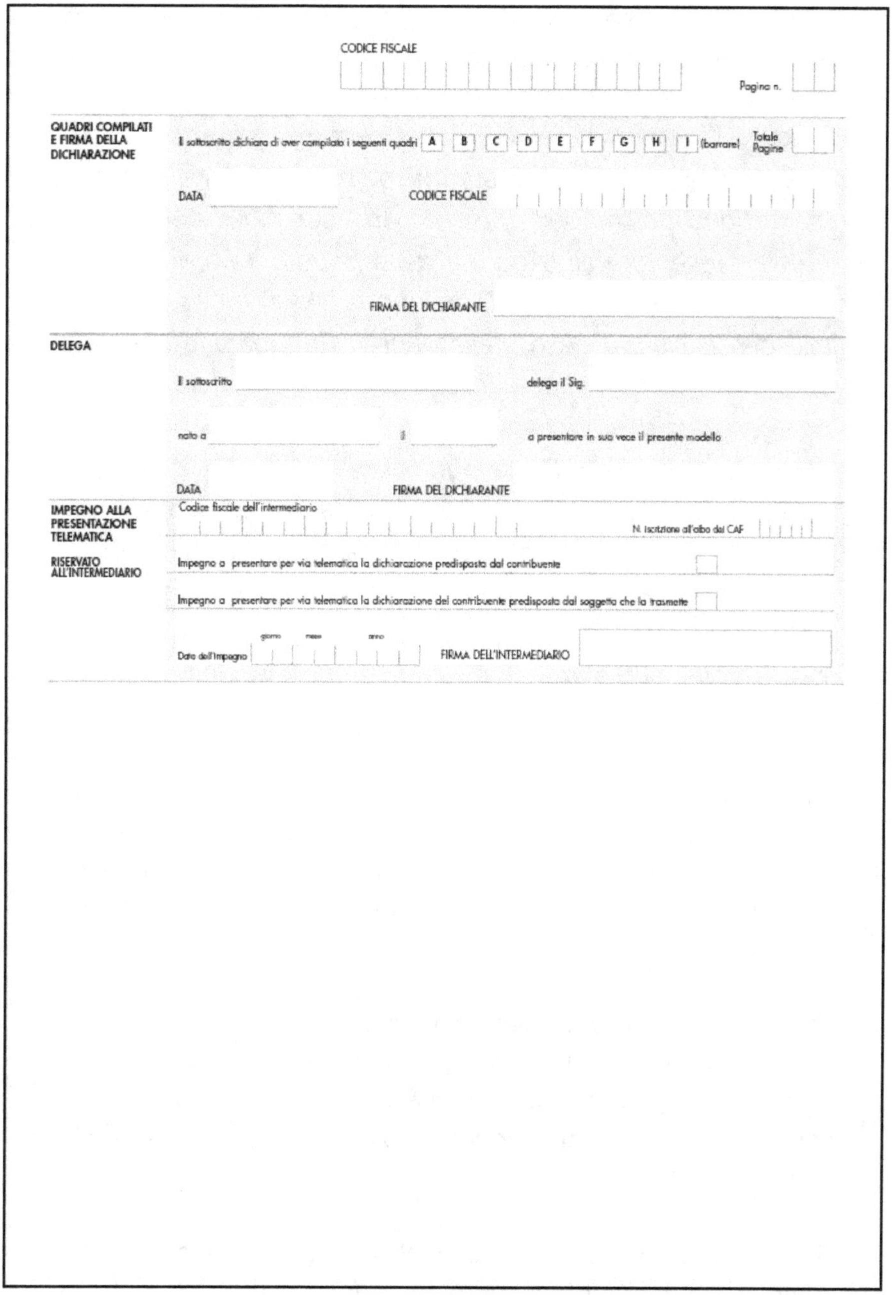

CODICE FISCALE

Pagina n.

QUADRI COMPILATI E FIRMA DELLA DICHIARAZIONE

Il sottoscritto dichiara di aver compilato i seguenti quadri A B C D E F G H I (barrare) Totale Pagine

DATA CODICE FISCALE

FIRMA DEL DICHIARANTE

DELEGA

Il sottoscritto delega il Sig.

nato a il a presentare in sua vece il presente modello

DATA FIRMA DEL DICHIARANTE

IMPEGNO ALLA PRESENTAZIONE TELEMATICA

RISERVATO ALL'INTERMEDIARIO

Codice fiscale dell'intermediario

N. Iscrizione all'albo dei CAF

Impegno a presentare per via telematica la dichiarazione predisposta dal contribuente

Impegno a presentare per via telematica la dichiarazione del contribuente predisposta dal soggetto che la trasmette

Data dell'impegno giorno mese anno

FIRMA DELL'INTERMEDIARIO

Immagine 11. Quarta pagina del Modello AA9/12

Quadro A - Tipo di dichiarazione: nel caso di apertura di una nuova Partita IVA sarà necessario barrare la casella 1 "Inizio Attività", dovrà essere inserita sulla destra la data della apertura della Partita IVA.

Consiglio. L' Agenzia delle Entrate permette di poter aprire la propria Partita IVA in modo retroattivo fino a 30 giorni prima della presentazione del modello stesso. Ad esempio il 1 Luglio sarà possibile presentare all' Agenzia delle Entrate il Modello AA9/12 per l' inizio della propria Attività riportando come data di inizio quella del 2 Giungo dello stesso anno. Retrodatando la data di inizio attività sarà quindi consentito poter emettere le proprie fatture con data di emissione 2 Giugno o successiva.
L' Agenzia delle Entrate in ogni caso consentirà l' eventuale apertura di una Partita IVA anche con data precedente i "classici" 30 giorni indietro, ad esempio in data 1 Luglio sarà possibile aprire una partita IVA con data 2 Gennaio dello stesso anno. L' Ufficio stesso specifica però che aprire una Partita IVA in modo retroattivo oltre i 30 giorni, farà scaturire una sanzione pecuniaria.

Lo stesso Modello AA9/12 sarà indispensabile anche per comunicare qualsiasi variazione dati della propria Partita IVA all' Agenzia delle Entrate. La Casella 2 "variazione dati" va infatti barrata nel caso in cui il professionista già titolare di partita IVA abbia la necessità di comunicare alcune variazioni come ad esempio:

• Variazione della propria denominazione
• Variazione della propria sede dell' Attività
• Aggiunta o cessazione di Codici ATECO
• Variazione dei luoghi di conservazione delle proprie scritture contabili, ecc.

Nel caso di comunicazione di qualsiasi variazione dovrà essere inserito a destra il proprio numero di Partita IVA e la data della variazione stessa (anche in questo caso sarà possibile effettuare la variazione riportando una data retroattiva fino a 30 giorni indietro rispetto alla data di presentazione del Modello).

La Casella 3 "Cessazione Attività" andrà barrata nel caso di chiusura della propria Partita IVA. Anche in questo caso, come nel caso della Casella 2, dovrà essere riportato il numero di partita IVA che si intende chiudere e la data di chiusura della propria posizione fiscale che sarà possibile cessare anche in questo caso con data retroattiva fino a 30 giorni indietro rispetto alla data di presentazione del Modello AA9/12.

Quadro B - Soggetto d' Imposta: questo rappresenta sicuramente il quadro più importane di tutto il Modello. Nella prima casella andrà riportato il nome della Ditta, in caso di attività nel Regime Forfettario, proprio perché ditte individuali, nel nome aziendale dovrà essere sempre presente il proprio nome e cognome. Vi è quindi la possibilità di denominare la propria Ditta Individuale solo con il proprio nome e cognome (ad esempio "Mario Rossi"), oppure potrà essere scelto un nome di fantasia a patto che questo sia seguito dal proprio nome e cognome (ad esempio "Social Media Agency di Mario Rossi"). Nel quadro successivo, nel caso di soggetto non residente, dovrà essere indicato l' indirizzo completo e la città sede della Ditta Individuale. Nel terzo quadro dovrà essere invece inserito il numero di identificazione ai fini IVA attribuito allo Stato di appartenenza. Analizziamo adesso le altre Caselle:

• *Attività esercitata e luogo di esercizio:* il primo quadro di questa sezione è quello del Codice ATECO. Qui bisognerà inserire il codice identificativo di 6 cifre scelto per la propria Attività e la relativa descrizione fornita dall' ISTAT. Sarà possibile con la stessa Partita IVA effettuare attività diverse tra di loro, per ognuna di queste sarà quindi necessario inserire lo specifico Codice ATECO. In questo quadro però andrà inserito soltanto il Codice dell' Attività scelta come principale. Sarà possibile inserire i Codici ATECO di tutte le attività secondarie successivamente nel quadro G.

- *Volume d' affari presunto:* in questa Casella andrà inserito il volume d' affari presunto per la propria Attività. Non sarà necessario però compilare questo campo per tutti i Contribuenti che hanno deciso di aderire al Regime Forfettario.
- *Acquisti intracomunitari di beni:* la Casella dovrà essere barrata in sede di dichiarazione di inizio attività dai Contribuenti che prevedono di effettuare, anche in via occasionale, acquisti intra-comunitari. Questa Casella non dovrà essere utilizzata per richiedere l' inclusione nell' archivio VIES, per questa opzione infatti è necessario compilare il Quadro I.
- *Indirizzo:* in questa Casella bisognerà inserire l' indirizzo come sede della propria Attività. Per i Professionisti o Freelance sprovvisti di un proprio ufficio o studio sarà possibile inserire come sede della propria Attività lavorativa anche la propria residenza fiscale o il proprio domicilio fiscale.
- *Scritture contabili:* bisognerà barrare questa Casella se si dovesse scegliere la propria sede dell' Attività come luogo di conservazione delle proprie scritture contabili. In alternativa sarà possibile scegliere il proprio indirizzo di residenza.
- *Regimi fiscali agevolati:* questo è uno dei campi più importanti di tutto il Modello AA9/12. Bisognerà scegliere il proprio Regime Fiscale solo se si vorrà aderire ad un Regime Agevolato. Nello specifico sarà possibile scegliere tra l' opzione 1 per "Regime Fiscale di Vantaggio per l' imprenditoria giovanile ed i lavoratori in mobilità" oppure l' opzione 2 per aderire al "Regime Forfetario dei contribuenti esercenti attività d' impresa, arti o Professioni". Se questa Casella non verrà barrata, l' Agenzia delle Entrate presupporrà la volontà di aderire al Regime Ordinario o Semplificato.
- *Attività di commercio elettronico:* bisognerà compilare questo quadro se si dovesse decidere di effettuare Attività di commercio elettronico. Sarà necessario quindi inserire l' indirizzo del proprio sito web e barrare la Casella "PROPRIO" nel caso in cui il Contribuente sia titolare di un sito web autonomo. Sarà necessario barrare la Casella "OSPITANTE" invece nel caso in cui il Contribuente utilizzi un sito di terzi. Barrare la Casella "CESSAZIONE" nel caso in cui il

Contribuente cessi l' attività di commercio elettronico continuando comunque ad esercitare attività rilevanti agli effetti dell' IVA.

Quadro C - Titolare: bisognerà inserire in questo quadro tutti i propri darti fiscali, e nello specifico: Codice fiscale, Cognome, Nome, Data di nascita, Comune di nascita e Provincia. Successivamente sarà necessario inserire tutti i dati relativi alla propria residenza e cioè: Indirizzo, CAP, Comune e Provincia. Bisognerà eventualmente barrare la Casella "Scritture contabili" solo se le scritture contabili saranno conservate presso la propria residenza.

Quando D - Rappresentante: il Quadro D dovrà essere compilato soltanto nei casi in cui il Rappresentante sia un soggetto diverso dal Contribuente, come ad esempio nel caso in cui l' Impresa sia posta in fallimento o in amministrazione controllata, oppure nel caso in cui il Titolare, essendo minore, inabilitato o interdetto, sia rappresentato da altra persona, ovvero nel caso di erede, ecc. Questo quadro naturalmente non dovrà essere compilato nel caso di adesione al Regime Forfettario.

Quadro E - Operazioni Straordinarie: questa sezione dovrà essere compilata soltanto nel caso in cui siano state effettuate operazioni straordinarie che comportino la trasformazione o l' estinzione del soggetto. Dato che in questo volume ci occuperemo esclusivamente di Professionisti, Freelance, Commercianti ed Artigiani all' interno del regime Forfettario possiamo anche evitare di dilungarci su tutte le possibilità offerte dal Quadro E. Non compilare quindi il Quadro E nel caso di adesione al Regime Forfettario.

Quadro F - Luoghi di conservazione delle scritture contabili: abbiamo visto come in precedenza è stata fornita la possibilità di decidere se conservare le proprie scritture contabili presso la sede della Ditta Individuale o presso la propria residenza. Oltre a queste 2 opzioni sarà possibile conservare la proprie scritture contabili presso soggetti depositari diversi, come ad esempio presso lo studio del proprio Commercialista. In questo caso basterà compilare questo quadro indicando il Codice o Codici fiscali dei soggetti depositari se questi dovessero risultare diversi dal soggetto indicato nel Quadro C (Titolare) nonché i dati relativi ai luoghi di conservazione delle scritture contabili.

Quadro G - Informazioni inerenti le attività esercitate: compilando questo Quadro sarà possibile aggiungere o cessare Attività primarie o secondarie della propria Partita IVA. Nello specifico, nel caso in cui tu abbia bisogno di aggiungere una seconda Attività alla tua Partita IVA oltre all' Attività principale già scelta nel quadro B, sarà necessario barrare la casella A ed inserire il relativo Codice ATECO, la descrizione dell' Attività svolta che potrai trovare sul sito dell' ISTAT e l' eventuale volume d' affari presunto (non sarà obbligatorio inserirlo nel caso di adesione al Regime Forfettario). Nel caso in cui debba invece cessare un' Attività principale o secondaria, basterà barrare la Casella C inserendo anche in questo caso il relativo Codice ATECO e la descrizione ISTAT dell' attività da cessare.
La Sezione 2 dovrà essere compilata nei casi in cui l' Attività prevalente o le atre attività siano esercitate in luoghi diversi da quello indicato nel Quadro B.

Quadro H - Presunzione di rapporto: questo quadro non dovrà essere compilato nel caso di apertura di una partita IVA nel Regime Forfettario.

Quadro I - Altre informazioni in sede di inizio attività: la compilazione del Quadro I è prevista esclusivamente in sede di presentazione della dichiarazione di inizio Attività e richiede le specifiche informazioni individuate dal provvedimento del Direttore dell' Agenzia delle Entrate del 21 Dicembre 2006. Nel caso di apertura di una Partita IVA nel Regime Forfettario non sarà obbligatorio la compilazione del quadro I.

Allegati: in questo quadro bisognerà specificare l' eventuale presenza di allegati quali ad esempio: copia della carta d' identità, copia del passaporto o copia del Codice fiscale che saranno consegnati fisicamente all' Agenzia delle Entrate al momento della consegna del Modello AA9/12.

Quadri compilati e firma della dichiarazione: in questo quadro sarà necessario barrare tutte le caselle in base ai vari Quadri compilati e dovrà essere inserito il totale delle pagine consegnate (4 in totale). Sarà necessario inserire la data di consegna del modulo presso l' Agenzia delle Entrate che, come detto prima, potrà eventualmente differire dalla data prevista per l' apertura della Partita IVA. Sarà quindi sufficiente firmare il Modello AA9-12 e consegnarlo.

Delega: l' agenzia delle Entrate offre la possibilità di poter usufruire di un delegato per la consegna fisica del Modello AA9/12 presso i propri uffici. In questo caso il Professionista che intende aprire o variare i dati della propria Partita IVA servendosi di un delegato, dovrà provvedere a compilare tutti i campi di questo Quadro inserendo: nome e cognome proprio, nome e cognome del delegato, comune di nascita del delegato, data di nascita del delegato e data di presentazione del Modello. Sarà infine necessario firmare questo Quadro.

Impegno alla trasmissione telematica: questo Quadro dovrà essere compilato e sottoscritto dall' intermediario che trasmetterà la Dichiarazione in modo telematico. L' intermediario dovrà riportare: il proprio Codice fiscale, se si tratta di un CAF il proprio numero di iscrizione all' Albo, la data (giorno, mese e anno) di assunzione dell' impegno a trasmettere la dichiarazione. Dovrà essere barrata, inoltre, la prima Casella se la Dichiarazione è stata predisposta dal Contribuente, oppure la seconda Casella se la dichiarazione è stata predisposta da chi effettua l' invio.

Dopo aver presentato il Modello AA9/12, l' apertura della Partita IVA o ogni sua variazione sarà istantanea. Ciò significa che ogni

Professionista potrà immediatamente iniziare la propria Attività con la possibilità di poter fatturare immediatamente dal giorno scelto per l' apertura della propria posizione fiscale, salvo l' obbligo di essere già iscritti alla propria Gestione Previdenziale.

Verrà quindi consegnato da parte dell' Agenzia delle Entrate un documento e cioè il Certificato di Attribuzione di Partita IVA. In questo Certificato saranno riportate tutte le informazioni compilate sul Modello AA9/12, compreso il numero di Partita IVA che potrai facilmente riconoscere in quanto composto da 11 cifre.

Nota bene: nel Certificato di Attribuzione di Partita IVA non sarà presente la sede scelta per la propria Attività, bensì soltanto la propria residenza. Non saranno presenti neanche eventuali Codici ATECO secondari scelti per la propria Attività ma solo ed esclusivamente il Codice ATECO principale. Per ovviare o ciò, e per conservare tutte le informazioni complete relative alla tua Partita IVA, ti consiglio di compilare 2 copie del Modello AA9/12 identiche tra loro e presentarle entrambe presso lo sportello dell' Agenzia delle Entrate. Uno di questi Modelli sarà conservato presso l' Ufficio stesso, una copia ti sarà timbrata e riconsegnata dall' operatore. Potrai quindi conservare insieme al Certificato si Attribuzione di Partita IVA una copia autenticata del Modello AA9/12 che riporterà nello specifico tutti i Quadri da te compilati per l' apertura della tua Partita IVA o per la modifica della stessa.

Ecco un esempio di Certificato di Attribuzione di Partita IVA rilasciato dagli uffici dell' Agenzia delle Entrate.

Immagine 12. Esempio di Certificato di Attribuzione di Partita IVA rilasciato dall' Agenzia delle Entrate

Aprire Partita IVA come Commerciate o Artigiano.

Al contrario di tutte le Categorie Professionali che hanno la possibilità di aprire la propria Partita IVA presso l' Agenzia delle Entrate, i Contribuenti che sceglieranno di intraprendere un' Attività tra quelle appartenenti alle Categorie dei Commercianti o degli Artigiani dovranno effettuare una procedura telematica più complessa e dispendiosa per aprire la propria posizione fiscale. Sarà infatti necessario predisporre ed inviare con procedura telematica la Comunicazione Unica (ComUnica), che potrà essere trasmessa esclusivamente da un Commercialista o Professionista abilitato. Ma cosa è la Comunicazione Unica?

La Comunicazione Unica d' Impresa è una pratica informatica, ovvero un insieme di file costituito da un modello riassuntivo contenete i dati del Contribuente, l' oggetto della comunicazione ed il riepilogo delle richieste ai diversi enti. Ua volta compilata ed inviata, la Comunicazione Unica comunicherà simultaneamente:

• La richiesta di iscrizione al Registro Imprese
• La richiesta di attribuzione della Partita IVA all' Agenzia elle Entrate
• La richiesta di iscrizione alla gestione Commercianti o Gestione Artigiani INPS
• L' eventuale apertura della posizione assicurativa INAIL
• L' eventuale SCIA (Segnalazione Certificata di Inizio Attività) per il SUAP (Sportello Unico delle Attività Produttive).

Per il buon esito della pratica sarà necessario possedere una PEC (Posta Elettronica Certificata) ed una smart card per la Firma Digitale necessaria per la conferma dei dati.

Come già avrai intuito la pratica di apertura della Partita IVA per un Commerciante o un Artigiano non è gratuita, al contrario della procedura di inizio Attività per la categoria dei professionisti. Il costo di procedura varia infatti dai 250 Euro ai 320 (compresi PEC e Firma Digitale) ed il costo comprende anche costi di istruttoria e Diritti camerali annuali quantificabili in circa 53 Euro ma variabili da Comune a Comune d' Italia. Una volta compilati, salvati ed inviati tutti i moduli obbligatori, il Registro delle Imprese spedirà in automatico all' indirizzo di Posta Elettronica Certificata PEC fornito al momento della compilazione la ricevuta di protocollo della Comunicazione Unica valida per l' avvio dell' Impresa, e provvederà poi a smistare tra gli enti coinvolti la Comunicazione.

I tempi medi per l' evasione della Comunicazione Unica variano in base alla velocità degli uffici coinvolti, ma sono compresi nella maggior parte dei casi tra i 3 ed i 10 giorni. In questo lasso di tempo il titolare della nuova Impresa riceverà una risposta via PEC:

• Da parte del Registro Imprese: entro 5 giorni dalla data di protocollo della domanda e della denuncia al REA
• Da parte dell' INPS e dell' INAIL: entro 7 giorni dalla data di ricevimento della ComUnica da parte della Camera di Commercio.
• Da parte dell' Agenzia delle Entrate sarà invece immediata l' attribuzione del nuovo numero di Partita IVA, così come accade per la Categoria dei Professionisti.

Verrà quindi attribuito entro questi termini un numero di Partita IVA ed un numero REA. Per il completamento della pratica dovrà infine essere inviata, quando dovuta, la SCIA (Segnalazione Certificata di Inizio Attività) al SUAP (Sportello Unico delle Attività Produttive) della propria città di appartenenza. Verrà infine rilasciata una Visura Camerale composta di solito da 3 pagine come da foto in allegato, e da questo momento in poi la nuova Attività sarà ritenuta attiva e si potrà immediatamente iniziare a fatturare. Allego una copia della Visura Camerale:

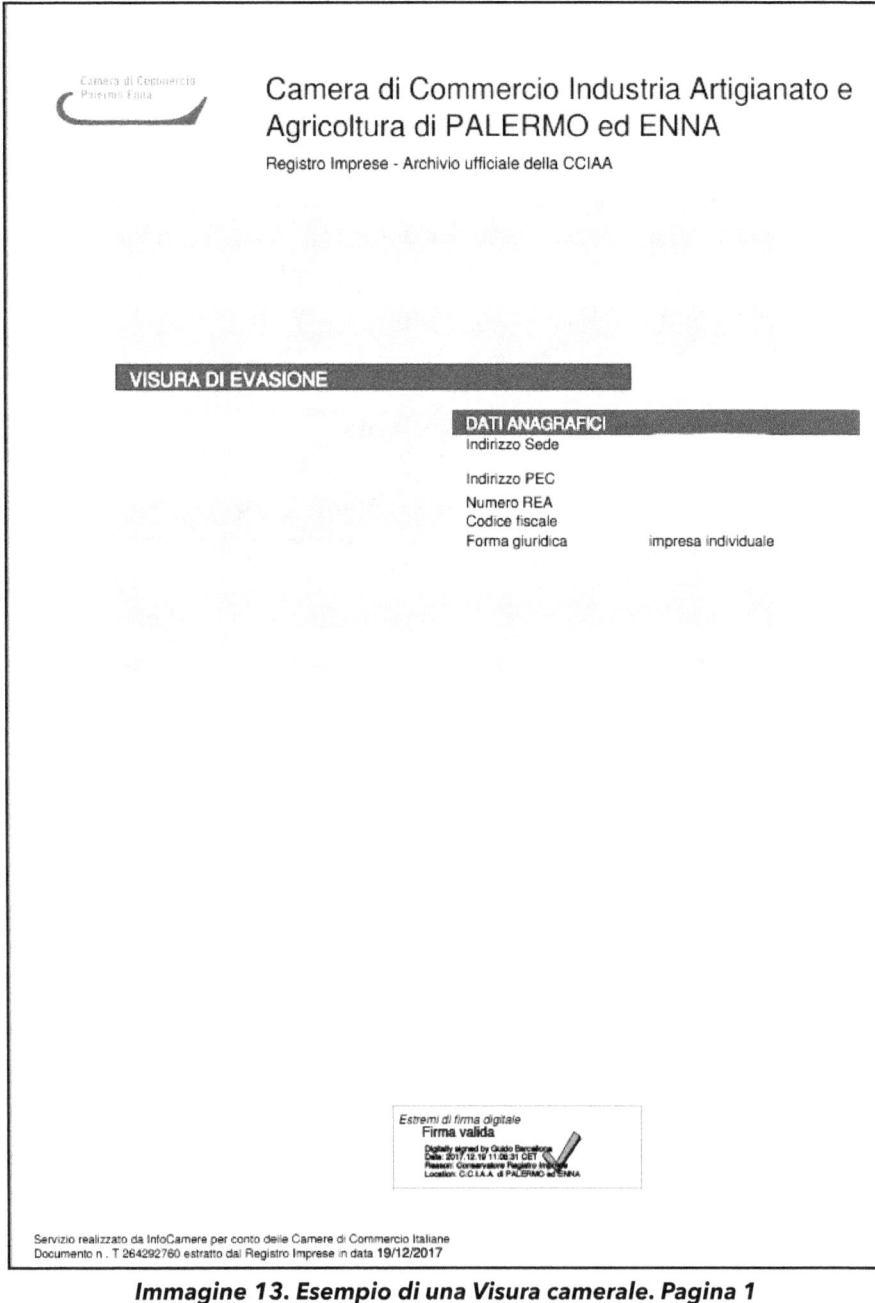

Immagine 13. Esempio di una Visura camerale. Pagina 1

Indice

1 Informazioni costitutive 2
2 Titolari di cariche o qualifiche 2
3 Attività, albi ruoli e licenze 2
4 Sede ed unità locali 3
5 Storia delle modifiche ⸲ 3

1 Informazioni costitutive

Registro Imprese	Data di iscrizione
	Sezioni: Iscritta con la qualifica di PICCOLO IMPRENDITORE (sezione speciale)

Estremi di costituzione

Iscrizione Registro Imprese
Codice fiscale e numero d'iscrizione
del Registro delle Imprese di PALERMO ed ENNA
Data iscrizione

sezioni
Iscritta con la qualifica di PICCOLO IMPRENDITORE (sezione speciale) il

informazioni costitutive
Data della comunicazione unica per la nascita dell'impresa

2 Titolari di cariche o qualifiche

Titolare Firmatario

Titolare Firmatario

Nato i
Codice fis

residenza

carica
titolare firmatari

3 Attività, albi ruoli e licenze

Data d'inizio dell'attività dell'impresa
Attività prevalente   COMMERCIO ELETTRONICO

Attività

Inizio attività
(informazione storica)
Data inizio dell'attività dell'impresa

Visura di evasione · 2   di 3

Immagine 14. Esempio di una Visura Camerale. Pagina 2

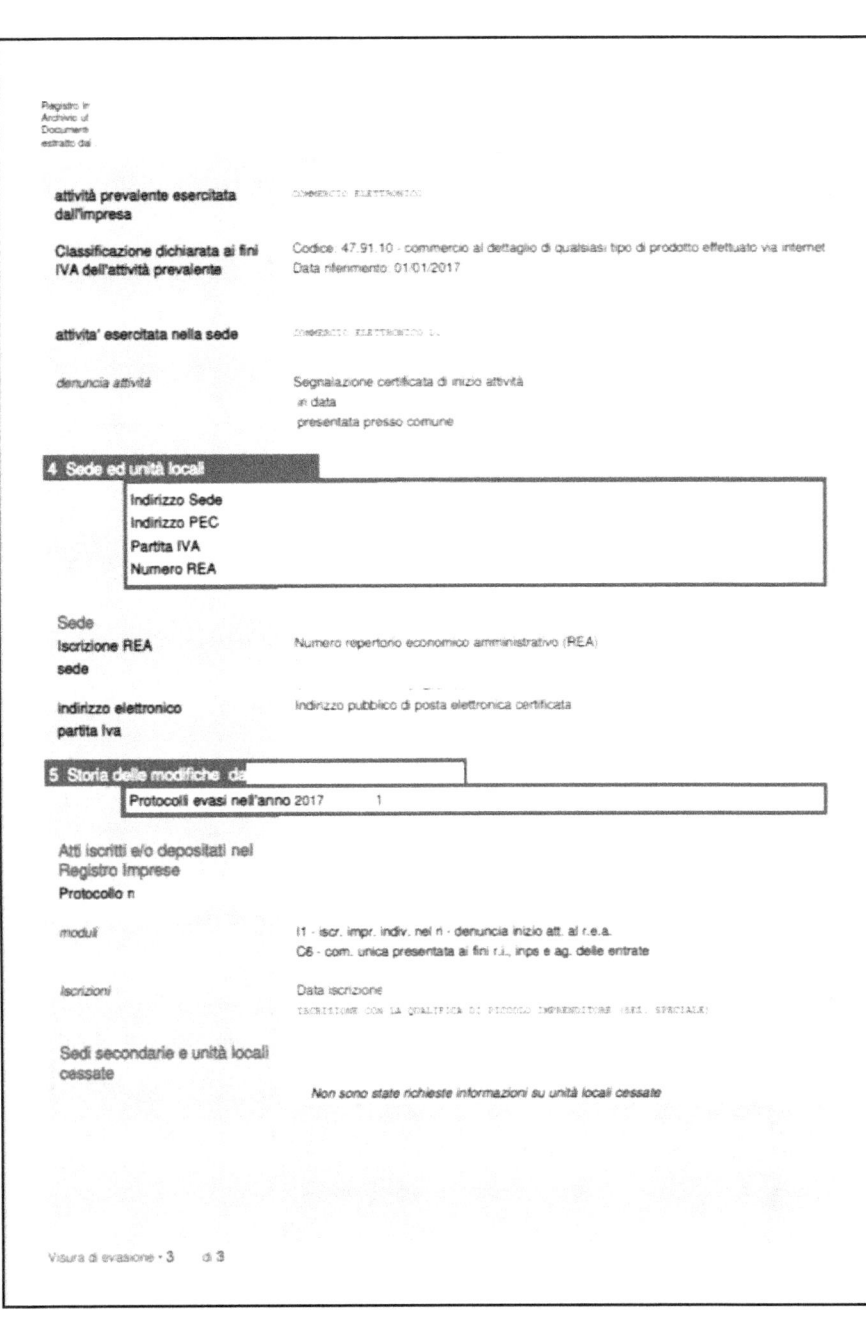

Immagine 15. Esempio di una Vostra Camerale. Pagina 3

Come hai potuto verificare in questo Capitolo, nel caso in cui tu abbia scelto un' Attività Economica appartenente alle Categorie dei Commerciati o degli Artigiani non potrai provvedere autonomamente all' apertura della tua Partita IVA ma dovrai avvalerti di un Commercialista o Professionista abilitato all' invio telematico della procedura ComUnica. Nel caso in cui invece decidessi di aprire una Partita IVA per un' Attività inclusa tra le Categorie professionali potrai provvedere tu stesso alla compilazione ed alla presentazione dei modelli all' Agenzia delle Entrate per aprire la tua Partita IVA.

D' altra parte, anche se le tue conoscenze in campo fiscale ti possano consentire di poter effettuare da solo l' apertura della tua posizione fiscale, mi sento di sconsigliarti di provvedere in autonomia. Le possibilità di commettere un errore nell' apertura della tua Partita IVA sono elevate ed un eventuale errore si ripercuoterebbe nell' anno fiscale dell' apertura ed in tutti quelli a seguire. Ad esempio, commettere un' errore sulla scelta del Codice ATECO o sul Regime Fiscale da adottare condizionerà la tua tassazione, i tuoi obblighi fiscali ed i tuoi Contributi Previdenziali nell' anno di apertura della Partita IVA ed in tutti quelli a seguire.

Se dovessi avere bisogno di aiuto per l' apertura della tua Partita IVA ricordati che posso darti una mano offrendoti una Consulenza Gratuita. Ti basterà richiederla sul mio sito internet www.regime-forfettario.it compilando il Form di contatto con tutti i tuoi dati, provvederò io stesso a richiamarti nel più breve tempo possibile e cercherò di chiarire tutti i tuoi dubbi!

2.3 I DIRITTI CAMERALI DELLA CAMERA DI COMMERCIO

Tutti i Contribuenti che decideranno di aprire una Partita IVA per svolgere un' attività rientrante nelle Categorie dei Commercianti e degli Artigiani avranno l' obbligo di iscriversi al Registro Imprese e saranno quindi obblighi annualmente al pagamento dei Diritti Camerali presso la Camera di Commercio del proprio Comune di appartenenza.

Sono quindi tenuti al pagamento dei Diritti Camerali tutti i soggetti che dal 1 Gennaio risultano iscritti al Registro Imprese o nel Repertorio Economico Amministrativo (REA). Attenzione però, anche tutti coloro che apriranno la propria Partita IVA durante l' anno, ad esempio a Novembre 2019, dovranno corrispondere l' intero Diritto Camerale per l' intera annualità 2019.

Inoltre, dato che il presupposto del pagamento dei Diritti Camerali è l' iscrizione al Registro Imprese, saranno obbligati a questo pagamento anche:

- Le Società in liquidazione
- Tutte le imprese o Ditte Individuali che nonostante non effettuino più l' attività non hanno richiesto la cancellazione dal Registro Imprese
- Le imprese in concordato preventivo e in amministrazione straordinaria

Nel caso di trasferimento della propria sede dell' Attività da un Comune ad un altro nel territorio Italiano, i Diritti Camerali saranno dovuti alla Camera di Commercio in cui era posizionata la sede il 1 Gennaio dello stesso anno.

Le Ditte Individuali che hanno aderito al Regime Forfettario dovranno pagare un Diritto Camerale annuale fisso, nella misura di 53 Euro circa, mentre tutti gli altri soggetti dovranno pagare un Diritto Camerale in relazione al fatturato dell' anno precedente determinato in base ad alcune aliquote calcolate per i vari scaglioni di reddito. Il termine di pagamento invece coincide con quello relativo al pagamento per il primo acconto per le imposte sui redditi, e cioè il 30 Giugno, le Ditte Individuali di nuova costituzione sono invece tenute al pagamento dei Diritti entro 30 giorni dall' avvenuta iscrizione al Registro Imprese. L' eventuale pagamento con ritardo contenuto (entro 30 giorni dalla naturale scadenza) potrà essere effettuato con una piccola maggiorazione dello 0,40%. Il pagamento dovrà avvenire sempre tramite il classico Modello F24, ed il mancato versamento dei Diritti Camerali impedirà di poter ricevere i vari certificati rilasciati dalla Camera di Commercio. Ogni anno, inoltre, il Registro Imprese ti ricorderà del pagamento tramite una comunicazione ufficiale alla tua PEC (Posta Elettronica Certificata).

2.4 I CONTRIBUTI INAIL

I Contributi INAIL servono a coprire il rischio di infortuni e malattie professionali sul luogo di lavoro. La gestione di questa forma di assistenza spetta all' Istituto Nazionale delle Assicurazioni contro gli Infortuni sul Lavoro.
I soggetti che devono essere obbligatoriamente assicurati per legge sono descritti all' art. 4 del DPR 1124 del 1965, ed in linea generale possiamo dire che sono inclusi nell' obbligo chiunque svolga la propria attività alle dipendenze o sotto la direzione di qualunque datore di lavoro, sia nel campo dell' industria, dell' agricoltura e del settore terziario.

Sono quindi obbligati all' assicurazione INAIL tutti i Lavoratori Dipendenti ma in alcuni casi anche i possessori di Partita IVA. Soltanto gli Artigiani infatti, tra tutti i titolari di Partita IVA, hanno l' obbligo di assicurarsi all' INAIL anche in assenza di dipendenti in quanto nello svolgimento della propria Attività prestano abitualmente opera manuale e sono dunque Categorie più a rischio di infortunio.
Sono quindi esentati dal pagamento dell' assicurazione INAIL:

- Tutti i Commercianti titolari di ditte senza dipendenti
- I Liberi Professionisti sia appartenenti ad un Albo Professionale sia iscritti alla Gestione Separata INPS senza dipendenti

• Gli Agenti di Commercio ed i Procacciatori d' affari senza dipendenti.

Nel caso degli Artigiani quindi, l' iscrizione all' INAIL avverrà direttamente con la pratica telematica di apertura Partita IVA (ComUnica). Con questa comunicazione telematica infatti gli Artigiani comunicheranno contemporaneamente all' Agenzia delle Entrate, al Registro Imprese, alla Gestione Artigiana INPS ed all' INAIL l' attivazione della propria posizione fiscale. L' ammontare della quota INAIL da versare annualmente non sarà affatto esosa. Sarà infatti compresa tra 100 Euro e 400 Euro circa annuali e varierà in base al Codice ATECO scelto al momento dell' apertura della propria Partita IVA.

2.5 PEC E FIRMA DIGITALE

È necessario possedere una PEC per poter aprire una Partita IVA nel Regime Fofettario? Bè se fino all' anno scorso esistevano casi in cui l' apertura della PEC poteva essere evitata (nel caso di Professionisti "senza cassa" ad esempio), adesso con l' introduzione della fatturazione elettronica diventa ormai obbligatoria. La Posta Elettronica Certificata (PEC) è il sistema che consente di inviare email con valore legale equiparato ad una raccomandata con ricevuta di ritorno, come stabilito dalla normativa D.P.R. 11 febbraio 2005 n. 68). Rispetto alla posta elettronica ordinaria, il servizio PEC presenta delle caratteristiche aggiuntive che forniscono agli utenti la certezza a valore legale dell' invio e della consegna (o mancata consegna) delle email al destinatario. Presenta quindi lo stesso valore legale della raccomandata con ricevuta di ritorno con attestazione dell' orario esatto di spedizione ed inoltre, grazie ai protocolli di sicurezza utilizzati, è in grado di garantire la certezza del contenuto non rendendo possibile nessun tipo di modifica né al messaggio né agli eventuali allegati.

Tutti i Commercianti e gli Artigiani che si iscrivono al Registro Imprese dovranno essere in possesso di una PEC, così come tutti i Professionisti iscritti ad un Albo di appartenenza. Fino al 2018, invece, i Professionisti senza Albo di riferimento, iscritti dunque ala Gestione separata INPS, potevano anche evitare l' apertura di una Posta Elettronica Certificata, ma l' introduzione della fatturazione elettronica ha cambiato le carte in tavola.

Se da un lato è confermato che tutti i Contribuenti titolari di Partita IVA nel Regime Forfettario (e nel Regime dei Minimi) sono esonerati dall' emissione di fattura elettronica verso privati, è pur vero che nel caso di acquisti di prodotti o servizi da soggetti in obbligo dovranno ricevere la fattura in modo elettronico. Da qui l' obbligo di possedere una PEC per poter ricevere queste fatture.
Per poter ricevere fatture in modo elettronico sarà inoltre necessario registrare la PEC presso il portale dell' Agenzia delle Entrate. Analizziamo quindi la procedura di registrazione della PEC presso il portale.

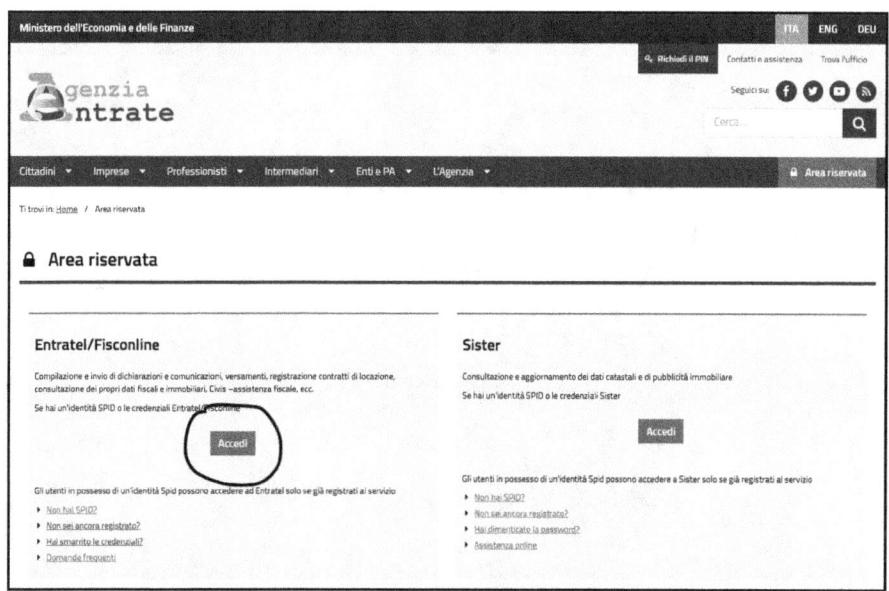

Immagine 16. Come primo passo dovrai accedere al servizio Entratel/ Fisconline direttamente sul portale dell' agenzia delle entrate www.agenziaentrate.gov.it

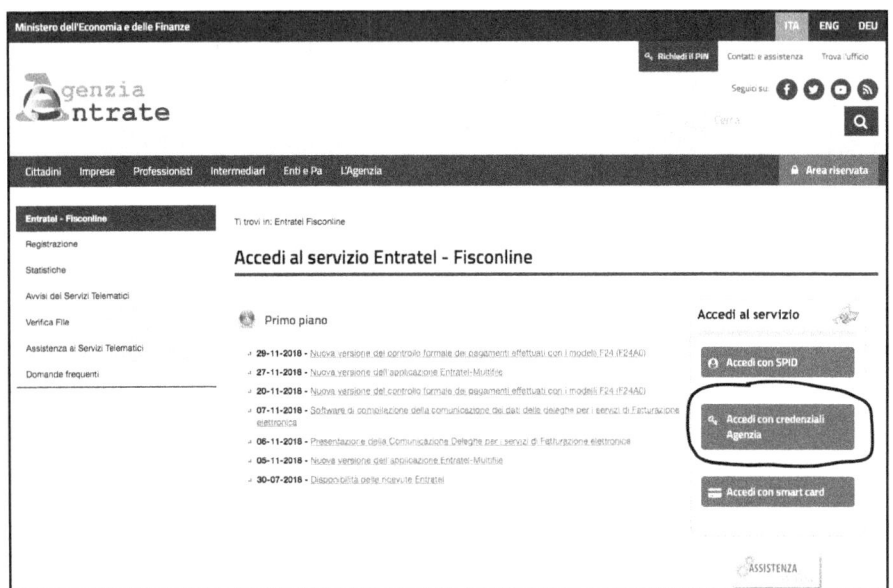

Immagine 17. Successivamente dovrai cliccare nella schermata successiva su "accedi con credenziali Agenzia" che si trova sulla destra

Immagine 18. Dovrai poi inserire il tuo "Nome Utente" (rappresenta il tuo Codice Fiscale), la tua "Password" ed il tuo "Codice PIN"

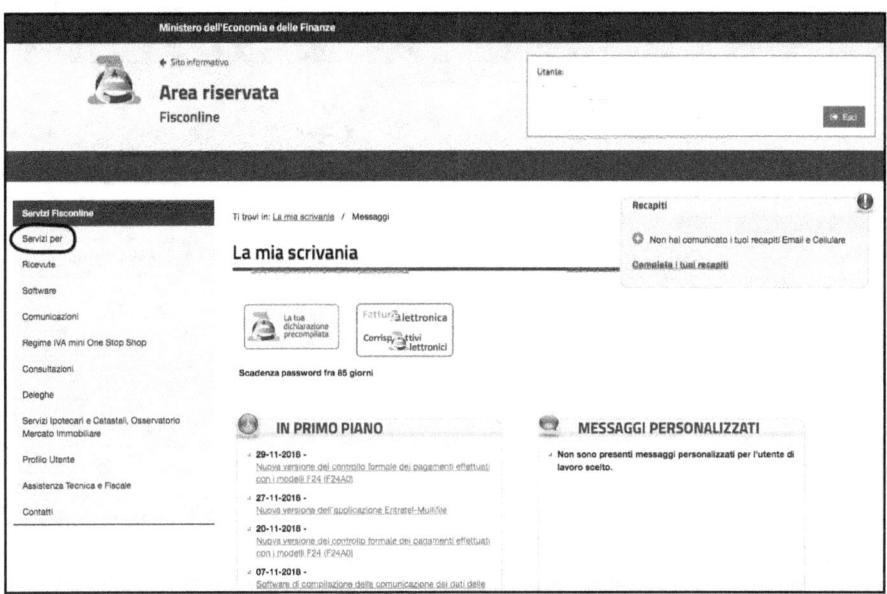

Immagine 19. Dopo aver effettuato l' accesso con tutte le tue credenziali dovrai cliccare in alto a sinistra su "Servizi per"

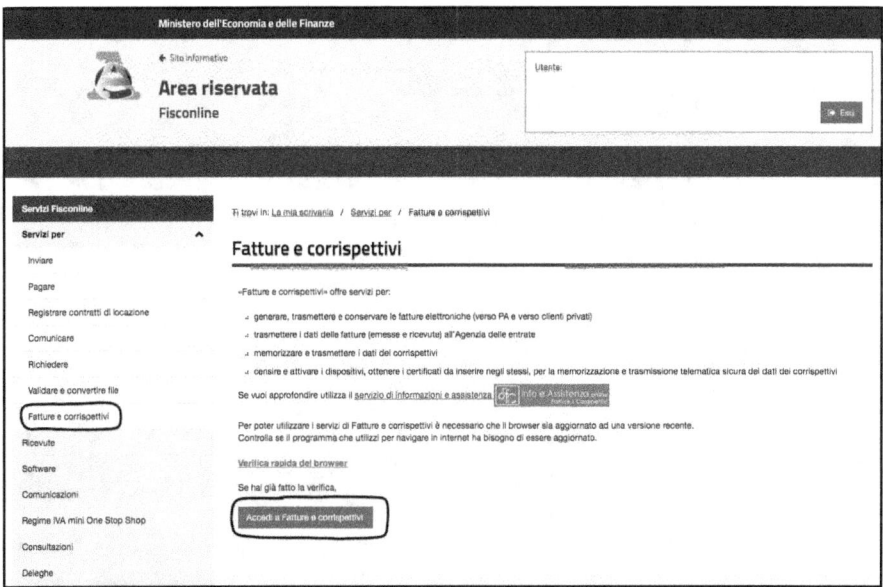

Immagine 20. Ti basterà poi cliccare su "Fatture e Corrispettivi" e successivamente su "Accedi a Fatture e Corrispettivi" alla pagina che comparirà successivamente

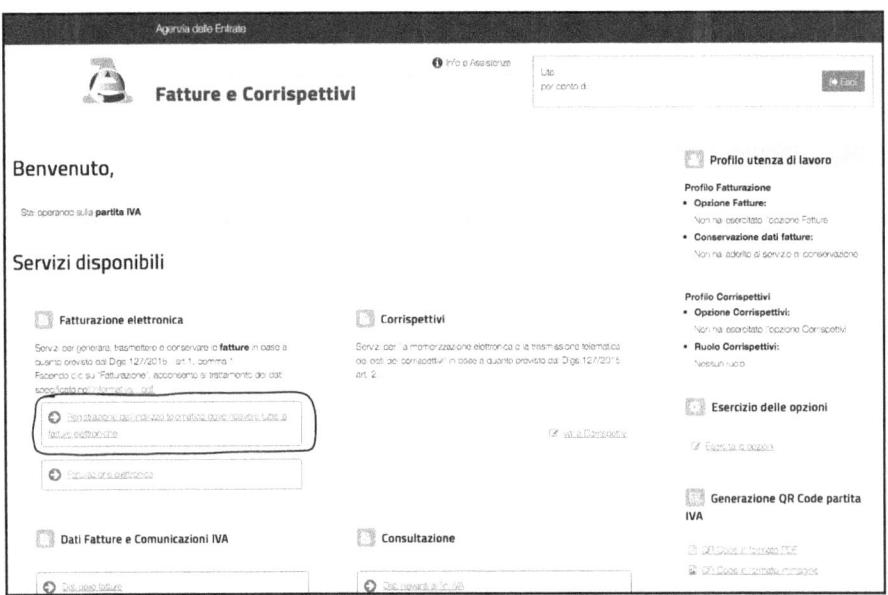

Immagine 21. Dovrai adesso cliccare su "Registrazione dell' indirizzo telematico dove ricevere tutte le fatture elettroniche"

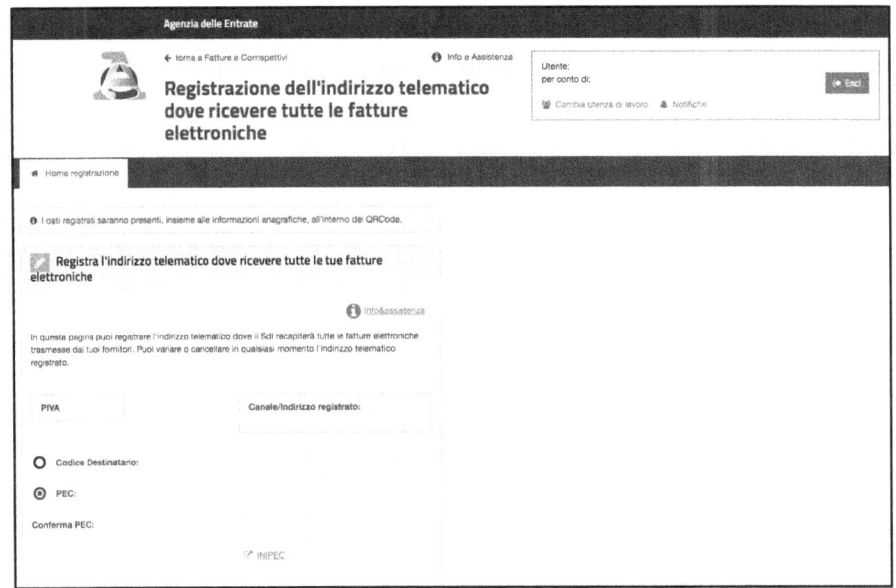

Immagine 22. Come ultimo passaggio dovrai cliccare su PEC, inserire il tuo indirizzo di Posta Elettronica Certificata e successivamente confermare lo stesso indirizzo nel rigo successivo

Bisognerà come prima cosa possedere i dati di accesso (cfr il paragrafo relativo al Cassetto Fiscale ed al Cassetto Previdenziale).

Ad oggi esistono tantissimi servizi online tramite i quali poter acquistare la propria Posta Elettronica Certificata, ma tra tutti mi sento di consigliarti il servizio di Aruba (www.aruba.it) che ti permetterà di acquistare la tua PEC con una procedura davvero semplice al costo di 5 Euro + IVA annuali.

La Firma Digitale è invece l' equivalente informatico di una tradizionale firma autografa apposta su carta e attribuisce piena validità legale al documento firmato. L' utilizzo della Firma Digitale permette di snellire significativamente i rapporti tra Pubbliche Amministrazioni, i cittadini o le imprese, riducendo drasticamente la gestione in forma cartacea dei documenti.

È costituita da un dispositivo (smart card o chiavetta USB) che contiene un certificato digitale di sottoscrizione, tramite il quale il titolare può firmare digitalmente i propri documenti.

Tutti i Commercianti o gli Artigiani che vorranno iscriversi al Registro Imprese dovranno firmare digitalmente i documenti necessari per la pratica, ma non tutte le Camere di Commercio dei vari Comuni si comportano allo stesso modo. Alcune Camere di Commercio accettano semplicemente la Firma Digitale del Professionista abilitato che invia la pratica (in questo caso il Contribuente può risparmiarsi l' attivazione di una Firma Digitale), altre Camere di Commercio pretendono invece, oltre la Firma Digitale del Professionista che invia la pratica, anche quella del Contribuente che quindi sarà obbligato ad attivarne una.

I costi per l attivazione di una Firma Digitale variano da circa 35 Euro a circa 70 Euro e dipendono dal dispositivo scelto. Anche in questo caso per l' eventuale acquisto ti consiglio l' ottimo servizio di Aruba.

2.6 LE FALSE PARTITE IVA

Le false Partite IVA sono un fenomeno del tutto Italiano. Molti Liberi Professionisti, infatti, negli ultimi tempi hanno dovuto abbandonare il proprio lavoro Dipendente a tempo determinato o indeterminato a causa della crisi o del taglio del numero di dipendenti, ed hanno dovuto reinventare il proprio lavoro diventando Liberi Professionisti titolari di partita IVA. Nulla di strano in questo, scelta del tutto lecita e logica.

Succede però troppo spesso che gli stessi "Liberi" Professionisti siano "obbligati" a licenziarsi ed ad aprire una Partita IVA su consiglio proprio dello stesso datore di lavoro con la promessa di continuare a svolgere le stesse mansioni lavorative da Libero Professionista. Interrompere un contratto di subordinazione (sia a tempo determinato che indeterminato) ed aprire una Partita IVA per svolgere le stesse mansioni svolte precedentemente da Lavoratore Dipendente con lo stesso committente è uno di quei casi chiamati senza giri di parole false Partite IVA. È una pratica illegale e serve semplicemente a camuffare agli occhi del Fisco e dell' Agenzia delle Entrate la presenza di un lavoratore dipendente.

Ma perché questi "Imprenditori" spingono affinché ciò accada? La risposta è semplice: convenienza economica. Un Lavoratore Dipendente è una spesa onerosa per qualsiasi azienda a causa dell' onere contributivo e previdenziale. Un Libero Professionista titolare di partita IVA invece non ha alcun costo ulteriore, se non il compenso stabilito in fattura; risulta quindi molto più conveniente avvalersi di titolari di partita IVA piuttosto che assumere nuovo personale o mantenere il proprio già assunto.

Il lavoro subordinato ed il lavoro autonomo hanno però nette differenze. La caratteristica fondamentale del Lavoratore Autonomo è l'assoluta autonomia operativa ed organizzativa. Infatti, il Lavoratore Autonomo decide autonomamente i tempi, le modalità e i mezzi necessari per l'esecuzione della prestazione lavorativa, non è sottoposto al potere direttivo, organizzativo, disciplinare e di controllo del Committente ed opera senza alcun coordinamento con l'attività del Committente stesso.

Il Lavoratore Subordinato è invece definito dall' art. 2094 c.c. come *"chi si obbliga mediante retribuzione a collaborare nell' impresa prestando il proprio lavoro intellettuale o manuale alle dipendenze e sotto la direzione dell' imprenditore".* La caratteristica fondamentale del Lavoratore Subordinato è il vincolo di subordinazione, ossia l' assoggettamento al potere direttivo, organizzativo, di controllo e disciplinare del datore di lavoro con conseguente limitazione dell' autonomia ed inserimento del lavoratore in modo stabile (si spera!) nell' ambito dell' organizzazione aziendale.

Vi sono dei chiari presupposti che lasciano trasparire la presenza o meno delle false Partite IVA, nello specifico l' Agenzia delle Entrate fa riferimento a 3 Criteri:

1. Criterio Temporale - Si verifica nel caso in cui il Lavoratore Autonomo intraprenda una collaborazione superiore ad 8 mesi nell' arco dell' anno per la durata di almeno 2 anni consecutivi. Ai fini dell' accertamento del Ministero del lavoro, assume rilievo qualsiasi documento in grado di fornire informazioni sulla durata dell' attività svolta come ad esempio lettere d' incarico o fatture in cui è indicato l' arco temporale di riferimento della prestazione professionale.
2. Criterio del Fatturato - Si verifica nel caso in cui il corrispettivo del Lavoratore Autonomo derivante dalla collaborazione con il proprio Committente costituisca più dell' 80% rispetto al fatturato totale annuale e ciò si verifichi per almeno 2 anni consecutivi. Ciò è ritenuto valido anche se si dovesse fatturare a più Committenti riconducibili sempre allo stesso centro di imputazione di interessi.
3. Criterio Organizzativo - Si verifica nel caso in cui il Lavoratore Autonomo disponga di una postazione fissa di lavoro presso una delle sedi del Committente.

Affinché una Partita IVA venga definita come una delle false Partite IVA è necessario che contemporaneamente si verifichino almeno 2 di questi 3 Criteri. Se dovesse verificarsi soltanto uno di questi Criteri allora non si potrà ipotizzare il reato di falsa Partita IVA.

Valuta con attenzione dunque gli incarichi che deciderai di accettare da Lavoratore Autonomo titolare di Partita IVA, rifiuta tutti i Committenti che vorranno avvantaggiarsi del risparmio economico di questo strumento per evitare di assumerti come Lavoratore Dipendente, non è eticamente giusto, non è Professionalmente appagante.

2.7 SERVE UN CONTO CORRENTE AZIENDALE?

Dopo aver aperto la propria Partita IVA è necessario essere in possesso di un conto corrente per poter incassare le proprie fatture emesse e per poter adempiere a tutti i pagamenti fiscali.

Possedere quindi un conto corrente, che sia bancario o postale, è quindi obbligatorio. Questo perchè il decreto Bersani 4/7/2006 n. 223 Art.37, comma 49 ha stabilito l' obbligo, per tutti i titolari di Partita IVA di effettuare i pagamenti delle tasse e dei propri Contributi Previdenziali attraverso sistemi di pagamento telematici come tra i quali viene inclusa anche la banca online con servizi home banking.

Dunque bisogna obbligatoriamente possedere un conto corrente bancario o postale per poter incassare le proprie fatture e per poter pagare le proprie imposte. Ma è necessario che questo conto corrente sia "esclusivo della Partita IVA?

No, non è necessario che sia esclusivo. Questo perchè, dal 2008 l' Art. 32 del D.L. n.112/2008 abroga il comma che istituiva l' obbligo del conto corrente esclusivo. Da quel momento in poi non c' è alcun obbligo di legge che imponga di possedere un conto corrente al di fuori di quello personale utilizzato per le operazioni quotidiane.

Dunque tutti coloro che aprono una Partita IVA nel Regime Forfettario saranno liberi di scegliere se utilizzare il proprio conto personale (nel quale potranno incassare le proprie fatture, pagare le proprie imposte ed utilizzarlo per le proprie spese quotidiane) oppure aprire un conto corrente aziendale dedicato alla gestione della propria Partita IVA.

Ognuna di queste due scelte ha i propri vantaggi e svantaggi. Possedere un conto corrente dedicato ha un unico grande svantaggio, cioè quello dei costi. Un conto corrente aziendale presenta dei costi di gestione più elevati rispetto a quelli di un conto corrente personale, e questi costi gestionali, come tutti gli altri costi aziendali nel Regime Forfettario, non potranno essere "scaricati".

Scegliere invece di aprire un conto corrente aziendale dedicato alla propria Partita IVA potrà garantirvi di:

- Gestire in modo migliore le vostre finanze, più è ordinata la gestione delle entrate e delle uscite e più sarà chiara la visone della contabilità della propria Partita IVA.
- Permetterti di non mescolare spese professionali con le proprie spese personali
- Agevolarti in caso di controlli da parte dell' Agenzia delle Entrate. Un conto corrente aziendale ti consentirà infatti di poter immediatamente evidenziare tutte le spese e gli incassi sostenuti per la vostra attività con Partita IVA. Nel caso di utilizzo di un conto corrente personale doveste essere in grado, in caso di controllo, di giustificare ogni movimento bancario per evitare che l' Agenzia delle Entrate imputi nel fatturato eventuali incassi non giustificati da fattura.

Dunque, se deciderai di aprire Partita IVA nel Regime Forfettario sentiti libero quindi di scegliere se utilizzare il tuo conto corrente personale o di scegliere se aprire un conto corrente aziendale dedicato. Un consiglio? Inizia con il tuo conto corrente personale, se in seguito la tua mole di lavoro ed i tuoi movimenti contabili dovessero diventare numerosi allora decidi di optare per un conto corrente Aziendale. L' aumento dei costi di gestione sarà giustificato da un maggior ordine fiscale e da una migliore pianificazione.

2.8 COME SCEGLIERE IL CODICE ATECO

Abbiamo visto nello scorso paragrafo tutte le procedure per poter aprire la propria Partita IVA differenti a seconda il tipo di Attività Economica svolta. Nel caso in cui si debba intraprendere un' Attività Professionale bisognerà compilare e presentare all' Agenzia delle Entrate il Modello AA9/12, nel caso di Attività Economiche incluse tra le Categoria Commercianti ed Artigiani bisognerà provvedere alla comunicazione telematica ComUnica che dovrà essere predisposta e preparata obbligatoriamente da un Professionista abilitato

Sia nel caso in cui tu scelga di intraprendere un' Attività Professionale sia nel caso in cui tu scelga di intraprendere un' Attività da Commerciante o Artigiano dovrai ponderare due scelte davvero importanti:

• la scelta del tuo Codice ATECO
• la scelta del tuo Regime Fiscale

Queste due scelte influiranno sia sui tuoi obblighi fiscali ma anche sui tuoi Contributi Previdenziali.

Cosa è il Codice ATECO?
Il Codice ATECO è una combinazione alfanumerica che contraddistingue ogni Attività Economica (ATtività ECOnomica) esistente in Italia. L' ultima classificazione esistente è stata

approvata dall' ISTAT ed è in vigore dal 1 Gennaio 2008. Ad oggi non sono state effettuate ulteriori modifiche e dunque continuano ad essere utilizzati i Codici ATECO 2007.

Come abbiamo visto prima, il Codice ATECO va obbligatoriamente indicato al momento dell' apertura della Partita IVA sia nel caso di Attività Professionali sia nel caso di Attività di Commercio o Artigianato. Il primo passo che dovrai compiere, se hai già deciso di aprire la tua Partita IVA, sarà quello di identificare il tuo Codice ATECO.

L' Agenzia delle Entrate ha chiarito che la "Classificazione delle Attività Economiche" rappresenta uno strumento indispensabile per comprendere e per poter governare il mondo delle imprese. Solo definendo in modo preciso le tipologie di attività svolte dagli operatori, infatti, se ne possono definire i comportamenti economici e di conseguenza gli obblighi fiscali. Classificarli correttamente ha rappresentato un vantaggio reciproco sia per i Contribuenti, che volevano riconosciute le proprie specificità, sia per l' Amministrazione che ha potuto calibrare al meglio la richiesta fiscale.

Ma come si trova il Codice ATECO giusto?
Ci sono molti motori di ricerca che possono permetterti di trovare il Codice ATECO più adatto alle tue esigenze. Io di solito utilizzo questi tre siti internet:

- il sito ufficiale dell' ISTAT dove è consentito effettuare delle ricerche per parola chiave a questo indirizzo https://www.istat.it/ it/strumenti/definizioni-e-classificazioni/ateco-2007
- il sito di InfoCamere, dove è possibile effettuare una ricerca inserendo una frase che identifica l' attività e ti fornisce anche le eventuali normative nazionali correlate ai requisiti richiesti dalle

Camere di Commercio all' indirizzo http://ateco.infocamere.it/ateq/home.action

- il sito http://www.codiciateco.it che elenca tutti i codici e ne dà una descrizione completa.

Consiglio. Come ti accennavo prima, la scelta del tuo Codice ATECO rappresenterà una scelta davvero importante ed influirà sulla tua Classificazione Economica e sul pagamento dei tuoi Contributi Previdenziali. Ti consiglio dunque di non effettuarla in autonomia ma fati consigliare da un Commercialista o Consulente esperto. Ti rinnovo l' invito a richiedermi una Consulenza Gratuita sul sito www.regime-forfettario.it

Come è fatto un Codice ATECO?

Abbiamo già detto che si tratta di un codice alfanumerico, e nello specifico: le lettere indicano il macro-settore di attività economica, mentre i numeri (che vanno da due fino a sei cifre) rappresentano, con diversi gradi di dettaglio, le articolazioni e le disaggregazioni dei settori stessi. Questi sono i vari gradi di dettaglio:

1. Sezione
2. Divisione
3. Gruppo
4. Classe
5. Categoria
6. Sottocategoria

Man mano che ci si addentra nelle sotto-articolazioni, aumenta il dettaglio dell' Attività svolta. Bisogna addentrarsi fino alla Sottocategoria per scegliere il Codice ATECO più attinente con l' Attività Economica che si è scelto di intraprendere.

La struttura di classificazione è ad "albero" e parte dal livello 1, più aggregato distinto in 21 sezioni, fino a giungere al livello massimo di dettaglio, Sottocategoria punto 6, comprendente 1.226 Sottocategorie. La struttura gerarchica serve per guidare la scelta del Contribuente che, per approssimazioni successive, partendo dalle Sezioni arriverà a classificarsi nella specifica Sottocategoria che meglio descrive la sua attività.

Facciamo un esempio. Il Codice ATECO da utilizzare per la coltivazione dei cereali sarà formato da:

1. Sezione A - Agricoltura, silvicoltura e pesca
2. Divisione 01 - Coltivazioni agricole e produzione di prodotti animali, caccia e servizi connessi
3. Gruppo 01.1 - Coltivazione di colture agricole non permanenti
4. Classe 01.11 - Coltivazione di cereali (escluso il riso), legumi da granelli
5. Categoria 01.11.1 - Coltivazione di cereali
6. Sottocategoria 01.11.10 - Coltivazione di cereali (escluso il riso)

Il Codice ATECO corretto da utilizzare per la coltivazione dei cereali sarà quindi il Codice 01.11.10 - Coltivazione di cereali (escluso il riso)

Per permetterti di scegliere il Codice ATECO più adatto alla tua Attività ti elencherò tutte le Sezioni, le Divisioni ed i Gruppi. Mi fermerò qui nell' analisi anche perché, per poter riportare tutti i Codici ATECO fino alle Sottocategorie esistenti servirebbe un libro a parte!

Le Sezioni dei Codici ATECO

Come già anticipato prima, le Sezioni sono contraddistinte da una lettera dell' alfabeto. Per la tua Attività Economica dovrai quindi inizialmente scegliere la tua Sezione. Eccole qui elencate:

- Sezione A - Agricoltura, silvicoltura e pesca
- Sezione B - Estrazione di minerali da cave e miniere
- Sezione C - Attività Manifatturiere
- Sezione D - Fornitura di energia elettrica, gas, vapore e aria condizionata
- Sezione E - Fornitura di acqua; reti fognarie, attività di gestione dei rifiuti e risanamento
- Sezione F - Costruzioni
- Sezione G - Commercio all' ingrosso e al dettaglio; riparazione di autoveicoli e motocicli
- Sezione H - Trasporto e magazzinaggio
- Sezione I - Attività dei servizi di alloggio e di ristorazione
- Sezione J - Servizi di informazione e comunicazione
- Sezione K - Attività finanziarie e assicurative
- Sezione L - Attività immobiliari
- Sezione M - Attività professionali, scientifiche e tecniche
- Sezione N - Noleggio, agenzie di viaggio, servizi di supporto alle imprese
- Sezione O - Amministrazione pubblica e difesa; assicurazione sociale obbligatoria
- Sezione P - Istruzione
- Sezione Q - Sanità e assistenza sociale
- Sezione R - Attività artistiche, sportive, di intrattenimento e divertimento
- Sezione S - Altre attività di servizi
- Sezione T - Attività di famiglie e convivenze come datori di lavoro per personale domestico; produzione di beni e servizi indifferenziati per uso proprio da parte di famiglie e convivenze
- Sezione U - Organizzazioni ed organismi extraterritoriali

Adesso inoltriamoci ancora più nello specifico per ogni sezione, analizzando le varie Divisioni e gruppi

Sezione A - Agricoltura, silvicoltura e pesca. All' interno di questa sezione sono compresi:
01 - Coltivazioni Agricole e produzione di prodotti animali, caccia e servizi connessi
- 01.1 Coltivazione di colture agricole non permanenti
- 01.2 Coltivazione di colture permanenti
- 01.3 Riproduzione delle piante
- 01.4 Allevamento di animali
- 01.5 Coltivazioni agricole associate all' allevamento di animali: attività mista
- 01.6 Attività di supporto all' agricoltura e attività successive alla raccolta
- 01.7 Caccia, cattura di animali e servizi connessi

02 - Silvicoltura ed utilizzo di aree forestali
- 02.1 Silvicoltura ed altre attività forestali
- 02.0 Utilizzo di aree forestali
- 02.3 Raccolta di prodotti selvatici non legnosi
- 02.4 Servizi di supporto per la silvicoltura

03 - Pesca e acquacoltura
- 03.1 Pesca
- 03.2 Acquacoltura

Sezione B - Estrazione di minerali da cave e miniere
05 - Estrazione di carbone (esclusa torba)
- 05.1 Estrazione di antracite
- 05.2 Estrazione di lignite06.

06 - Estrazione di petrolio greggio e di gas naturale
- 06.1 Estrazione di petrolio greggio
- 06.2 Estrazione di gas naturale

07 - Estrazione di minerali metalliferi
- 07.1 Estrazione di minerali metalliferi ferrosi
- 07.2 Estrazione di minerali metalliferi non ferrosi

08 - Altre attività di estrazione di minerali da cave e miniere
- 08.1 Estrazione di pietra, sabbia e argilla
- 08.9 Estrazione di minerali da cave e miniere NCA

09 - Attività dei servizi di supporto all' estrazione
- 09.1 Attività di supporto all' estrazione di petrolio e di gas naturale

- 09.9 Attività di supporto per l'estrazione da cave e miniere di altri materiali

Sezione C - Attività Manifatturiere

12 - Industria del tabacco
- 12.0 Industria del tabacco

13 - Industrie tessili
- 13.1 Preparazione e filatura di febbre tessili
- 13.2 Tessitura
- 13.3 Finissaggio dei tessili
- 13.9 Altre industrie tessili

14 - Confezione di articoli da abbigliamento; confezione di articoli in pelle e pelliccia
- 14.1 Confezione di articoli di abbigliamento (escluso abbigliamento in pelliccia)
- 14.2 Confezione di articoli in pelliccia
- 14.3 Fabbricazione di articoli di maglieria

15 - Fabbricazione di articoli in pelle e simili
- 15.1 Preparazione e concia del cuoio; fabbricazione di articoli da viaggio, borse, pelletteria e selleria, preparazione di tintura di pellicce
- 15.2 Fabbricazione di calzature

16 - Industria del legno e dei prodotti in legno e sughero (esclusi i mobili); fabbricazione di articoli in paglia e materiali da intreccio
- 16.1 Taglio e piallatura del legno
- 16.2 Fabbricazione di prodotti in legno, sughero, paglia e materiali da intreccio

17 - Fabbricazione di carta e prodotti di carta
- 17.1 Fabbricazione di pasta-carta, carta e cartone
- 17.2 Fabbricazione di articoli di carta e cartone

18 - Stampa e riproduzione di supporti registrati
- 18.1 Stampa e servizi connessi alla stampa
- 18.2 Riproduzione di supporti registrati

19 - Fabbricazione di coke e prodotti derivanti dalla raffinazione del petrolio
- 19.1 Fabbricazione di prodotti di cokeria
- 19.2 Fabbricazione di prodotti derivanti dalla raffinazione del petrolio

20 - Fabbricazione di prodotti chimici
- 20.1 Fabbricazione di prodotti chimici di base, di fertilizzanti e composti azotati, di materie plastiche e gomma sintetica in forme primarie
- 20.2 Fabbricazione di agrofarmaci e di altri prodotti chimici per l'agricoltura

- 20.3 Fabbricazione di pitture, vernici e smalti, inchiostri da stampa e adesivi sintetici (mastici)
- 20.4 Fabbricazione di saponi e detergenti, di prodotti per la pulizia e la lucidatura, di profumi e cosmetici
- 20.5 Fabbricazione di altri prodotti chimici
- 20.6 Fabbricazione di fibre sintetiche e artificiali

21 - fabbricazione di prodotti farmaceutici di base e preparati farmaceutici
- 21.1 Fabbricazione di prodotti farmaceutici di base
- 21.2 Fabbricazione di medicinali e preparati farmaceutici

22 - Fabbricazione di articoli in gomma e materie plastiche
- 22.1 Fabbricazione di articoli in gomma
- 22.2 Fabbricazione di articoli in materie plastiche

23 - Fabbricazione di altri prodotti della lavorazione di minerali non metalliferi
- 23.1 Fabbricazione di vetro e prodotti in vetro
- 23.2 Fabbricazione di prodotti refrattari
- 23.3 Fabbricazione di materiali da costruzione in terracotta
- 23.4 fabbricazione di altri prodotti in porcellana e in ceramica
- 23.5 Produzione di cemento, calce e gesso
- 23.6 Fabbricazione di prodotti in calcestruzzo, cemento e gesso
- 23.7 Taglio, modellatura e finitura di pietre
- 23.9 Fabbricazione di prodotti abrasivi e di prodotti in minerali non metalliferi NCA

24 - Metalurgia
- 24.1 Siderurgia
- 24.2 Fabbricazione di tubi, condotti, profilati cavi e relativi accessori in acciaio (esclusi quelli in acciaio colato)
- 24.3 Fabbricazione di altri prodotti della prima trasformazione dell'acciaio
- 24.4 Produzione di metalli di base preziosi e altri metalli non ferrosi, trattamento dei combustibili nucleari
- 24.5 Fonderie

25 - Fabbricazione di prodotti in metallo (esclusi macchinari e attrezzature)
- 25.1 Fabbricazione di elementi da costruzione in metallo
- 25.2 Fabbricazione di cisterne, serbatoi, radiatori e contenitori in metallo
- 25.3 Fabbricazione di generatori di vapore (esclusi i contenitori in metallo per caldaie per il riscaldamento centrale ad acqua calda)
- 25.4 Fabbricazione di armi e munizioni
- 25.5 Fucinatura, imbutitura, stampaggio e profilatura dei metalli; metallurgia delle polveri

- 25.6 Trattamento e rivestimento dei metalli; lavori di meccanica generale
- 25.7 Fabbricazione di articoli di coltelleria, utensili e oggetti di ferramenta
- 25.9 Fabbricazione di altri prodotti in metallo

26 - Fabbricazione di computer e prodotti di elettronica e ottica; apparecchi elettromedicali, apparecchi di misurazione e orologi
- 26.1 Fabbricazione di componenti elettronici e schede elettroniche
- 26.2 fabbricazione di computer e unità periferiche
- 26.3 Fabbricazione di apparecchiature per le telecomunicazioni
- 26.4 Fabbricazione di prodotti di elettronica di consumo audio e video
- 26.5 Fabbricazione di strumenti e apparecchi di misurazione, prova e navigazione; orologi
- 26.6 Fabbricazione di strumenti per irradiazione, apparecchiature elettromedicali ed elettroterapeutiche
- 26.7 Fabbricazione di strumenti ottici e attrezzature fotografiche
- 26.8 Fabbricazione di supporti magnetici ed ottici

27 - Fabbricazione di apparecchiature elettriche ed apparecchiature per uso domestico non elettriche
- 27.1 Fabbricazione di motori, generatori e trasformatori elettrici e di apparecchiature per la distribuzione e il controllo dell' elettricità
- 27.2 Fabbricazione di batterie di pile ed accumulatori elettrici
- 27.3 Fabbricazione di cablaggi e apparecchiature di cablaggio
- 27.4 Fabbricazione di apparecchiature per illuminazione
- 27.5 Fabbricazione di apparecchi per uso domestico
- 27.9 Fabbricazione di altre apparecchiature elettriche

28 - Fabbricazione di macchinari ed apparecchiature NCA
- 28.1 fabbricazione di macchine di impiego generale
- 28.2 Fabbricazione di altre macchine di impiego generale
- 28.3 Fabbricazione di macchine per l' agricoltura e la silvicoltura
- 28.4 Fabbricazione di macchine per la formatura dei metalli e di altre macchine utensili
- 28.9 Fabbricazione di altre macchine per impiego speciali

29 - Fabbricazione di autoveicoli ed apparecchiature NCA
- 29.1 Fabbricazione di autoveicoli
- 29.2 Fabbricazione di carrozzerie per autoveicoli, rimorchi e semirimorchi

- 29.3 Fabbricazione di parti ed accessori per autoveicoli e loro motori
30 - Fabbricazione di altri mezzi di trasporto
  - 30.1 Costruzione di navi e imbarcazioni
  - 30.2 Costruzione di locomotive e di materiale rotabile ferrotranviario
  - 30.3 Fabbricazione di aeromobili, di veicoli spaziali e dei relativi dispositivi
  - 30.4 Fabbricazione di veicoli militari da combattimento
  - 30.9 Fabbricazione di mezzi di trasporto NCA
31 - Fabbricazione di mobili
  - 31.0 Fabbricazione di mobili
32 - Altre industrie manifatturiere
  - 32.1 Fabbricazione di gioielleria, bigiotteria e articoli connessi; lavorazione delle pietre preziose
  - 32.2 Fabbricazione di strumenti musicali
  - 32.3 Fabbricazione di articoli sportivi
  - 32.4 Fabbricazione di giochi e giocattoli
  - 32.5 Fabbricazione di strumenti e forniture mediche e dentistiche
  - 32.9 Industrie manifatturiere NCA
33 - Riparazione, manutenzione ed installazione di macchine ed apparecchiature
  - 33.1 Riparazione e manutenzione di prodotti in metallo, macchine ed apparecchiature
  - 33.2 Installazione di macchine ed apparecchiature industriali

Sezione D - Fornitura di energia elettrica, gas, vapore e aria condizionata
35 - Fornitura di energia elettrica, gas, vapore e aria condizionata
  - 35.1 Produzione, trasmissione e distribuzione di energia elettrica
  - 35.2 Produzione di gas; distribuzione di combustibili gassosi mediante condotte
  - 35.3 Fornitura di vapore e aria condizionata

Sezione E - Fornitura di acqua; reti fognarie, attività di gestione dei rifiuti e risanamento
36 - Raccolta, trattamento e fornitura di acqua
  - 36.0 Raccolta, trattamento e fornitura di acqua
37 - Gestione delle reti fognarie
  - 37.0 Gestione delle reti fognarie
38 - Attività di raccolta, trattamento e smaltimento dei rifiuti; recupero dei materiali
  - 38.1 Raccolta dei rifiuti

- 38.2 Trattamento e smaltimento dei rifiuti
- 38.3 Recupero dei materiali

39 - Attività di risanamento e altri servizi di Gestione dei rifiuti
- 39.0 Attività di risanamento e altri servizi di gestione dei rifiuti

Sezione F - Costruzioni

41 - Costruzione di edifici
- 41.1 Sviluppo di progetti immobiliari
- 41.2 Costruzione di edifici residenziali e non residenziali

42 - Ingegneria Civile
- 42.1 Costruzione di strade e ferrovie
- 42.2 Costruzione di opere di pubblica utilità
- 42.0 Costruzione di altre opere di ingegneria civile

43 - Lavori di costruzione specializzati
- 43.1 Demolizione e preparazione del cantiere edile
- 43.2 Installazione di impianti elettrici, idraulici ed altri lavori di costruzione e installazione
- 43.3 Completamento e finitura di edifici
- 43.9 Altri lavori specializzati di costruzione

Sezione G - Commercio all' ingrosso e al dettaglio; riparazione di autoveicoli e motocicli

45 - Commercio all' ingrosso e al dettaglio e riparazione di autoveicoli e motocicli
- 45.1 Commercio di autoveicoli
- 45.2 Manutenzione e riparazione di autoveicoli
- 45.3 Commercio di parti e accessori di autoveicoli
- 45.4 Commercio, manutenzione e riparazione di motocicli e relative parti e accessori

46 - Commercio all' ingrosso (escluso quello di autoveicoli e di motocicli)
- 46.1 Intermediari del commercio
- 46.2 Commercio all' ingrosso di materie prime agricole e di animali vivi
- 46.3 Commercio all' ingrosso di prodotti alimentari, bevande e prodotti del tabacco
- 46.4 Commercio all' ingrosso di beni di consumo finale
- 46.5 Commercio all' ingrosso di apparecchiature ICT
- 46.6 Commercio all' ingrosso di altri macchinari, attrezzature e forniture
- 46.7 Commercio all' ingrosso specializzato in altri prodotti
- 46.9 Commercio all' ingrosso non specializzato

47 - Commercio al dettaglio (escluso quello di autoveicoli e di motocicli)
- 47.1 Commercio al dettaglio in esercizi non specializzati
- 47.2 Commercio al dettaglio di prodotti alimentari, bevande e tabacco in esercizi specializzati

- 47.3 Commercio al dettaglio di carburante per automazione in esercizi specializzati
- 47.4 Commercio al dettaglio di apparecchiature informatiche e per le telecomunicazioni (ICT) in esercizi specializzati
- 47.5 Commercio al dettaglio di altri prodotti per uso domestico in esercizi specializzati
- 47.6 Commercio al dettaglio di articoli culturali e ricreativi in esercizi specializzati
- 47.8 Commercio al dettaglio ambulante
- 479 Commercio al dettaglio al di fuori di negozi, banchi e mercati

Sezione H - Trasporto e magazzinaggio
49 - Trasporto terrestre e trasporto mediante condotte
- 49.1 Trasporto ferroviario di passeggeri (interurbano)
- 49.2 Trasporto ferroviario di merci
- 49.3 Altri trasporti terrestri di passeggeri
- 49.4 Trasporto di merci su strada e servivi di trasloco
- 49.5 Trasporto mediante condotte

50 - Trasporto marittimo e per vie d' acqua
- 50.1 trasporto marittimo e costiero di passeggeri
- 50.2 trasporto marittimo e costiero di merci
- 50.3 Trasporto di passeggeri per vie d' acqua interne
- 50.4 Trasporto di merci per vie d' acqua interne

51- Trasporto aereo
- 51.2 Trasporto aereo di passeggeri
- 51.2 Trasporto aereo di merci e trasporto spaziale

52 - Magazzinaggio e attività di supporto ai trasporti
- 52.1 magazzinaggio e custodia
- 52.2 attività di supporto ai trasporti

53 - Servizi postali e attività di corriere
- 53.1 Attività postali con obbligo di servizio universale
- 53.2 Altre attività postali e di corriere

Sezione I - Attività dei servizi di alloggio e di ristorazione
55- Alloggio
- 55.1 Alberghi e strutture simili
- 55.2 Alloggi per vacanze e altre strutture per brevi soggiorni
- 55.3 Aree di campeggio e aree attrezzate per camper e roulotte
- 55.9 Altri alloggi

56 - Attività dei servizi di alloggio e di ristorazione
- 56.1 Ristoranti e attività di ristorazione mobile

- 56.2 Fornitura di pasti preparati (catering) e altri servizi di ristorazione
- 56.3 bar e altri esercizi simili senza cucina

Sezione J - Servizi di informazione e comunicazione
58 - Attività editoriali
- 58.1 Edizioni di libri, periodici ed altre attività editoriali
- 58.2 Edizione di software

59 - Attività di produzione cinematografica, di video e di programmi televisivi, di registrazioni musicali e sonore
- 59.1 Attività di produzione, post-produzione e distribuzione cinematografica, di video e di programmi televisivi, registrazioni musicali e sonore
- 59.2 attività di registrazione sonora e di editoria musicale

60 - Attività di programmazione e trasmissione
- 60.1 Trasmissioni radiofoniche
- 60.2 Attività di programmazione e trasmissioni televisive

61 - Telecomunicazioni
- 61.1 Telecomunicazioni fisse
- 61.2 Telecomunicazioni mobili
- 61.3 Telecomunicazioni satellitari
- 61.9 Altre attività di telecomunicazione

62 - Produzione di software, consulenza informatica e attività connesse
- 62.0 Produzione di software, consulenza informatica e attività connesse

63 - Attività dei servizi d' informazione e altri servizi informatici
- 63.1 Elaborazione dei dati, hosting e attività connesse, portali web
- 63.9 Altre attività dei servizi d' informazione

Sezione K - Attività finanziarie e assicurative
64 - Attività di servizi finanziari (escluse le assicurazioni e i fondi pensione)
- 64.1 intermediazione monetaria
- 64.2 Attività delle società di partecipazione (holding)
- 64.3 Società fiduciarie, fondi e altre simili
- 64.9 Altre attività di servizi finanziari (escluse le assicurazioni e i fondi pensione)

65 - Assicurazioni, riassicurazioni e fondi pensione (escluse le assicurazioni sociali obbligatorie)
- 65.1 Assicurazioni
- 65.2 Riassicurazioni
- 65.3 Fondi pensione

66 - Attività ausiliare dei servizi finanziari e delle attività assicurative

- 66.1 Attività ausiliarie dei servizi finanziari (escluse le assicurazioni e i fondi pensione)
- 66.2 Attività ausiliarie delle assicurazioni e dei fondi pensione
- 66.3 Attività di gestione dei fondi

Sezione L - attività immobiliari
68 - Attività immobiliari
- 68.1 Compravendita di beni immobili effettuata su beni propri
- 68.2 Affitto e gestione di immobili di proprietà o in leasing
- 68.3 Attività immobiliari per conto terzi

Sezione M - Attività professionali, scientifiche e tecniche
69 - Attività legali e contabilità
- 69.1 Attività degli studi legali
- 69.2 Contabilità, controllo e revisione contabile, consulenza in materia fiscale e del lavoro
70 - Attività di direzione aziendale e di consulenza gestionale
- 70.1 Attività di direzione aziendale
- 70.2 Attività di consulenza gestionale
71 - Attività degli studi di architettura e d' ingegneria; collaudi ed analisi tecniche
- 71.1 Attività degli studi di architettura, ingegneria ed altri studi tecnici
- 71.2 Collaudi ed analisi tecniche
72 - Ricerca scientifica e sviluppo
- 72.1 Ricerca e sviluppo sperimentale nel campo delle scienze naturali e dell' ingegneria
- 72.2 Ricerca e sviluppo sperimentale nel campo delle scienze sociali e umanistiche
73 - Pubblicità e ricerche di mercato
- 73.1 Pubblicità
- 73.2 Ricerche di mercato e sondaggi di opinione
74 - Altre attività professionali, scientifiche e tecniche
- 74.1 Attività di design specializzate
- 74.2 Attività fotografiche
- 74.3 Traduzione e interpretariato
- 74.9 Altre attività professionali, scientifiche e tecniche NCA
75 - Servizi veterinari
- 75.0 Servizi veterinari

Sezione N - Noleggio, agenzie di viaggio, servizi di supporto alle imprese
77 - Attività di noleggio e leasing operativo
- 77.1 Noleggio di autoveicoli

- 77.2 Noleggio di beni per uso personale e per la casa
- 77.3 Noleggio di altre macchine, attrezzature e beni materiali
- 77.4 Concessione dei diritti di sfruttamento di proprietà intellettuale e prodotti simili (escluse le opere protette dal copyright)

78 - Attività di ricerca, selezione, fornitura di personale
- 78.1 Attività di agenzie di collocamento
- 78.2 Attività delle agenzie di lavoro temporaneo (interinale)
- 78.3 Altre attività di fornitura e gestione di risorse umane

79 - Attività dei servizi delle agenzie di viaggio, dei tour operator e servizi di prenotazione e attività connesse
- 79.1 Attività delle agenzie di viaggio e dei tour operator
- 79.9 Altri servizi di prenotazione e attività connesse

80 - Servizi di vigilanza e investigazione
- 80.1 Servizi di vigilanza privata
- 80.2 Servizi connessi ai sistemi di vigilanza
- 80.3 Servizi investigativi privati

81 - Attività di servizi per edifici e paesaggio
- 81.1 Servizi integrati di gestione agli edifici
- 81.2 Attività di pulizia e disinfestazione
- 81.3 Cura e manutenzione del paesaggio

82 - Attività di supporto per le funzioni d' ufficio e altri servizi di supporto alle imprese
- 82.1 Attività di supporto per le funzioni d' ufficio
- 82.2 Attività dei call center
- 82.3 Organizzazione di convegni e fiere
- 82.9 Servizi di supporto alle imprese NCA

Sezione O - Amministrazione pubblica e difesa; assicurazione sociale obbligatoria
84 - Amministrazione pubblica e difesa; assicurazione sociale obbligatoria
- 84.1 Amministrazione pubblica; amministrazione generale, economica e sociale
- 84.2 Servizi collettivi delle amministrazioni pubbliche
- 84.3 Assicurazione sociale obbligatoria

Sezione P - istruzione
85 - Istruzione
- 85.1 Istruzione prescolastica
- 85.2 Istruzione primaria
- 85.3 Istruzione secondaria
- 85.4 Istruzione post-secondaria universitaria e non universitaria
- 85.5 Altri servizi di istruzione

- 85.6 Attività di supporto all' istruzione

Sezione Q - Sanità e assistenza sociale
86 - Assistenza sanitaria
  - 86.1 Servizi ospedalieri
  - 86.2 Servizi degli studi medici e odontoiatrici
  - 86.9 Altri servizi di assistenza sanitaria
87 - Servizi di assistenza sociale residenziale
  - 87.1 Strutture di assistenza infermieristica residenziale
  - 87.2 Strutture di assistenza residenziale per persone affette da ritardi mentali, disturbi mentali o che abusano di sostanze stupefacenti
  - 87.3 Strutture di assistenza residenziale per anziani e disabili
  - 87.9 Altre strutture di assistenza sociale residenziale

88 - Assistenza sociale non residenziale
  - 88.1 Assistenza sociale non residenziale per anziani e disabili
  - 88.9 Altre attività di assistenza sociale non residenziale

Sezione R - Attività artistiche, sportive, di intrattenimento e divertimento
90 - Attività creative, artistiche e di intrattenimento
  - 90.0 Attività creative, artistiche e di intrattenimento
91 - Attività di biblioteche, archivi, musei ed altre attività culturali
  - 91.0 Attività di biblioteche, archivi, musei ed altre attività culturali
92 - Attività riguardanti le lotterie, le scommesse, le case da gioco
  - 92.0 Attività riguardanti le lotterie, le scommesse, le case da gioco
93 - Attività sportive, di intrattenimento e di divertimento
  - 93.1 Attività sportive
  - 93.2 Attività ricreative e di divertimento

Sezione S - Altre attività di servizi
94 - Attività di organizzazioni associative
  - 94.1 Attività di organizzazioni economiche, di datori di lavoro e professionali
  - 94.2 Attività dei sindacati di lavoratori dipendenti
  - 94.9 Attività di altre organizzino associative
95 - Riparazione di computer e di beni per uso personale e per la casa
  - 95.1 Riparazione di computer e di apparecchiature per le comunicazioni
  - 95.2 riparazione di beni per uso personale e per la casa

96 - Altre attività di servizi per la persona
- 96.0 Altre attività di servizi per la persona

Sezione T - Attività di famiglie e convivenze come datori di lavoro per personale domestico; produzione di beni e servizi indifferenziati per uso proprio da parte di famiglie e convivenze
97 - Attività di famiglie e convivenze come datori di lavoro per personale domestico
- 97.0 Attività di famiglie e convivenze come datori di lavoro per personale domestico

98 - Produzione di beni e servizi indifferenziati per uso proprio da parte di famiglie e convivenze
- 98.1 Produzione di beni indifferenziati per uso proprio da parte di famiglie e convivenze
- 98.2 Produzione di servizi indifferenziati per uso proprio da parte di famiglie e convivenze

Sezione U - Organizzazioni ed organismi extraterritoriali
99 - Organizzazioni ed organismi extraterritoriali
- 99.0 Organizzazioni ed organismi extraterritoriali

Immagino tu abbia già identificato la tua Sezione, la tua Divisione ed il tuo Gruppo. Puoi adesso continuare la tua ricerca (Classe, Categoria, Sottocategoria) direttamente consultando i siti che ti ho elencato sopra.

Ti ricordo inoltre che al momento dell' apertura della tua Partita IVA, ma anche successivamente ad essa, avrai la possibilità di inserire più Codici ATECO nella stessa. Dovrai però decidere quale Codice ATECO rendere principale per la tua Attività e quale o quali Codici ATECO inserire come secondari rispetto all' Attività principale. Ti elenco adesso i Codici ATECO utilizzati per le Attività più comuni:

- **Affiliate Marketing** - 73.11.02 Conduzione campagne marketing e altri servizi pubblicitari.
- **Amministratore di condominio** - 68.32.00 Amministratore di condomini e gestione di beni immobili per conto terzi
- **Architetto** - 71.11.00 Attività degli studi di architettura

- **Articolista/Copywriter** - 63.99.00 Altre attività dei servizi di informazioni NCA;
  74.90.99 - Altre attività professionali NCA
- **Assistente virtuale** - 62.02.00 Consulenza nel settore delle tecnologie informatiche
- **Avvocato** - 69.10.10 Attività degli studi legali
- **Biologo nutrizionista** - 72.11.00 Ricerca e sviluppo sperimentale nel campo delle biotecnologie
- **Consegne a domicilio** - 82.99.99 Altri servizi per il sostegno delle imprese NCA
- **Consulente** - 70.22.09 Altre attività di consulenza imprenditoriale e altra consulenza amministrativo-gestionale e pianificazione aziendale
- **Consulente informatico** - 62.02.00 Consulenza nel settore delle tecnologie informatiche
- **Docente** - 85.59.90 Altri servizi di istruzione NCA
- **Ecommerce** - 47.91.10 Commercio al dettaglio di qualsiasi prodotto effettuato via internet
- **Estetista** - 96.09.09 Altre attività dei servizi alla persona NCA
- **Fashion Blogger** - 73.11.02 Conduzione campagne marketing e altri servizi pubblicitari
  74.10.10 Attività di design di moda e design industriale
- **Fisioterapia** - 86.90.21 Fisioterapia
- **Formatore/Coach** - Altri servizi di istruzione NCA
- **Fotografo** - 74.20.11 Attività di fotoreporter
  74.20.12 Attività di riprese aeree nel campo della fotografia
  74.201.9 Altre attività di riprese fotografiche
- **Geometra** - 71.12.30 Attività tecniche svolte dai geometri
- **Giornalista** - 90.03.01 Attività dei giornalisti indipendenti
- **Grafico** - 74.10.29 Altre attività dei disegnatori grafici
  74.10.21 Attività dei disegnatori grafici di pagine web
- **Guida turistica** - 79.90.20 Attività delle guide e degli accompagnatori turistici

- **Hostess/Promoter** - 82.30.00 Organizzazione di convegni e fiere

  70.21.00 Pubbliche relazioni e comunicazione
- **Igienista dentale** - 86.90.29 Altre attività paramediche indipendenti NCA
- **Infermiere** - 96.09.09 Altre attività di servizi alla persona NCA
- **Informatore scientifico** - 46.18.31 Agenti e rappresentanti di prodotti farmaceutici, prodotti di erboristeria per uso medico oppure 74.90.99 Altre attività professionali NCA
- **Ingegnere** - 71.12.10 Attività degli studi di ingegneria

  71.12.20 Servizi di progettazione di ingegneria integrata
- **Lavorare da remoto** - 62.02.00 Consulenza nel settore delle tecnologie informatiche

  62.09.09 Altre attività dei servizi connesse alle tecnologie informatiche
- **Operatore olistico** - 96.09.09 Altre attività dei servizi alla persona NCA
- **Organizzazione eventi** - 96.09.05 Organizzazione di feste e cerimonie
- **Personal Trainer** - 93.19.99 Altre attività sportive NCA
- **Procacciatore d' affari** - 46.19.02 Procacciatore d' affari di vari prodotti senza prevalenza di alcuno
- **Project Manager** - 70.22.09 Altre attività di consulenza imprenditoriale e altra consulenza amministrativo-gestionale e pianificazione aziendale
- **Psicologo** - 86.90.30 Attività svolta dai psicologi
- **Servizi alla persona** - 96.09.09 Altre attività di servizi alla persona NCA
- **Servizi alle imprese** - 82.99.99 Altri servizi per il sostegno delle imprese NCA
- **Social Media Manager** - 73.11.01 Ideazione di campagne pubblicitarie

  63.99.00 Altre attività dei servizi di informazione NCA

73.11.02 Conduzione ci campagne marketing ed altri servizi pubblicitari

- **Webmaster** - 74.10.21 Attività dei disegnatori grafici di pagine web
- **Wedding Planner** - 96.09.05 Organizzazione di feste e cerimonie
- **Traduttore** - 74.30.00 Traduzione e interpretariato

Come avrai potuto intuire la scelta del Codice ATECO (o dei Codici ATECO) è davvero importante e deve essere effettuata nel modo più preciso possibile. Questa scelta determinerà infatti tutte le Attività che potranno essere effettuate con la propria Partita IVA ma delineerà allo stesso tempo tutto ciò che invece non sarà possibile effettuare. Il Codice ATECO determinerà inoltre il tuo Coefficiente di Redditività, cioè la quantità di Costi Aziendali Forfettari che ti verranno attribuita nel Regime Forfettario.

Determinerà anche il tuo limite di fatturato che ti consentirà di poter continuare a godere di tutti i vantaggi fiscali e contabili del Regime Forfettario. Infine, il Codice ATECO, sarà utile ad identificare la Cassa previdenziale alla quale versare i tuoi Contributi Previdenziali (Gestione Commercianti INPS, Gestione Artigiani INPS, Gestione Separata INPS, Albo Professionale, ecc.).

Ti consiglio quindi di coinvolgere il tuo Commercialista o il tuo Consulente di fiducia nella scelta dei tuoi Codici ATECO.

2.9 IL CASSETTO FISCALE ED IL CASSETTO PREVIDENZIALE

Il Cassetto Fiscale ed il Cassetto Previdenziale rappresentano due strumenti digitali, essenziali per ogni titolare di Partita IVA, che ti semplificheranno la vita e ti permetteranno di risparmiare lunghe code verso gli uffici dell' Agenzia delle Entrate e gli uffici dell' INPS.

Iniziamo dal primo. Per poter accedere al Cassetto Fiscale dovrai per prima cosa richiedere il codice PIN, e la relativa password all' Agenzia delle Entrate. Potrai richiedere gli accessi in 2 modi:

- Presso gli uffici l' Agenzia delle Entrate. In questo caso dovrai recarti fisicamente presso qualsiasi ufficio dell' Agenzia delle Entrate presente nel territorio italiano e potrai richiedere immediatamente il tuo codice PIN (e la relativa password provvisoria). Ti verrà rilasciato in questo modo il PIN competo, utilizzabile immediatamente.
- Online tramite il portale dell' Agenzia delle Entrate. Questo secondo metodo è sicuramente più agevole, in quando non dovrai fisicamente recati presso gli uffici, ma più lungo. Infatti, tramite il portale dell' Agenzia delle Entrate, ti verrà rilasciata immediatamente solo la prima metà del PIN, la seconda metà invece ti verrà recapitata gratuitamente presso la tua residenza direttamene in busta entro 10 giorni circa dalla richiesta.

Una volta ottenuto il PIN sarà quindi necessario effettuare il primo accesso al portale www.agenziaentrate.gov.it cliccando su "Area riservata" e successivamente su "Accedi" nella sezione Entratel/Fisconline. Successivamente ti basterà cliccare su "Accedi con credenziali Agenzia" ed inserire il tuo Nome Utente (che corrisponde al tuo Codice Fiscale), la tua Password provvisoria ed il tuo codice PIN. Dopo aver effettuato il primo accesso il portale dell' Agenzia delle Entrate ti chiederà di sostituire la password provvisoria con una definitiva. Adesso sarai pronto per poter consultare il tuo Cassetto Fiscale.

Possono accedere al proprio Cassetto Fiscale tutti i cittadini possessori di un Codice Fiscale anche se non in possesso di una Partita IVA, tutti i Lavoratori Dipendenti e gli inoccupati. All' interno del Cassetto Fiscale sono presenti alcune sezioni molto utili che potranno semplificare il rapporto con il Fisco. Analizziamole:

• **Dati Anagrafici.** In questa Sezione il Contribuente ritroverà tutti i propri dati identificativi e cioè: il propio nome, cognome, data di nascita, codice fiscale, indirizzo di residenza, e se in possesso anche il proprio numero di partita IVA, eventuali Codici ATECO appartenenti alla propria Partita IVA, la data di inizio Attività e l' eventuale abilitazione al VIES per effettuare operazioni intra-comunitarie. Nel caso in cui il Contribuente in passato abbia posseduto una Partita IVA, nella Sezione Dati Anagrafici potrà risalire a tutti i dati relative alle vecchie posizioni fiscali.

• **Dichiarazioni Fiscali.** In questa Sezione sarà possibile accedere a tutte le precedenti Dichiarazioni dei Redditi inviate negli anni. Sono presenti diverse sottosezioni dove ognuno fa riferimento ai diversi Modelli Fiscali: Modello 730, Modello UNICO, Modello 730 pre-compilato, Dichiarazione IVA, Dichiarazione IRAP, ecc. Nel caso di Lavoratori Dipendenti, sarà possibile reperire i Sostituti d' Imposta che hanno certificato il reddito percepito semplicemente scegliendo l' apposito anno di riferimento. sarà inoltre possibile scaricare tutte le Dichiarazioni Fiscali in formato PDF

• **Dichiarazione pre-compilata.** In questa Sezione sarà possibile consultare la Dichiarazione dei Redditi pre-compilata sia nel caso di Modello 730 sia nel caso di Modello UNICO. Sarà poi possibile, oltre a prendere visione della propria Dichiarazione Fiscale, anche accettarla o modificarla.

• **Certificazioni Uniche.** Questa Sezione rappresenta una delle più importanti di tutto il cassetto Fiscale. Qui sarà possibile reperire eventuali Certificazioni Uniche rilasciate dai vari datori di lavoro o Committenti. Anche nel caso in cui il Committente non rilasci la Certificazione Unica cartacea, questa sarà disponibile presso il Cassetto Fiscale

- **Comunicazioni di irregolarità.** In riferimento ad ogni Dichiarazione Fiscale trasmessa è possibile trovare eventuali comunicazioni di irregolarità, e proprio attraverso questa sezione è possibile monitorare le comunicazioni dell' Agenzia delle Entrate.

- **Crediti Fiscali.** In questa Sezione sarà possibile ritrovare tutte le informazioni relative ad eventuali Crediti d' Imposta del Contribuente nei confronti dell' erario.

- **Comunicazioni.** In questa particolare Sezione sono presenti eventuali comunicazioni riferite a: Dichiarazioni di condono, Comunicazioni di concordato, Concordato preventivo, Comunicazioni Modello IVA, Opzione IRAP, Dichiarazione di intento, Modelli 730-4

- **Versamenti.** In questa Sezione saranno presenti tutti i Modelli F24 presentati nei vari anni di imposta con le relative quietanze di pagamento.

- **Dati di registro.** Qui sarà possibile ritrovare tutti i dati catastali degli immobili di proprietà del Contribuente. Questa sezione risulterà molto importante soprattutto per il pagamento della TASI, dell' IMU e per conoscere le varie rendite catastali degli immobili in proprietà.

Come avrai potuto notare le funzioni del Cassetto Fiscale sono davvero tante e tutte molto comode. Permetterà a tutti i Contribuenti di avere sotto controllo la maggior parte dei propri documenti fiscali, e la cronologia di tutti i pagamenti effettuati negli anni. Permetterà inoltre di non doversi recare fisicamente presso gli uffici dell' Agenzia delle Entrate, ma sarà possibile ottenere tutte la documentazione direttamente Online.

Il Cassetto previdenziale è invece presente sul portale dell' INPS raggiungibile all' indirizzo www.inps.it
Anche in questo caso sarà necessario essere in possesso del codice PIN per potervi accedere e, come per il Cassetto Fiscale, saranno possibili due differenti opzioni:

- Recarsi Presso gli uffici dell' INPS In questo caso dovrai recarti fisicamente presso l' Ufficio INPS competente del tuo Comune e potrai richiedere immediatamente il tuo codice PIN. Ti verrà rilasciato in questo modo il PIN competo, utilizzabile immediatamente.
- Online tramite il portale dell' INPS. Anche in questo caso, questo secondo metodo risulterà sicuramente più agevole, in quando non dovrai fisicamente recati presso gli uffici, ma più lungo. Infatti, tramite il portale dell' INPS ti verrà rilasciata immediatamente solo la prima metà del PIN, la seconda metà invece ti verrà recapitata gratuitamente presso la tua residenza direttamene in busta entro 10 giorni circa dalla richiesta.

Anche sul portale dell' INPS, dopo aver effettuato il primo accesso, ti verrà rilasciata la versione definitiva del tuo PIN, dal secondo accesso in poi ti basterà accedere digitando il tuo Codice Fiscale ed il tuo PIN definitivo.

Il Cassetto Previdenziale sarà indispensabile per tutti gli Artigiani ed i Commercianti titolari di Partita IVA ed iscritti dunque alla Gestione Artigiani e Commercianti INPS in quanto dal cassetto Previdenziale sarà possibile scaricare i vari Modelli F24 trimestrali necessari per il pagamento dei propri Contributi INPS, e servirà inoltre per poter richiedere l' eventuale riduzione Contributiva del 35%. Di entrambe le pratiche te ne palerò nello specifico nei paragrafi dedicati.

2.10 LA NASPI: COME RICHIEDERLA IN MODO ANTICIPATO

Il licenziamento dal proprio Lavoro Dipendente è una delle principali motivazioni che spinge un soggetto ad intraprendere un' Attività autonoma aprendo una propria Partita IVA. Nel caso in cui un soggetto dovesse trovarsi in stato di disoccupazione involontaria ha la possibilità di richiedere un sussidio di disoccupazione chiamato NASPI. Questo sussidio ha una cadenza mensile ed una durata che dipende dalla lunghezza del periodo in cui si è stati dipendenti, ma lo Stato ha previsto delle agevolazioni per tutti coloro che decideranno, in presenza di NASPI, di intraprendere un' Attività Autonoma.

Tutti i Lavoratori Dipendenti che si trovano in uno stato di disoccupazione involontaria, e che hanno intenzione di aprire una propria Partita IVA, hanno la possibilità di poter usufruire di un importante incentivo, possono infatti richiedere l' anticipo dell' intera quota NASPI.

La NASPI anticipata non è altro che il ricevere in un' unica soluzione l' indennità di disoccupazione e la richiesta va inoltrata direttamente all' INPS da coloro che risultano averne i requisiti di accesso. L' obiettivo di questa agevolazione è quello di supportare l' auto-imprenditorialità garantendo al soggetto disoccupato una base economica da cui partire per poter affrontare i costi di avviamento di una Attività Economica.

L' anticipo NASPI non potrà essere richiesto da tutti i soggetti ma solo da coloro che rispecchieranno determinate caratteristiche. E' infatti rivolto unicamente ai Lavoratori Dipendenti che, una volta licenziati, intendono avviare un' attività di lavoro autonomo, nello specifico:

• Svolgere una qualsiasi Attività Professionale o Ditta Individuale, a prescindere dalla presenza di un albo di riferimento
• Costituire una società di persone o capitali

- Proseguire un' Attività autonoma già iniziata durante il proprio inquadramento da lavoratore dipendente, a patto che questa non abbia superato il vincolo di 4.800 Euro
- Partecipare con una quota sociale di una cooperativa in cui il socio effettui prestazioni lavorative

La volontà di avviare un' Attività di lavoro autonomo dovrà essere supportata da alcuni documenti, uno di questi è il Certificato di Attribuzione Partita IVA. Questo sarà fondamentale per verificare il rispetto dei termini di legge e reale intenzione da parte del richiedete di intraprendere un' Attività Professionale autonoma. La richiesta di anticipo NASPI dovrà essere effettuata entro 30 giorni dall' apertura della propria Partita IVA. Verifichiamo adesso quali sono i requisiti necessari per poter ottenere questo incentivo.

Per poter accedere a questa speciale agevolazione è obbligatorio che il soggetto richiedente rispetti dei requisiti ben precisi. Nello specifico sarà necessario che:

- Il soggetto interessato sia in stato di disoccupazione involontaria come licenziamento, dimissioni per giusta causa, ecc.
- Sia rispettato il requisito contributivo, cioè che siano state versate almeno 13 settimane di contributi nei 4 anni precedenti allo stato di disoccupazione
- Sia rispettato il cosiddetto requisito lavorativo. Il soggetto richiedente dovrà aver lavorato almeno trenta giorni effettivi nei dodici mesi precedenti l' inizio del periodo di disoccupazione

Se si posseggono contemporaneamente tutti questi requisiti si potrà avviare la procedura di richiesta di anticipo NASPI. Il mancato rispetto anche di uno solo dei vincoli elencati impedirà al soggetto di ottenere questo incentivo. Va inoltre ricordato che il titolare di Partita IVA potrà decadere dal ricevimento del sussidio NASPI qualora il reddito derivante da lavoro autonomo superi 4.800 Euro o non vengano rispettati i relativi termini di legge per la presentazione della domanda. Se invece il richiedente dovesse iniziare un rapporto di lavoro subordinato prima del termine di scadenza riconosciuto per l' anticipo NASPI, dovrà restituire per intero l' importo incassato.

Accertata la presenza di tutti i requisiti si potrà quindi iniziare la pratica di richiesta di anticipo NASPI. Sarà quindi necessario recarsi all'INPS o utilizzare il portale Web MyINPS e compilare il modello SR162 non oltre 30 giorni dalla data di inizio della nuova attività di lavoro autonomo, certificata dalla data di apertura della propria Partita IVA. Invece, nel caso in cui l'attività fosse già preesistente, la pratica dovrà essere effettuata entro 30 giorni dalla data di richiesta del sussidio di disoccupazione. La domanda dovrà essere inviata in modo telematico utilizzando il portale personale MyINPS o in alternativa utilizzando un CAF o Patronato.

Per portare a compimento la procedura sarà necessario allegare alcuni documenti alla presentazione del modello. Infatti, andrà verificata l'effettivo avviamento dell' attività lavorativa autonoma da parte del richiedente attraverso l'invio di alcuni allegati. Nello specifico sarà necessario trasmettere un Certificato di Attribuzione Partita IVA, l'iscrizione ad un eventuale albo professionale (o Gestione Separata INPS) o ulteriore documentazione/autorizzazioni che possano provare l'esercizio di un' altra attività economica. Vediamo adesso come calcolare l' importo della NASPI.

L'importo della NASPI è variabile e cambia da soggetto a soggetto, andrà quindi calcolato in modo specifico utilizzando alcune semplici informazioni. Analizziamo esattamente come si procede per calcolare con precisione l'ammontare di questo incentivo.
L'Anticipo NASPI può essere calcolato tenendo in considerazione semplicemente alcuni dati. Il calcolo avviene utilizzando la retribuzione media mensile lorda degli ultimi quattro anni. Questa è data dalla retribuzione imponibile degli ultimi quattro anni, diviso le settimane di contribuzione effettive e successivamente

moltiplicato per un coefficiente pari a 4,33. Se il risultato ottenuto dovesse essere inferiore alla soglia di 1.195 Euro stabilita dalla legge allora l'indennità mensile sarà uguale al 75% della retribuzione media. Se invece il valore calcolato supererà la soglia di 1.195 Euro, al valore del 75% andrà sommato il 25% della differenza tra la retribuzione media mensile ed il valore soglia di 1.195 Euro. Ad ogni modo l'importo dell'indennità non potrà superare il valore complessivo di 1.300 Euro mensili. Inoltre a partire dal 91° giorno, cioè dal quarto mese in cui si usufruisce dell'Anticipo NASPI, l'importo di indennità verrà ridotto del 3% al mese.

La durata della NASPI, che non può superare i 2 anni, viene calcolata considerando la metà delle settimane di contribuzione versate dal richiedente negli ultimi 4 anni. Se il richiedente dovesse però iniziare un rapporto di lavoro subordinato prima del termine di scadenza riconosciuto per l'anticipo NASPI, dovrà restituire l'importo per intero.

2.11 IN QUALE PERIODO DELL' ANNO CONVIENE APRIRE PARTITA IVA

Una delle domande che mi viene posta più volta dai miei Clienti è: esiste un periodo dell' anno o mese migliore per aprire la Partita IVA? La risponda è sempre la stessa: dipende..

Chiariamo subito un concetto, qualsiasi Contribuente potrà aprire una Partita IVA in qualsiasi periodo, non sarà quindi necessario aspettare il mese di Gennaio o l' inizio dell' anno. Aprire la propria Partita IVA ad inizio anno o nei mesi a seguire influenza sicuramente il limiti di fatturato possibili durante l' anno di apertura, ma di questo te ne parlerò in un paragrafo specifico.

Ciò che è importante sapere è che in qualsiasi periodo dell' anno deciderai di aprire la tua Partita IVA, il tuo anno fiscale si interromperà sempre il 31 Dicembre. Quindi, se deciderai di aprire la Partita IVA ad esempio a Novembre, il tuo fatturato annuale sarà quello compreso soltanto tra i due mesi di attività (Novembre e Dicembre).

Ti ricordo che il Regime Forfettario, per i primi 5 anni di attività, ti permetterà di essere considerato in fase di Start-Up con il vantaggio di pagare una tassazione pari al 5% per i primi 5 anni, 15% dal sesto anno in poi. Quindi, se aprirai la tua Partita IVA a Novembre, il tuo primo anno di agevolazione Start-Up sarà formato esclusivamente dai primi 2 mesi. Avrai poi disposizione altri 4 anni di tassazione al 5%.

Poco cambierà invece ai fini del calcolo dei Contributi Previdenziali. Tutti i Professionisti senza un Albo di riferimento, iscritti quindi alla Gestione Separata INPS, pagheranno i propri Contributi INPS in percentuale sul fatturato prodotto. Nel caso di un' apertura della propria Partita IVA a Novembre, verseranno quindi i propri Contributi, a giugno dell' anno successivo, in percentuale al fatturato prodotto ed incassato tra Novembre e Dicembre.

Nel caso di Professionisti appartenenti ad un Albo Professionale, saranno tenuti in ogni caso al pagamento del Contributo Soggettivo e del Contributo Integrativo sul fatturato prodotto. La maggior parte delle Casse Professionali ripartisce l' ammontare del Contributo Soggettivo in base ai reali mesi di attività durante l' anno. Ogni Albo Professionale però segue delle regole diverse, quindi se deciderai di aprire una Partita IVA durane l' anno per svolgere un' attività regolamentata da un Albo di appartenenza, ti consiglio di contattare preventivamente la tua Cassa ed informarti sull' ammontare dei Contributi Soggettivi che arai obbligo di pagare per i mesi di attività.

Nel caso invece di Commercianti ed Artigiani iscritti alla Gestione Commercianti o Artigiani INPS, anche in questo caso il calcolo dei Contributi sarà rapportato in base ai reali mesi di attività. Riprendendo quindi l' esempio di un' eventuale Partita IVA aperta a Novembre, tutti gli Artigiani e Commercianti saranno tenuti al pagamento dei Contributi minimali relativamente ai soli mesi di Novembre e Dicembre, per un importo pari a 400 Euro circa, nel caso in cui venga richiesta la riduzione del 35% dei Contributi Minimali, o per un importo pari a 600 Euro circa nel caso in cui non venga richiesta la riduzione da pagare entro la data del 16 Febbraio dell' anno successivo.

Consiglio. *I Contributi Previdenziali, soprattutto quelli minimali dei Commercianti e degli Artigiani, andranno conteggiati e pagati immediatamente (ogni trimestre) dal momento dell' apertura della tua Partita IVA e della contestuale iscrizione alla Gestione Commercianti o Artigiani INPS. Apri quindi la tua Partita IVA solo quanto la programmazione della tua Attività è già pronta e potrai quindi immediatamente iniziare a lavorare. In caso contrario ti ritroverai a dover obbligatoriamente pagare i tuoi Contributi INPS minimali nonostante la tua Attività non sia ancora iniziata.*

Ti ricordo inoltre dell' obbligo di compilazione ed invio della Dichiarazione dei Redditi. Se dovessi decidere di aprire Partita IVA anche solo per 2 mesi nell' anno, sarai in ogni caso obbligato, a Giugno dell' anno successivo, a compilare ed inviare (tu o il tuo Commercialista) la Dichiarazione dei Redditi Modello UNICO. Questo obbligo rimarrà tale anche in assenza di fatturato durante i due mesi di attività, in questo caso infatti bisognerà ugualmente compilare tutti i quadri del Modello UNICO relativi alla Partita IVA dichiarando un fatturato pari a 0.

Dopo questa panoramica posso finalmente rispondere alla domanda iniziale. Esiste un periodo dell' anno migliore per aprire la Partita IVA? Dipende dalla tua necessità di fatture. Se tu dovessi trovarti ad esempio a Novembre e sapessi già di dover sicuramente iniziare la tua Attività e dover iniziare a fatturare da subito allora DEVI immediatamente aprire la tua Partita IVA, nonostante questo signifchi sacrificare il tuo primo anno di Start-Up al 5% per soli 2 mesi di Attività.

Se al contrario dovessi trovarti a fine anno con la programmazione della tua Attività o del tuo Business ancora in fase embrionale, ti consiglio vivamente di slittare l' apertura della tua Partita IVA all' anno successivo in modo da non perdere inutilmente il tuo primo anno di Start-Up con tassazione al 5%. Avrai quindi la possibilità di usufruire della tassazione al 5% per 5 anni pieni.

Passiamo adesso all' argomento più importante di questo manuale: il Regime Forfettario 2019.

Ti aspetto nel prossimo capitolo!

3. IL REGIME FORFETTARIO 2019

3.1 REGIME FORFETTARIO 2019

Nel capitolo relativo all' apertura della Partita IVA ho evidenziato come le due scelte più importanti da effettuare fossero quelle relative alla scelta del propio (o dei propri) Codice ATECO e la scelta del proprio Regime Fiscale.

Abbiamo ampiamente parlato della scelta del proprio Codice ATECO nel capitolo precedente, ed in questo capitolo analizzeremo una delle possibili scelte del Regime Fiscale, cioè quella relativa al Regime Forfettario 2019.

• Scegliere un Regime Fiscale significa innanzitutto scegliere una serie di regole ed obblighi fiscali da rispettare. È una scelta di fondamentale importanza in quanto condizionerà alcuni aspetti della gestione fiscale e contabile della propria Attività Economica. La scelta di un Regime Fiscale piuttosto che un altro influenzerà:

- La tassazione: ogni Regime Fiscale avrà una percentuale di tassazione differente
- Il limite di Fatturato: i Regimi Fiscali avranno dei limiti o meno di potenziale fatturato annuale
- Le regole contabili: alcuni Regimi presentano una Contabilità molto più snella e semplificata
- L' IVA: la scelta del Regime Fiscale obbligherà o meno il contribuente all' applicazione dell' IVA sulle proprie fatture
- La Ritenuta d' Acconto: alcuni Regimi Fiscale saranno esenti dall' applicazione della Ritenuta d' Acconto, altri no.

Come avrai potuto intuire sono tante le variabili che entrano in gioco al momento della scelta del proprio Regime Fiscale. Dopo aver fatto tutte le tue valutazioni del caso, ti consiglio però di consultarti con un Professionista preparato, ti aiuterà nella scelta del Regime in base alle caratteristiche del tuo Business, ed una scelta appropriata potrebbe farti risparmiare anche migliaia di Euro in tasse.

Io per primo, durante le Consulenza Gratuite che offro ai miei Clienti, analizzo la situazione fiscale di ognuno di essi verificando la presenza di alcuni requisiti fiscali soggettivi obbligatori per l' adesione ai vari Regimi. Se ne dovessi avere bisogno consulta il mio sito all' indirizzo www.regime-forfettario.it e richiedimi pure una Consulenza personalizzata. Verificherò in questo modo la convenienza della scelta di un Regime Fiscale piuttosto che di un altro.

Negli ultimi 10 anni in Italia si sono alternati molti Regimi Fiscali diversi, con regole fiscali, contabili e tassazioni diverse. Ma ad oggi (2019) i Regimi Fiscali applicabili per un Professionista, Commerciante o Artigiano sono esclusivamente 3:

- Regime Forfettario
- Regime Ordinario
- Regime Semplificato

Dedicherò interamente questo capitolo al Regime Forfettario che è l'unico Regime di Vantaggio oggi esistente in Italia.

Chi può aderire al Regime Forfettario
Il Regime Forfettario 2019 ha modificato radicalmente i requisiti necessari per potervi aderire eliminando parecchie cause di esclusione dal Regime Forfettario 2018, ma ha inserito anche nuovi paletti da dover rispettare per poter continuare a godere negli anni dei benefici di questo Redime di Vantaggio.

Possono usufruire del Regime Forfettario tutte le Persone Fisiche che esercitano una attività di impresa (Professionisti, Freelance, Commercianti ed Artigiani) che rispettino determinati requisiti e che non incorrano successivamente in una delle cause di esclusione. Le Società di persone, le Società di capitali, le Associazioni e le Cooperative invece ne sono escluse. Analizziamo i requisiti di accesso e le cause di esclusione del Regime Forfettario.

Limite dei ricavi e compensi: fino al 2018 per accedere al Regime Forfettario i ricavi o i compensi percepiti non dovevano essere superiori ai limiti stabiliti per ogni Attività Economica. I limiti di fatturato annuali che non bisognava superare erano compresi tra 25.000 Euro e 50.000 Euro a secondo dell'Attività Economica svolta.

Il Regime Forfettario 2019 ha invece ampliato i limiti di ricavi possibili aumentandoli in maniera omogenea per tutte le Attività Economiche esistenti a 65.000 Euro. Potranno quindi aderire al Regime Forfettario tutti i Contribuenti che otterranno al massimo ricavi annuali per un totale di 65.000. Coloro che supereranno queso tetto massimo saranno costretti ad abbandonare il Regime Forfettario, e dal 1 Gennaio dell' anno successivo, dovranno quindi aderire al Regime Ordinario o Semplificato.

Potranno inoltre aderire al Regime Forfettario tutte le Persone Fisiche in possesso di una Ditta Individuale che nell' anno precedente hanno fatturato meno di 65.000 Euro, per tutti questi Contribuenti dal 1 Gennaio il Regime Forfettario diverrà il "Regime naturale" (vedremo in seguito cosa significa). Specificherò più avanti tutti i vari limiti di fatturato esistenti nel "vecchio" Regime Forfettario. Il "nuovo" Regime Forfettario 2019 ha portato un aumento generalizzato di queste soglie per tutte le attività rendendo così il Regime Forfettario fruibile da una platea più ampia di Contribuenti.

Potranno aderire al Regime Forfettario anche tutti i Lavoratori Dipendenti purché abbiano ottenuto un Reddito Lordo inferiore a 65.000 Euro nell' anno precedente. Potranno inoltre aderire anche tutti i Lavoratori Dipendenti che nell' anno precedente hanno ottenuto un Reddito Lordo da dipendente superiore a 65.000 Euro purché il contratto da Dipendente si sia concluso entro il 31 Dicembre dell' anno precedente.

Il limite di Reddito Lordo di 65.000 Euro percepito da dipendente, così come il limite dei ricavi per un titolare di Partita IVA, dovrà essere rispettato nell' anno precedente come requisito di accesso, ma anche in tutti gli anni a seguire, pena l' esclusione dal Regime Forfettario il 1 Gennaio dell' anno successivo.

Esempio. Ipotizziamo un Lavoratore Dipendete che nel 2018 ha percepito un Reddito Lordo da Dipendente pari a 60.000 Euro, potrà quindi nel 2019 aprire una Partita IVA nel Regime Forfettario. Se lo stesso Lavoratore Dipendente nel 2019 dovesse invece percepire un Reddito Lordo da dipendete pari a 70.000 Euro, sarà costretto ad abbandonare il Regime Forfettario già dal 1 Gennaio del 2020.

Attenzione. Il limite da non superare non sarà dato dalla somma del Reddito Lordo da dipendente e dal totale dei ricavi conseguiti con il Regime Forfettario, ma ognuno di questi redditi andrà analizzato singolarmente. Nella migliore delle ipotesi sarà dunque possibile percepire un Reddito Lordo da Lavoratore Dipendente pari a 65.000 Euro e contestualmente percepire un totale dei ricavi annuale con il Regime Forfettario pari a 65.000 Euro. In questa ipotesi sarà consentito continuare a godere negli anni del Regime Forfettario senza causarne l' esclusione.

Spese per dipendenti - limite abolito. Uno dei limiti di accesso presenti nel vecchio Regime Forfettario 2018 ed abolito, quindi non più presente nel nuovo Regime Forfettario 2019, era dato dalle spese per Lavoratori Dipendenti e Collaboratori. Il vecchio Regime Forfettario fino al 2018 presentava dei limiti nelle spese da poter affrontare per i propri Lavoratori Dipendenti, ed in alcuni casi non era quindi possibile aderire a questo Regime di Vantaggio. Infatti, la presenza di Lavoratori Dipendenti, o la relativa spesa annuale affrontata per essi, poteva determinare una causa di esclusione al Regime Forfettario. La legge imponeva a tutti i Professionisti, Artigiani e Commercianti che volevano aderire a questo Regime Agevolato un limite di spesa per Lavoratori Dipendenti o Collaboratori pari a 5.000 Euro lordi annuali.

Questo significa che fino al 2018 se un Contribuente in Regime Forfettario avesse superato durante l' anno la spesa di 5.000 Euro lordi per Lavoratori Dipendenti o Collaboratori, sarebbe stato costretto il 1 Gennaio dell' anno successivo ad abbandonare questo Regime per aderire al Regime Ordinario o Semplificato in quanto non più in possesso dei requisiti minimi.

La spesa per Collaboratori o Lavoratori Dipendenti era quindi fondamentale per la scelta del Regime Fiscale al quale aderire.

Inoltre questo limite rappresentava anche un limite d' ingresso al Regime Forfettario stesso, ciò significa se un Contribuente nel Regime Ordinario o Semplificato avesse deciso di passare al regime Forfettario, avrebbe potuto farlo soltanto se la spesa effettuata per Lavoratori Dipendenti o Collaboratori nell' anno precedente fosse risultata inferiore a 5.000 Euro. In caso contrario non avrebbe potuto accedere in alcun modo al Regime Forfettario.

Dal 1 gennaio 2019 la nuova Legge di Bilancio ha abolito ogni limite di spesa da poter affrontare per Lavoratori Dipendenti (a tempo determinato o indeterminato) o Collaboratori. Adesso quindi è consentito affrontare spese anche superiori a 5.000 Euro.

Ti ricordo però, che anche se non esiste più alcun limite di spesa per Collaboratori o Lavoratori Dipendenti, nel Regime Forfettario non sarà possibile detrarre dal proprio fatturato eventuali costi affrontati per Lavoratori Dipendenti o Collaboratori. Infatti, nel Regime Forfettario i Costi Aziendali scaricabili sono determinati in modo ipotetico da un Coefficiente di Redditività che verrà calcolato sul proprio fatturato annuale. Questo Coefficiente, diverso per ogni tipo di Attività svolta, rappresenterà quindi l' ammontare ipotetico di tutti i Costi aziendali che un Contribuente potrà scaricare durate l' anno, comprensivi anche di eventuali Costi Aziendali sostenuti per Lavoratori Dipendenti o Collaboratori.

Nel vecchio Regime dei Minimi, al contrario del nuovo Regime Forfettario, non era possibile in alcun modo poter assumere dei Lavoratori Dipendenti a tempo determinato o indeterminato o dei Lavoratori a progetto. Risultava invece possibile poter usufruire, senza alcun limite, di eventuali Prestazioni Occasionali che potevano rappresentare quindi un Costo Aziendale scaricabile dal proprio fatturato prodotto durante l' anno.
Il Regime Forfettario 2019, rispetto al suo predecessore Regime dei Minimi e Regime Forfettario 2018, ha quindi introdotto la possibilità di assumere dei lavoratori Dipendenti senza alcun

limite di spesa, ma l' impossibilità di poter detrarre questa spesa dal proprio fatturato non incentiva in alcun modo i Lavoratori Autonomi ad assumere personale. Mi auguro che in futuro venga migliorato questo aspetto, inserendo magari una percentuale di detrazione sulle spese effettuate per l'assunzione di Lavoratori Dipendenti o Collaboratori.

Spese per Beni Strumentali - limite abolito. Una delle novità migliorative apportate al Regime Forfettario 2019 dalla nuova Legge di Bilancio è stata l' abolizione dei limiti di spesa per i Beni Strumentali necessaria per poter aderire al Regime Forfettario e per poterne godere negli anni successivi. Fino al 2018 infatti uno dei requisiti necessari per poter aderire al Regime Forfettario, e per poter continuare a godere negli anni sei suoi vantaggi fiscali e contabili, era non aver superato il limite di acquisto di Beni Strumentali di 20.000 Euro. Ma cosa sono in effetti i Beni Strumentali?

I Beni Strumentali, detti anche Cespiti, rappresentano tutti quei beni che vengono acquistati dal' Imprenditore utilizzati per più anni nello svolgimento della propria Attività Economica, come ad esempio le attrezzature, i mobili, i macchinari, i computer. Affinché siano considerati Beni Strumentali è necessario che abbiano un valore unitario al momento dell' acquisto superiore a 516,46 Euro. I Beni Strumentali hanno la caratteristica di non poter essere dedotti interamente al momento dell' acquisto, ma il costo sostenuto per l' acquisto verrà ripartito annualmente in quote di ammortamento.

Fino al 2018, secondo la legge che ha istituito il Regime Forfettario, e cioè l' art. 1 comma 54 della legge 190/2014, era possibile accedere al Regime Forfettario se "il costo complessivo, al lordo degli ammortamenti, dei beni strumentali alla chiusura dell'esercizio non superava i 20.000 €".
Era necessario però che questo requisito fosse verificato nell' anno precedente rispetto a quello di analisi. Questo significava che se un Contribuente avesse deciso di aprire una Partita IVA

nel Regime Forfettario nel 2018, l'ammontare dei Beni Strumentali non avrebbe dovuto aver superato la soglia di 20.000 euro nell' anno precedente e cioè nel 2017.

Se lo stesso Contribuente fosse stato in possesso dei requisiti di accesso al Regime Forfettario (e cioè fosse stato in possesso di Beni Strumentali per un valore inferiore a 20.000 Euro nel 2017) ma nel 2018 avesse poi superato questo limite, sarebbe stato costretto ad abbandonare il Regime Forfettario già dal 1 Gennaio 2019 per assenza dei requisiti fondamentali.

Nel Regime dei Minimi, predecessore dell' attuale Regime Forfettario, il calcolo dei Beni Strumentali avveniva invece in modo differente. Per poter aderire e poter continuare a godere negli anni del Regime dei Minimi era necessario che la somma del costo dei Beni Strumentali negli ultimi 3 anni di esercizio non avesse superato il limite di 15.000 Euro.

Per calcolare il limite dei Beni Strumentali nel Regime dei Minimi era quindi necessario sommare le spesa per questi beni avvenuta negli ultimi 3 anni e verificare che tal somma non avesse superato i 15.000 Euro

Per poter calcolare correttamente l' ammontare dei Beni Strumentali è necessario fare riferimento al reale valore del bene, o al costo sostenuto al netto dell' IVA. Nello specifico l' Agenzia delle Entrate ha stabilito che sarà rilevante:

• Per i beni in locazione, noleggio e comodato, il valore normale determinato ai sensi dell'art. 9 TUIR;
• Per i beni di proprietà andrà considerato il prezzo di acquisto degli stessi
• Per i beni in locazione finanziare, il costo sostenuto dal concedente.

Per i beni promiscui invece, cioè tutti quei beni utilizzati sia per la propria Attività Economica sia per la propria vita privata (ad esempio un cellulare oppure un' automobile), dovrà essere preso in considerazione per il calcolo del limite dei Beni Strumentali solo il 50% del loro valore.

I beni immobili invece non andranno calcolati all' interno dei Beni Strumentali. Non avranno alcun tipo di rilevanza qualsiasi sia il loro titolo di possesso. Non andranno calcolati neanche tutti quei beni con un valore unitario inferiore a 516,46 Euro.

Dunque, nel nuovo Regime Forfettario 2019 è stata abolita ogni limitazione riguardante il limite di spesa per Beni Strumentali. Sarà quindi possibile accedere al Regime Forfettario 2019 anche se già in possesso di Beni Strumentali superiori a 20.000 Euro, e sarà possibile continuare ad utilizzare il Regime Forfettario anche se negli anni successivi si dovessero affrontare spese superiori a 20.000 Euro per questi Beni. A mio avviso l' abolizione del limite di spesa per i Beni Strumentali è stata una scelta azzeccata. La limitazione dei Beni Strumentali ha avuto un senso solo nel Regime dei Minimi, era già inutile nella prima versione del Regime Forfettario in quanto in ogni caso non era possibile detrarre dal proprio fatturato l' eventuale spesa sostenuta per questi beni, quindi ha rappresentato da sempre una limitazione senza alcun senso logico.

Chi non può avvalersi del Regime Forfettario
Come accennato precedentemente sono previste altre cause di esclusione che impossibilitano dall' utilizzo del Regime Forfettario 2019.

Non possono avvalersi del Regime Forfettario:

- Le Persone Fisiche che si avvalgono di regimi speciali ai fini dell' IVA (attività di agricoltura e attività connesse e pesca o agriturismo, editoria, agenzie di viaggi e turismo, intrattenimenti, giochi e altre attività simili, rivendita di beni usati, rivendita di oggetti d' arte, rivendita di oggetti d' antiquariato o da collezione, agenzie di vendita all' asta, vendita sali e tabacchi o commercio di fiammiferi, gestione di servizi di telefonia pubblica, rivendita di documenti di trasporto pubblico e di sosta, vendite a domicilio.

- I soggetti non residenti, ad eccezione di quelli che sono residenti in uno degli Stati membri dell' Unione Europea o in uno Stato aderente all' Accordo sullo Spazio economico Europeo che assicuri un adeguato scambio di informazioni e che producano nel territorio Italiano redditi che costituiscono almeno il 75% del reddito complessivamente prodotto
- non possono utilizzare il Regime Forfettario i soggetti che effettuano cessioni di fabbricati o di terreni edificabili
- non possono aderire al Regime Forfettario i soggetti che fanno parte di Società di Persone, Società di Capitali, Associazioni, Cooperative

La nuova Legge si Stabilità ha confermato in extremis la possibilità di possedere quote di SRL già presente nel 2018.
Il vecchio Regime Forfettario 2018 prevedeva la possibilità per i soci in possesso di quote di Società di capitali, di poter presentare una richiesta per l' adesione al Regime agevolato. Tuttavia, era necessario prestare attenzione a quale tipo di Società di capitali di cui si detenevano le quote, perché erano escluse da questa possibilità le Società a responsabilità limitata che avevano aderito al Regime di trasparenza fiscale, ossia di esenzione dal pagamento della tassazione IRES e applicazione di un' unica tassazione IRPEF sugli utili percepiti dai soci.

Anche nel 2019 sarà quindi possibile possedere delle quote di SRL non in trasparenza fiscale ed aderire al Regime Forfettario. Nel caso invece di trasparenza fiscale è importante verificare l' anno di riferimento delle quote dei soci in Società di capitali poiché sono possibili due opzioni:

1. Possesso sia nell' anno precedente che in quello in corso (anno in cui si richiede l' adesione al Regime Forfettario) delle

quote da parte dei soci. In questo caso si è esclusi dalla possibilità di poter richiedere l' adesione al Regime Forfettario

2. Possesso delle quote nell' anno precedente e cessione entro lo stesso anno delle quote da parte dei soci. In questo secondo caso è possibile richiedere l' adesione al Regime Forfettario

In una prima bozza di legge del Forfettario 2019 le regole di esclusione sono erano state inasprite, rendeva infatti impossibile aderire al Regime Forfettario anche nel caso in cui si fosse in possesso di quote di SRL che non abbia aderito alla trasparenza fiscale. Poche giorni prima dell' approvazione è poi stata modificata permettendo l'utilizzo anche ai possessori di quote di SRL. Oltre a questa casistica saranno quindi impossibilitati ad aderire al Regime Forfettario 2019 tutti i Soggetti che partecipano a:

• Società di persone
• Imprese familiari
• Società a Responsabilità Limitata
• Associazioni in partecipazioni

Vi è infine un' ultima causa di esclusione dal Regime Forfettario che va verificata nell' anno precedente all' adesione al Regime. Saranno esclusi dall' applicazione di questo Regime Agevolato tutti quei soggetti che nell' anno precedente hanno percepito redditi da lavoro Dipendente o assimilati (ad esempio redditi da pensione) superiori a 65.000 Euro lordi nell' anno precedente. La verifica di questa soglia diverrà irrilevante se il rapporto di lavoro nel frattempo è cessato. In altre parole questo significa che:

• non potrai aderire al Regime Forfettario se allo stesso tempo possiedi redditi da Lavoro Dipendente o da pensione e questi redditi nell' anno precedente al tuo ingresso al Regime Forfettario risultino superiori al limite di 65.000 Euro lordi

- ti sarà possibile aderire al regime Forfettario se possiedi redditi da Lavoro Dipendente o redditi da pensione superiori a 65.000 Euro nell' anno precedente ma questi redditi sono cessati nell' anno precedente alla tua adesione al Regime Forfettario.

Nota bene: in questo caso ai fini della non applicabilità di questa causa di esclusione il lavoro deve essere cessato nell' anno precedente a quello di applicazione del Regime Forfettario. Quindi se il lavoro è cessato nell' anno di applicazione del Regime la condizione va comunque verificata

Questi rappresentano tutti i casi di esclusione dall' applicazione del Regime Forfettario. Hai già controllato di possedere tutti i requisiti per accedervi? Bene, tira un sospiro di sollievo perché adesso ti descriverò tutti i Vantaggi di cui potrai godere!

3.2 I VANTAGGI DEL REGIME FORFETTARIO 2019

Come ho già ripetuto più volte il Regime Forfettario 2019 rappresenta l' unico Regime Agevolato esistente in Italia. È stato introdotto per tutti quei Professionisti, Freelance, Commercianti ed Artigiani che per la prima volta si affacciano al mondo del lavoro garantendo loro vantaggi fiscali e contabili maggiori rispetto a tutti gli altri regimi Fiscali esistenti. Se stai pensando di aprire la tua Partita IVA e possiedi tutti i requisiti riportati sopra, non ti resta che scegliere il Regime Forfettario per i motivi che adesso ti elencherò.

Primo Vantaggio: esenzione dall' IVA
Uno dei tanti vantaggi offerti dal Regime Forfettario (che lo accumuna al "vecchio" Regime dei Minimi) riguarda l' esenzione dall' IVA. Ma cosa significa essere esente IVA? e quali vantaggi potrà garantire ai Contribuenti che sceglieranno di aderire a

questo Regime di Vantaggio? Tra tutte le differenze che intercorrono tra il Regime Forfettario e tutti gli altri Regimi Fiscali presenti in Italia, essere esente IVA è sicuramente una delle più importanti. L' IVA, l' Imposta sul Valore Aggiunto, è un' imposta indiretta che riguarda il valore aggiunto della produzione e lo scambio di beni e servizi, ed in Italia è presente nelle percentuali del 4%, 5%, 10% o 22%.

Tutti i Professionisti, gli Artigiani o i Commercianti che decideranno di aderire al Regime Forfettario saranno esenti dall' applicazione dell' IVA all' interno delle proprie fatture, non dovranno maggiorare quindi i propri compensi applicando l' IVA. Essere esente IVA è però solo uno dei vantaggi delineati dalla legge 190/2014 commi 58 e 63 dell' art. 1, ve ne sono davvero tanti altri che elencheremo qui di seguito.
Ma perchè questo dovrebbe risultare un vantaggio? Essere esente IVA rappresenterà prima di tutto un vantaggio competitivo, facciamo un esempio:

Ipotizziamo due Professionisti, uno in Regime Forfettario ed un in Regime Ordinario o Semplificato, ipotizziamo abbiano svolto una prestazione lavorativa per un importo pattuito con il Cliente pari a 1.000 Euro. Il Professionista in Regime Forfettario emetterà una fattura pari a 1.000 Euro (all' importo potrà eventualmente aggiungere un Contributo Integrativo INPS del 4%, vedremo dopo di cosa si tratta), il Professionista in Regime Ordinario o Semplificato sarà obbligato ad aggiungere in fattura oltre i 1.000 Euro (ed eventuale Contributo Integrativo INPS del 4%) anche l' IVA del 22% pari a 220 Euro.

Ogni Cliente preferirà collaborare, a parità di prestazione lavorativa svolta, con Professionisti in Regime Forfettario in quanto non sarà tenuto a pagare loro l' IVA in fattura. È pur vero che, mentre un Cliente privato vedrebbe addebitarsi l' importo dell' IVA senza la possibilità di recuperarlo, un Cliente titolare di Partita IVA avrebbe la possibilità di compensare l' IVA "spesa" con eventuale IVA acquisita al momento dell' emissione di fatture o scontrini. È necessario però specificare in fattura i termini di legge che giustificano l' esenzione dall' IVA, è infatti obbligatorio inserire in tutte le fatture ed in tutti i preventivi la seguente dicitura "Operazione fuori campo IVA ai sensi dell' art. 1, commi 54-89, L. 190 del 23/12/2014. Essere esenti IVA risulterà vantaggioso anche per tutte le semplificazioni contabili che ne deriveranno: nel Regime Forfettario non sarà infatti necessario compilare ed inviare la Dichiarazione IVA trimestrale e neanche la Dichiarazione IVA annuale.

Al momento dell' acquisto di qualsiasi prodotto o servizio, i Contribuenti all' interno del Regime Forfettario saranno comunque obbligati a pagare l' IVA al fornitore. L' IVA pagata al momento degli acquisti non sarà però recuperabile in alcun modo, rappresenterà quindi un costo.
Quando un Professionista, un Commerciante o un Artigiano all' interno del Regime Forfettario dovrà stabilire i prezzi di vendita dei propri prodotti o servizi dovrà quindi tenere conto che al momento dell' acquisto di qualsiasi materia prima, macchinario o servizio, l' IVA rappresenterà un costo. Al momento invece della vendita del proprio prodotto o servizio non potrà addebitare IVA al Cliente finale.

Secondo vantaggio: esenzione dalla Ritenuta d' Acconto
Il Regime Forfettario, oltre ad essere un Regime esente IVA, è esente anche dalla Ritenuta d' Acconto. Nel capitolo riguardante la Prestazione Occasionale abbiamo analizzato come un Lavoratore Occasionale ha l' obbligo di applicare la Ritenuta d' Acconto sui propri compensi pari al 20% se la Prestazione Occasionale è stata commissionata da un' azienda o da un lavoratore autonomo. Chi invece aderirà al Regime Forfettario non dovrà inserire alcuna Ritenuta d' Acconto in fattura e percepirà il totale dei compensi senza alcuna trattenuta. Anche i Professionisti titolari di Partita IVA (come ad esempio Avvocati, Ingegneri, Architetti, ecc.) che hanno aderito al Regime Ordinario o Semplificato hanno l' obbligo di applicare la Ritenuta d' Acconto del 20% sui propri compensi. L'

esenzione da questa fastidiosissima trattenuta quindi spetterà esclusivamente a coloro i quali sceglieranno di aderire al Regime Forfettario.

Il motivo dell' esenzione dalla Ritenuta d' Acconto è anche logico: dato che nel Regime Forfettario la tassazione è pari al 5% per i primi 5 anni, o al massimo pari al 15% dal sesto anno in poi, non sarebbe stato logico applicare una trattenuta IRPEF (Ritenuta d' Acconto appunto) pari al 20% su ogni compenso, quindi molto più alta della tassazione stessa.

Terzo Vantaggio: tassazione più bassa - Uno dei vantaggi più grandi (forse il più grande) del Regime Forfettario è quello di avere la percentuale di tassazione più bassa d' Italia e, fino ad oggi, anche d' Europa. L' imposta nel Regime Forfettario (ed anche nel "vecchio" Regime dei Minimi) è denominata Imposta Sostitutiva perché con un' unica Imposta ha sostituito varie tassazioni presenti negli altri Regimi Fiscali e nello specifico sostituisce:

• L' IRPEF,
• Le addizionali Regionali
• Le addizionali Comunali
• L' IRAP.

L' imposta Sostitutiva nel Regime Forfettario è pari al 15% del Reddito Lordo (vedremo tra poco come calcolarlo) ma lo Stato ha introdotto una vantaggiosa riduzione per tutte le nuove start-up. Infatti al fine di favorire la nascita di nuove imprese per il primo anno e per i 4 anni successivi l' Imposta Sostitutiva da calcolare sul Reddito Lordo è ridotta ad 1/3 e dunque sarà pari soltanto al 5% a condizione che:

- il Contribuente non abbia esercitato nei 3 anni precedenti attività di impresa arte o professione
- l' attività non sia la mera prosecuzione di un' attività precedentemente svolta, a meno che non rientri nella pratica obbligatoria ai fini dell' esercizio di arti o professioni
- nel caso in cui l' attività venga proseguita da un altro soggetto svolta in precedenza, l' ammontare dei ricavi e compensi realizzati nell' anno precedente non sia oltre i limiti fissati per l' accesso al Regime Forfettario start-up.

Approfondirò nei paragrafi successivi tutti i casi in cui si potrà godere dell' agevolazione Start-up al 5% ed i casi in cui invece sarà obbligatoria adottare l' Imposta Sostitutiva al 15%.

Riepilogando, se stai pensando di aprire la tua Partita IVA nel Regime Forfettario, e l' Attività che vorrai esercitare non è stata svolta precedentemente allora potrai godere dell' agevolazione dell' Imposta Sostitutiva pari "soltanto" al 5% per i primi 5 anni. Dal sesto anno in poi l' Imposta Sostitutiva tornerà ad essere pari al 15%.

Coloro che hanno aderito in passato al Regime dei Minimi e hanno deciso di aderire al Regime Forfettario dal 2016 in poi, hanno la possibilità anche loro di usufruire dell' aliquota ridotta al 5% fino al quinto anno di possesso di Partita IVA. Per cui se un Contribuente ha aperto Partita IVA nel Regime dei Minimi ad esempio nel 2014 e nel 2017 ha deciso di aderire al Regime Forfettario, potrà sia nel 2017 che nel 2018 usufruire dell' Imposta Sostitutiva al 5%. Dal 2019 in poi invece applicherà al suo Reddito Lordo l' Imposta Sostitutiva del 15%.

Come mai l' Imposta Sostitutiva del 5% o del 15% è così conveniente? Lo è perché rispetto alla tassazione che viene applicata negli altri Regimi Fiscali (Regime Ordinario o Regime

Semplificato) è davvero molto più bassa. Basti pensare che nel Regime Ordinario o Semplificato al Reddito Lordo verranno calcolati come abbiamo detto:

- l'IRPEF
- l'Addizionale Regionale
- l'Addizionale Comunale
- l'IRAP

Analizziamo brevemente in cosa consistono questi pagamenti ed a quanto ammontano. Sarà più facile in questo modo intuire la convenienza del Regime Forfettario rispetto agli altri Regimi Fiscali.

L' IRPEF è l' imposta sul reddito delle persone fisiche ed è la principale imposta che si paga in Italia e costituisce una delle principali fonti di entrata per le casse dello Stato. È un' imposta progressiva sul Reddito e dunque la sua percentuale varia in base all' ammontare del reddito stesso. Esistono infatti 5 diverse percentuali di tassazione in base a 5 fasce di reddito diverse.

- Per redditi compresi tra 0 a 15.000 Euro la percentuale di tassazione IRPEF sarà pari al 23%
- Per redditi compresi tra 15.001 e 28.000 Euro la percentuale di tassazione IRPEF sarà pari al 27%
- Per redditi compresi tra 28.001 e 55.000 Euro la percentuale di tassazione IRPEF sarà pari al 38%
- Per redditi compresi tra 55.001 e 75.000 Euro la percentuale di tassazione IRPEF sarà pari al 41%
- Per redditi superiori a 75.000 Euro la percentuale di tassazione IRPEF sarà pari al 43%.

L' Addizionale Regionale invece è un' imposta che verrà versata direttamente alla Regione di appartenenza e la sua percentuale varia da Regione a Regione in quanto ognuna di esse può stabilirne l' aliquota entro i limiti fissati dalla legge statale ma in ogni caso compresa tra lo 0,90 e l' 1,4%. Anche questa andrà calcolata sul Reddito Lordo.

L' Addizionale Comunale è un' imposta che verrà versata direttamente al Comune di appartenenza ed anche in questo caso la sua aliquota verrà decisa ogni anno dai vari Comuni. In media è pari allo 0,8 che verrà calcolato, anche in questo caso, sul Reddito Lordo.

L' IRAP è l' Imposta Regionale sulle Attività Produttive. È un' Imposta locale che si applica sulle attività produttive esercitate in ciascuna Regione. Significa quindi che deve essere pagata solo da chi svolge attività d' impresa e non dalle persone fisiche. Nel 2019 la percentuale dell' Imposta IRAP è pari al 3,9% ed anche in questo caso dovrà essere calcolata sul Reddito Lordo.

Ricapitolando, coloro che sceglieranno di aderire al Regime Forfettario saranno tenuti a pagare l' Imposta Sostitutiva sul Reddito lordo che sarà pari al 5% per i primi 5 anni per coloro che saranno in possesso dei requisiti da Start-up, invece sarà pari al 15% per tutti gli altri soggetti (ed anche per le start-up dal sesto anno in poi).

Coloro che hanno aderito al Regime Ordinario o Semplificato saranno tenuti a pagare sul Reddito Lordo: l' IRPEF (dal 23% al 43%) + l' Addizionale Regionale (dallo 0,90% all' 1,4%) + l' Addizionale Comunale (0,8%) + l' IRAP (3,9%).

Adesso è più chiaro perché il Regime Forfettario è un Regime di Vantaggio?

Quarto Vantaggio: semplificazioni Contabili

Il Regime Forfettario, oltre a possedere tutti i vantaggi Fiscali che abbiamo appena elencato, garantirà a tutti i Professionisti, Freelance, Commercianti ed Artigiani notevoli semplificazioni

Contabili. Abbiamo già analizzato le prime semplificazioni derivanti dall' esenzione dall' IVA. Non sarà infatti necessario predisporre ed inviare la Dichiarazione IVA trimestrale e le Dichiarazione IVA annuale obbligatoria invece per il Regime Ordinario e Semplificato. I Contribuenti nel Regime Forfettario saranno anche esonerati da:

- Registrazione delle fatture emesse (art 23 del D.P.R. n. 633 del 1972)
- Registrazione dei corrispettivi (articolo 24 dello stesso D.P.R.)
- Registrazione degli acquisti (articolo 25 dello stesso D.P.R.)
- Tenuta e conservazione dei registri e documenti (articolo 39 dello stesso D.P.R.) fatta eccezione per le fatture ed i documenti di acquisto e le bollette doganali di importazione
- Obbligo di comunicazione delle operazioni effettuate nei confronti di operatori aventi sede nei Paesi black list

Quali saranno quindi gli adempimenti da rispettare per i Contribuenti che hanno scelto di adottare il Regime Forfettario?
I Professionisti, Freelance, Commercianti ed Artigiani che opereranno all' interno di questo nuovo Regime dovranno semplicemente:

1. Numerare e conservare le fatture di acquisto e le bollette doganali
2. Numerare e conservare le fatture di vendita
3. Certificare i corrispettivi

Per quanto riguarda la certificazione dei corrispettivi rimane quindi obbligatoria l' emissione e la conservazione della fattura (naturalmente senza addebito dell' IVA al suo interno) oppure il rilascio dello scontrino o ricevuta fiscale.
Dato che i Contribuenti nel Regime Forfettario sono esenti dalla Ritenuta d' Acconto non saranno quindi tenuti ad operare come i

Sostituti d' Imposta e quindi non saranno tenuti ad operare le ritenute alla fonte. Nel capitolo riguardante l' utilizzo della Prestazione Occasionale abbiamo visto come il Committente che commissioni un lavoro abbia l' obbligo di trattenere la Ritenuta d' Acconto e versarla allo Stato entro il giorno 16 del mese successivo tramite modello F24. I Professionisti o Freelance nel Regime Forfettario saranno quindi esentati dagli obblighi del Sostituto d' Imposta. L' unico obbligo rimanente sarà quello di indicare nella propria Dichiarazione dei Redditi i codici fiscali dei percettori dei redditi per i quali non è stata operata nessuna Ritenuta d' Acconto e l' ammontare dei redditi stessi.

Una delle semplificazioni Contabili più importanti del Regime Forfettario è data dall' esenzione dalla compilazione e dall' invio dello Spesometro

Ma cosa è lo Spesometro?

È una delle comunicazioni obbligatorie che i soggetti titolari di Partita IVA nel Regime Ordinario o Semplificato sono tenuti ad inviare annualmente all' Agenzia delle Entrate, e rappresenta uno strumento di controllo degli acquisti e delle fatture emesse che serve a:

• Verificare che il reddito e gli acquisti di un soggetto siano coerenti con i redditi dichiarati. Stesso obiettivo del Redditometro e dei suoi controlli sui conti correnti
• Verificare l' emissione delle fatture allo scopo di ridurre l' emissioni di fatture false, di limitare i casi di mancata fatturazione
• Verificare in tempo reale, attraverso l' invio di tutti i dati delle fatture emesse e ricevute, l' avvenuto versamento dell' IVA o meno

Lo Spesometro è la prima causa di accertamenti da parte dell' Agenzia delle Entrate. Se sceglierai di aderire al Regime Forfettario fortunatamente sarai esente da questa "tortura"

Abbiamo in questo modo analizzato nello specifico quali siano tutti i Vantaggi Fiscali e Contabili che il Regime Forfettario garantirà a tutti i Professionisti, Freelance, Commercianti ed Artigiani che vorranno aderirvi. Per continuare a godere di questi Vantaggi sarà però necessario rispettare alcuni limiti del Regime stesso. Abbiamo già analizzato i requisiti per poter accedere al Regime Forfettario, analizziamo adesso quali sono i limiti che bisognerà rispettare negli anni per poter continuare ad essere inclusi in questo Regime di Vantaggio.

3.3 I LIMITI DI FATTURATO

Una delle modifiche più importanti apportate al Regime Fofettario 2019 dalla nuova Legge di Bilancio, se non la più importante in assoluto, è stata quella dell' innalzamento dei limiti di fatturato possibili per tutte le Attività rispetto ai limiti precedenti. Dal 1 gennaio 2019 infatti tutte le Attività Economiche che decidono di aderire al Regime Forfettario potranno ottenere un totale di ricavi annuali per un massimo di 65.000 Euro. L' innalzamento dei limiti da fatturato ha reso possibile l' utilizzo di questo Regime di Vantaggio ad una platea molto più ampia di Contribuenti, in passato infatti alcune categorie Economiche, soprattutto quelle dei Professionisti o degli Agenti, risultavano molto penalizzate dai limiti di fatturato estremamente bassi che rendeva il Forfettario quasi inutilizzabile

Fino al 2018 infatti, il Regime Forfettario garantiva tutti i suoi vantaggi e le sue semplificazioni contabili a tutti i Contribuenti che rispettavano dei limiti di compensi annuali stabili dallo Stato e diversi per ogni Attività esistente. Lo Stato infatti aveva stabilito dei limiti di fatturato o compensi differenti per tute le Attività Economiche esistenti classificandole in base ai Codici ATECO.

Vi era una logica ben precisa nella decisione di stabilire dei limiti di fatturato diversi per ogni tipo di Attività e cioè la logica del margine di profitto sugli incassi. Secondo questa logica, ad esempio, un Commerciante ed un Professionista a parità di fatturato ottenevano un utile diverso. I Commercianti infatti per, ad esempio, per ottenere un fatturato di 10.000 Euro avrebbero dovuto intraprendere molti più Costi Aziendali di un Professionista che avesse ottenuto ottenuto lo stesso fatturato. Un Commerciante infatti, nella maggior parte dei casi, deve prima acquistare il prodotto o servizio da vendere applicando ad esso la propria percentuale di ricarico. Al contrario è logico pensare che tutti i Professionisti, dato che non hanno la necessità di acquistare i prodotti da rivendere, intraprendano una quantità di Costi aziendali inferiore.

Dunque dal 1 Gennaio 2019 qualsiasi Attività Economia potrà ottenere un totale di ricavi annuali fino a 65.000 Euro, ma per evidenziare ancora di più questa importane modifica voglio riepilogarti i limiti di fatturato che erano costretti a rispettare tutte le Categorie fino al 31 Dicembre 2018. Ecco tutti i limiti di fatturato classificati secondo la Categoria ed i Codici ATECO validi fino al 2018.:

- Industrie alimentari e delle bevande.
  Sono inclusi in questa categoria i Codici ATECO 10 e 11. Il limite di fatturato o dei compensi annuali era pari a 45.000 Euro.

- Commercio all' ingrosso e al dettaglio.
  Sono inclusi in questa Categoria i Codici ATECO 45, da 46.2 a 46.9, da 47.1 a 47.7, 47.9. Il limite di fatturato o dei compensi annuali era pari a 50.000 Euro.

- Commercio ambulante di prodotti alimentari e bevande.
  Sono inclusi in questa Categoria i Codici ATECO 47.81. Il limite di fatturato o dei compensi annuali era pari a 40.000 Euro.

- Commercio ambulante di altri prodotti.
Sono inclusi in questa Categoria i Codici ATECO 47.82 e 47.8. Il limite di fatturato o dei compensi annuali era pari a 30.000 Euro.

- Costruzioni e attività immobiliari.
Sono inclusi in questa Categoria i Codici ATECO 41, 42, 42, 68. Il limite di fatturato o dei compensi annuali era pari a 25.000 Euro.

- Intermediari del commercio.
Sono inclusi in questa Categoria i Codici ATECO 46.1. Il limite di fatturato o dei compensi annuali era pari a 25.000 Euro.

- Attività dei servizi di alloggio e di ristorazione.
Sono inclusi in questa Categoria i Codici ATECO 55, 56. Il limite di fatturato o dei compensi annuali era pari a 50.000 Euro.

- Attività Professionali, Scientifiche, Tecniche, Sanitarie, di Istruzione, Servizi Finanziari ed Assicurativi.
Sono inclusi in questa Categoria i Codici ATECO 64, 65, 66, 69, 70, 71, 72, 73, 74, 75, 85, 86, 87, 88. Il limite di fatturato o dei compensi annuali era pari a 30.000 Euro.

Ricapitolando, più o meno tutte le Attività Professionali avevano un limite di fatturato pari a 30.000 Euro, i Commercianti avevano invece un limite di fatturato pari a 50.000 Euro, gli Artigiani pari invece a 30.000 Euro, mentre gli Intermediari, come ad esempio Agenti di Commercio o i Procacciatori d' affari, avevano un limite di fatturato pari a 25.000 Euro.

In effetti, anche nel 2019, più che di limite di fatturato è più corretto parlare di limiti di ricavo annuale. Il Regime Forfettario infatti è regolato dal Principio di Cassa. Secondo questo principio ha valore fiscale tutto ciò che viene incassato e pagato nell' anno.

Da questo ne consegue che se ad esempio un titolare di Partita IVA nel Regime Forfettario dovesse emettere una fattura a

Dicembre 2019 ma poi incassare l' effettivo compenso a Gennaio dell' anno successivo, questo incasso non influirà sul fatturato 2019 e sui relativi limiti di fatturato imposti, bensì sul reddito e fatturato del 2020. Più ingenerale quindi, vale la data di incasso della fattura, non quella di emissione della stessa.

Consiglio. Il Principio di Cassa può essere sfruttato a favore di tutti i Contribuenti all' interno del Regime Forfettario. Se ad esempio dovessi trovarti a fine anno ed aver raggiunto già il limite massimo dei compensi, potrai decidere di emettere ugualmente fattura nell' anno se ti assicurerai di poter incassare questi compensi nei primi giorni dell' anno successivo. In questo modo non supererai il limite dei compensi stabiliti dal regime Forfettario nonostante le ultime fatture, dopo aver raggiunto il limite, siano emesse nello stesso anno. Vale la data di incasso!
Attenzione. L' anno successivo, ai fini del calcolo del totale dei compensi percepiti per rientrare nel limite di fatturato, dovrai sommare, oltre alle fatture emesse ed incassate nell' anno, anche i compensi incassati e derivanti dalle fatture emesse nell' anno precedente. Quella proposta è quindi una soluzione tampone che potrà andare bene per un anno o due.

Cosa succede se superi il limite di fatturato?
Nel 2019, se dovessi superare il limite di incassi di 65.000 Euro anche di un solo Euro sarai costretto, il primo Gennaio dell' anno successivo, ad abbandonare il Regime Forfettario. Aderirai quindi in automatico al Regime Ordinario o Semplificato. Ciò significa che dal 1 Gennaio dell' anno successivo dovrai iniziare ad emettere regolari fatture con IVA, dovrai applicare l' eventuale Ritenuta d' acconto in fattura, e la tua tassazione sarà adesso regolamentata dagli scaglioni IRPEF e non più dall' Imposta Sostitutiva.

Non è prevista alcuna tolleranza di sforamento, quindi monitora costantemente il totale dei tuoi incassi durante l' anno per non ritrovarti spiacevoli sorprese improvvise.

Se dovessi quindi trovarti nella situazione di superamento del limite degli incassi di 65.000 Euro, sarai in ogni caso considerato nel Regime Forfettario fino al 31 Dicembre dello stesso anno a prescindere dal tuo fatturato prodotto. Quindi, ad esempio, se tu fossi un Professionista con un limite di incassi previsto dal regime Forfettario pari a 65.000 Euro, e dovessi incassare 80.000 Euro o anche 90.000 o 100.000 Euro nel 2019, durante tutto l' arco del 2019 continuerai ad essere considerato nel Regime Forfettario. Emetterai dunque regolare fattura esente dall' IVA e dalla Ritenuta d' Acconto. A Giugno del 2020 dovrai compilare ed inviare (tu o il tuo Commercialista) la Dichiarazione dei Redditi Modello UNICO dichiarante il totale dei tuoi compensi nel Regime Forfettario. Naturalmente dal 1 Gennaio 2020 inizierai ad emettere fatture secondo le regole del Regime Ordinario o Semplificato.

Ho voluto chiarire questo concetto perchè non è andata sempre così. Nel vecchio Regime dei Minimi, fino al 31 Dicembre 2015 quindi, superare del 50% il limite di fatturato imposto dal Regime stesso per la tua Attività, ti costringeva ad abbandonare il Regime dei Minimi nell' anno in corso.

Uscire dal Regime dei Minimi nell' anno in corso significava innanzitutto dover rettificare tutte le fatture emesse fino a quel momento, emettendole nuovamente secondo le regole del Regime Ordinario o Semplificato. Era necessario quindi rettificare ed inviare a tutti i Clienti le nuove fatture corrette e, nel caso in cui alcuni di questi avessero già portato in Contabilità le tue fatture, era necessario prima emettere regolare Nota di Credito sulla fattura precedente (quella emessa secondo le regole del Regime dei Minimi) e poi emettere quella corretta nel Regime Ordinario o Semplificato.

Inoltre, le fatture inizialmente emesse nel Regime dei Minimi erano esenti dall' IVA e dalla Ritenuta d' acconto, mentre le nuove fatture nel Regime Ordinario dovevano prevedere l' eventuale IVA e Ritenuta d' acconto. Il Contribuente che si ritrovava a superare del 50% il limite di fatturato previsto per il Regime dei Minimi aveva quindi l' obbligo di versare allo Stato l' IVA precedentemente non preventivata, versandola probabilmente di tasca propria.

Come ti dicevo nel Regime Forfettario la possibilità di uscire nell' anno in corso non è contemplata. Meglio però non abusare di questa novità, fatturare ben oltre il limite consentito potrebbe indurre infatti l' Agenzia delle Entrate ad adottare lo stesso comportamento riservato ai vecchi Minimi. Dunque se dovessi avere anche solo la possibilità da fatturare ben oltre il limite consentito (3 o 4 volte il limite ad esempio), ti consiglio di non aprire Partita IVA nel Regime Forfettario. Apri direttamente la tua Partita IVA nel Regime Ordinario o Semplificato.

Dal 1 Gennaio del 2020 il Regime Forfettario inserirà un' altra importante novità. Consentirà infatti a tutti i Contribuenti che dal 2020 otterranno un totale annuale di incassi più di 65.000 Euro, ma meno di 100.000 Euro (range 65.001 - 100.000) di poter ugualmente continuare a godere l' anno successivo del Regime Forfettario, sulla parte eccedente i 65.000 Euro verrà però applicata un0 Imposta Sostitutiva non più del 15% (o 5% in caso si Start-Up) bensì pari al 20%. Anche questa novità permetterà l' utilizzo del Regime Forfettario ad una platea sempre più ampia di Contribuenti.

Limite di fatturato per Partita IVA aperta durante l' anno
Il limite di fatturato stabilito dal Regime Forfettario pari a 65.000 Euro per tutte le Attività Economiche, è comunque un limite annuale, valido cioè per una Partita IVA attiva dal 1 Gennaio al 31 Dicembre dello stesso anno. È possibile però (anzi la maggior parte dei casi accade proprio così) che una Partita IVA non venga aperta il 1 Gennaio, ma in corso d' anno.

Qual' è quindi il fatturato possibile nel Regime Forfettario che non faccia correre rischi di esclusione dal Regime stesso?

L' Agenzia delle Entrate, tramite una delibera ufficiale, ha chiarito che che nel caso di Partita IVA nel Regime Forfettario aperta durante l' anno sarà necessario proporzionare il limite di fatturato, ai reali mesi di attività della Partita IVA.

Ciò significa che nel caso di Partita IVA aperta ad esempio il 1 Luglio, con limite massimo di fatturato pari a 65.000 Euro, il nuovo limite di incassi possibile per il primo anno di Attività dovrà essere calcolato proporzionandolo a 6 mesi di attività (Luglio, Agosto, Settembre, Ottobre, Novembre e Dicembre).

In questo caso dovrai quindi calcolare i giorni effettivi di attività, cioè i giorni compresi tra il 1 Luglio ed il 31 Dicembre, che sono esattamente 184. Basterà quindi impostare la seguente proporzione:

$$65.000 : 365 = X : 184$$
$$X = 184 \times 65.000 : 365$$

Il risultato sarà quindi pari a 32.767 Euro

Durante il primo anno di attività, nel caso di apertura della P IVA il 1 Luglio con limite 65.000 Euro, il limite di fatturato non sarà quindi pari a 65.000 Euro bensì a 32.767 Euro.

Naturalmente dal secondo anno in poi, nel caso di Partita IVA tenuta aperta dal 1 Gennaio al 31 Dicembre, sarà invece possibile usufruire del limite di fatturato complessivo di 65.000 Euro.

Dal momento che il limite dei ricavi possibili nel Regime Forfettario è stato livellato uguale per tutte le Attività Economiche, e pari a 65.000 Euro, non sarà più necessario calcolare il massimale di ogni singola Attività nell' eventuale presenza di più Codici ATECO all' interno della stessa Partita IVA. Anche questo aspetto è una novità del 2019, fino allo scorso anno non era infatti così.

Al momento dell' apertura della propria Partita IVA, ma anche successivamente, è consentito inserire più Codici ATECO all' interno della stessa con l' obbligo di determinare un Codice ATECO principale e uno o più di uno secondario. È possibile quindi sviluppare ad esempio un' Attività di Commercio al dettaglio (dove fino al 2018 il limite di ricavi annuali era pari a 50.000 Euro) e contemporaneamente un' attività Professionale, ad esempio di Consulente aziendale, per la quale era stato previsto un limite di ricavi annuali pari a 30.000 Euro.

L' Agenzia delle Entrate non ha specificato quale sia il numero di Codici ATECO secondari che è possibile inserire all' interno della stessa partita IVA, ma il Modello AA9-12 (necessario per aprire la Partita IVA) prevede 6 spazi per 6 Codici ATECO secondari diversi.

Dunque, nel caso di presenza di più Codici ATECO all' interno della stessa Partita IVA, la regola principale per determinare il limite di fatturato possibile in presenza di più Codici ATECO era individuare il Codice ATECO con il limite di fatturato più alto. Questo determinava il limite di fatturato totale possibile. Era prevista però un' altra regola: all' interno delle varie Attività ognuna non poteva superare il proprio limite di fatturato stabilito dal Regime Forfettario stesso. Quindi, Ipotizzando ad esempio una Partita IVA nel Regime Forfettario 2018 in possesso di 2 Codici ATECO differenti, uno destinato al Commercio all' ingrosso (limite di fatturato annuale 50.000 Euro) ed uno destinato ad attività di Consulenza Marketing (limite di fatturato annuale pari a 30.000 Euro), in questo caso il limite di fatturato complessivo era determinato dall' Attività con limite di fatturato più alto e cioè 50.000 Euro (Commercio all' ingrosso). Non era però ugualmente consentito all' Attività di Consulenza fatturare più di 30.000 Euro, in caso contrario si riteneva superato il limite di fatturato interno dell' attività e si era obbligati ad abbandonare il Regime Forfettario dal 1 Gennaio dell' anno successivo. Era invece consentito fatturare ad esempio 30.000 Euro da Attività di Consulenza e 20.000 Euro da Attività di Commercio oppure

40.000 Euro da Attività di Commercio e 10.000 Euro da Attività di Consulenza.

Insomma, l' aumento dei limiti di ricavi annuali pari a 65.000 Euro per tutte le Attività Economiche è stata una vera e propria manna dal cielo!

3.4 COSA SCARICARE CON IL REGIME FORFETTARIO

"Nel Regime Forfettario non si può scaricare nulla"

Questa frase l' avrò sentita un migliaio di volte, ma in verità non è affatto così. Il Regime Forfettario già dal 2015 ha introdotto un innovativo metodo di calcolo dei Costi Aziendali differente da tutti gli altri Regime Fiscali. In tutti gli altri Regimi Fiscali infatti (Regime dei Minimi, Regime Ordinario o Semplificato) per calcolare i propri Costi Aziendali basta sommare tutte le fatture di acquisto di beni o servizi, facendo attenzione alla percentuale di detrazione.

Infatti alcuni costi Aziendali in questi altri Regimi Fiscali sono scaricabili al 100% (affitto del locale o dell' ufficio, macchinari, arredamento d' ufficio, cancelleria, materie prime ecc..), altri costi definiti Promiscui invece al 50% o in altre percentuali (utenze dei cellulari, spese di carburante, affitto del proprio appartamento che è anche sede della propria attività, ecc).

Nel Regime Forfettario vigono invece altre regole. Lo Stato ha infatti stabilito un nuovo particolare metodo di calcolo dei Costi Aziendali. Questi costi non saranno quindi determinati dagli acquisti aziendali effettuati durante l' anno e dimostrabili da fattura o ricevuta, bensì saranno calcolati in modo ipotetico applicando delle percentuali di Costi Forfettari, stabilite a tavolino, sul Fatturato Lordo. Queste percentuali, dette Coefficienti di

Redditività, sono differenti per tutte le Attività Economiche esistenti.

In pratica non sarà più fiscalmente importante quanti Costi Aziendali effettivi verranno intrapresi nell' anno, ma basterà applicare un coefficiente al proprio Fatturato Lordo, detto Coefficiente di Redditività, per determinare la quantità di Costi aziendali che sarà possibile "scaricare". Questi Coefficienti di Redditività saranno diversi in base alle diverse Attività Economiche.

Come mai lo Stato ha deciso di attribuire percentuali di Costi Forfettari diversi ad Attività diverse? Questa scelta (corretta secondo me) segue una logica ben precisa, lo Stato infatti ha ipotizzato che tutte le diverse Attività Economiche sostengano Costi Aziendali differenti l' una dall' altra. Quindi è abbastanza logico presupporre che i Costi Aziendali intrapresi da un Professionista che incassi 10.000 Euro siano minori rispetto ai Costi Aziendali sostenuti da un Commerciante che incassi la stessa cifra. Quest' ultimo avrà la necessita ad esempio di acquistare i prodotti da vendere, sostenere delle spese di spedizione, ecc. Ecco il motivo per il quale sono stati istituiti diversi Coefficienti di Redditività, catalogati secondo i vari Codici ATECO che caratterizzano tutte le Attività Economiche esistenti. Li elenco nello specifico:

- Industrie alimentari e delle bevande - Sono inclusi in questa categoria i Codici ATECO 10, 11; il Coefficiente di Redditività è pari al 40% del Fatturato Lordo
- Commercio all' ingrosso e al dettaglio - Sono inclusi in questa categoria i Codici ATECO 45, da 46.2 a 46.9, 47.1 a 47.7, 47.9; il Coefficiente di Redditività è pari al 40% del Fatturato Lordo

- Commercio ambulante di prodotti alimentari e bevande - Sono inclusi in questa categoria i Codici ATECO 47.81; il Coefficiente di Redditività è pari al 40% del Fatturato Lordo
- Commercio ambulante di altri prodotti - Sono inclusi in questa categoria i Codici ATECO 47.82, 47.8; il Coefficiente di Redditività è pari al 54% del Fatturato Lordo
- Costruzioni e attività immobiliari - Sono inclusi in questa categoria i Codici ATECO 41, 42, 43, 68; il Coefficiente di Redditività è pari all' 86% del Fatturato Lordo
- Intermediari del commercio - Sono inclusi in questa categoria i Codici ATECO 46.1; il Coefficiente di Redditività è pari al 62% del Fatturato Lordo
- Attività dei servizi di alloggio e di ristorazione - Sono inclusi in questa categoria i Codici ATECO 55, 56; il Coefficiente di Redditività è pari al 40% del Fatturato Lordo
- Attività Professionali, Scientifiche, tecniche, sanitarie, di Istruzione, servizi Finanziari ed assicurativi - Sono inclusi in questa categoria i Codici ATECO 64, 65, 66, 69, 70, 71, 72, 73, 74, 75, 85, 86, 87, 88; il Coefficiente di Redditività è pari al 78% del Fatturato Lordo
- Altre attività economiche - Sono inclusi in questa categoria i Codici ATECO 1, 2, 3, 5, 6, 7, 8, 9, da 12 a 33, 35, 36, 37, 38, 39, da 49 a 53, da 58 a 63, da 77 a 82, 84, da 90 a 99; il Coefficiente di Redditività è pari al 67% del fatturato Lordo

Come si calcolano i Costi Forfettari

Calcolare i Costi Forfettari sarà necessario per determinare il Reddito Lordo sul quale calcolare poi le tasse ed i Contributi Previdenziali. Cercherò quindi di spiegarti con un esempio pratico come si calcolano i Costi Forfettari.

Il primo passo da compiere sarà quello di individuare il proprio Coefficiente di Redditività. Questo come abbiamo visto dipende dal proprio Codice ATECO. Ipotizziamo ad esempio un Avvocato (Codice ATECO 69.10.10): secondo la tabella precedente avrà un Coefficiente di Redditività pari al 78%. Dopo avere identificato il proprio Coefficiente di Redditività, il secondo passo da compiere sarà quello di applicare questo Coefficiente sul proprio Fatturato Lordo. Ipotizziamo che il totale dei compensi o ricavi annuali (può ad esempio coincidere con il fatturato 2019) dell' Avvocato sia pari a 20.000 Euro. Bisognerà dunque calcolare il Coefficiente di Redditività del 78% su 20.000 Euro. Il risultato, 15.600 Euro, rappresenterà quindi il Reddito Lordo dell' Avvocato. La differenza tra 20.000 Euro meno 15.600 rappresenteranno dunque i Costi Forfettari dell' Avvocato che dunque saranno pari a 5.400 Euro. Questa cifra rappresenterà quindi la quota di Costi Aziendali ipotetica. E' possibile che il nostro Avvocato abbia sostenuto Costi Aziendali effettivi minori a 5.400 Euro per ottenere il suo Fatturato Lordo di 20.000 Euro, in questo caso sarà ancora più conveniente per lui avere aderito al Regime Forfettario, perché scaricherà una percentuale di Costi Aziendali addirittura maggiore rispetto a quelli effettivamente sostenuti. Può succedere naturalmente anche il caso inverso, cioè che il nostro Avvocato sostenga Costi Aziendali superiori a 5.400 Euro, in questo caso però risulterà penalizzato, in quanto sarà impossibile per lui "scaricare" oltre quella cifra.

Adesso ipotizziamo il calcolo dei Costi Forfettari di un Commerciante al dettaglio. Ipotizziamo fatturi/incassi 40.000 Euro in un anno. Anche in questo caso il primo passo da compiere sarà quello di identificare il Coefficiente di Redditività relativo al proprio Codice ATECO. Il Coefficiente di Redditività per un Commerciante al dettaglio sarà pari al 40% del Fatturato Lordo, bisognerà quindi applicare questo Coefficiente al totale dei compensi o degli incassi annuali per identificare il corrispondente Reddito Lordo. 40.000 – 40% = 16.000 Euro. Il Reddito Lordo sarà quindi pari a

16.000 Euro, di conseguenza i Costi Aziendali Forfettari del Commerciante saranno pari a 24.000 Euro (40.000 Euro - 16.000 Euro).

Come avrai avuto modo di notare, più basso è il Coefficiente di Redditività, più alti saranno i Costi Forfettari e minore sarà il Reddito Lordo sul quale calcolare tasse e Contributi Previdenziali. Al contrario, più alto sarà il Coefficiente di Redditività (nella Categoria dei Professionisti ad esempio questo Coefficiente è tra i più alti), minori saranno i Costi Forfettari e maggiore sarà il Reddito Lordo sul quale pagare le proprie tasse ed i propri Contributi Previdenziali.

A cosa serviranno quindi le varie fatture di acquisto dei prodotti o servizi acquistati per la propria Attività? A nulla!
Dato che nel Regime Forfettario non saranno dedotti i Costi aziendali sostenuti nell' anno dimostrabili con fattura, ma semplicemente i Costi Forfettari determinati tramite il Coefficiente di Redditività, non sarà necessario in alcun modo dimostrare le spese sostenute. Non dovrai neanche consegnare le eventuali fatture di acquisto al tuo Commercialista/Consulente, in quanto questi verranno determinati applicando i vari Coefficienti solo sul totale dei ricavi sostenuti. Avrai comunque l' obbligo di conservare eventuali fatture o ricevute di acquisto di prodotti o servizi per i futuri 5 anni dal giorno di rilascio come qualsiasi altro documento contabile.

Oltre ai Costi Forfettari, nel Regime Forfettario sarà possibile scaricare esclusivamente solo i Contributi Previdenziali pagati nell' anno di imposta.

Scaricare i Contributi INPS nel Regime Forfettario
Dal proprio fatturato annuale, oltre ai Costi Forfettari decisi dai vari Coefficienti di Redditività, sarà possibile detrarre anche i Contributi Previdenziali pagati all' INPS o al proprio Albo di appartenenza nell' anno di imposta.

Tutti i Commerciati e gli Artigiani, ad esempio, potranno portare in detrazione i Contributi Minimali pagati trimestralmente alla Gestione Commercianti o alla Gestione Artigiani INPS, ed anche eventualmente i Contributi eccedenti il minimale. Anche i Professionisti iscritti ad un Albo professionale potranno portare in detrazione i versamenti del Contributo Soggettivo e del Contributo Integrativo versati annualmente alla propria cassa di riferimento. Anche ai Professionisti iscritti alla Gestione Separata INPS è concesso la detrazione dei Contributi versati.

Per tutte e 3 le categorie vige però una regola: è necessario che i vari Contributi previdenziali siano versati nell' anno di imposta.
Un Professionista senza albo di riferimento iscritto alla Gestione Separata INPS, ad esempio, durante il primo anno di apertura della Partita IVA non verserà Contributi INPS, in quanto saranno dovuti per la prima volta a Giugno dell' anno successivo. Questo significa che, durante la prima Dichiarazione dei Redditi relativa all' anno di apertura di P. IVA, non gli sarà consentito detrarre eventuali Contributi INPS dal proprio fatturato in quanto non pagati nell' anno di imposta. Potrà invece regolarmente detrarli dal secondo anno di Attività in poi.
Analizziamo adesso cosa non è consentito scaricare con il Regime Forfettario.

Cosa non è consentito scaricare nel Regime Forfettario
Abbiamo già accennato all' impossibilità di scaricare, nel Regime Forfettario, i Costi aziendali conseguiti nell' anno dato che questi sono già stati decisi a tavolino dallo stato con i Costi Forfettari. Non sarà quindi possibile scaricare ad esempio:

- Eventuale affitto di sede dell' attività e relative utenze.
- Acquisto di macchinari, materie prime, o qualsiasi bene utile all' attività.
- Spese per dipendenti o collaboratori.
- Spese di trasporto, spostamenti, vitto e alloggio per trasferte, ecc.

Tutte queste spese verranno quindi ipoteticamente inglobate nei Costi Forfettari stabiliti dallo stato in base ai Codici ATECO delle varie Attività svolte.

Nel Regime Forfettario non sarà inoltre possibile usufruire di tutte le detrazioni e deduzioni personali utilizzabili ad esempio nel Modello 730 o nel Regime Ordinario o Semplificato. Non sarà possibile infatti dedurre eventuali:

- Detrazioni per figli o familiari a carico.
- Spese sanitarie, mediche o veterinarie.
- Spese di istruzione, assicurazioni personali.
- Spese di interessi per mutuo, o spese per ristrutturazioni, ecc.

In verità tutte queste restrizioni hanno una logica. Nel Regime Forfettario l' aliquota IRPEF è già ridotta nella percentuale del 5% per i primi 5 anni, 15% dal sesto anno in poi, contro una percentuale IRPEF ordinaria che di solito è compresa tra il 23% ed il 42%. Data la percentuale già esigua, lo Stato non permette alcuna detrazione o deduzione sull' IRPEF del Regime Forfettario.

Esistono però delle eccezioni. Tutti i titolari di Partita IVA che hanno aderito al Regime Forfettario ma che allo stesso tempo sono in possesso di un secondo reddito IRPEF, come ad esempio reddito da lavoro dipendente a tempo determinato o indeterminato, reddito da pensione, reddito da affitti o da Prestazione Occasionale, potranno continuare a godere di tutte le deduzioni o detrazioni citate sopra applicandole quindi a questo secondo reddito IRPEF percepito. Ma quindi, dato che non è possibile scaricare queste spese, è davvero conveniente utilizzare il Regime Forfettario? la risposta è sempre la stessa, dipende! Analizziamo adesso i casi in cui converrà aderire al Regime Forfettario ed i casi invece in cui risulterà più conveniente aderire al Regime Ordinario o Semplificato.

Conviene aderire al Regime Forfettario?

Conviene quindi aderire al Regime Forfettario, e quindi ad un Regime Fiscale che non permette di scaricare i Costi Aziendali realmente sostenuti ma soltanto dei Costi aziendali ipotetici?

Come già accennato, il Regime Forfettario ha previsto dei Coefficienti di Redditività, e quindi una quantità di costi scaricabili, diversa per ogni tipo di Attività esistente. I Commerciati hanno ad esempio un Coefficiente di redditività pari al 40%, così come tutte le attività legate al mondo della ristorazione ed alle strutture ricettive, gli Artigiani hanno un Coefficiente pari al 67%, i Professionisti, come già anticipato, pari al 78%.

Per capire quindi se il Regime Forfettario risulta conveniente per la propria Attività rispetto ad un Regime Ordinario o Semplificato, bisognerà in primo luogo effettuare un' analisi ipotetica del proprio fatturato annuale e dei possibili Costi Aziendali che si dovranno intraprendere nell' anno. Sara utile includere tra i Costi aziendali tutte le possibili spese ipotizzabili in un anno, come ad esempio affitti ed utenze, spese per collaboratori o dipendenti, acquisti di materie prime, prodotti elettronici, cartoleria, spese di trasferta, pranzi e cene fuori.

In secondo luogo bisognerà effettuare la differenza tra il fatturato ipotetico realizzabile in un anno e i possibili Costi aziendali che dovranno essere intrapresi nello stesso anno. Sarà poi necessario confrontare questo risultato con lo stesso derivante invece dal calcolo dei Costi Forfettari sullo stesso ipotetico fatturato.

Nel caso in cui un Professionista, Commerciante o Artigiano dovesse possedere tutti i requisiti per aderire al Regime Forfettario ma, allo stesso tempo, dovesse riscontrare che i Costi Aziendali reali potrebbero risultare molto più alti da quelli riconosciuti come Costi Forfettari allora dovrebbe prendere in considerazione la possibilità di scegliere il Regime Ordinario o Semplificato anziché quello Forfettario.

A mio parere sarà necessario distinguere 3 casi.

Ipotizziamo un Freelance con Codice ATECO appartenente alle Categorie Professionali che abbia tutti i requisiti per aderire al Regime Forfettario. Nel caso di adesione a questo Regime avrebbe riconosciuta una percentuale di Costi Forfettari pari al 22% del fatturato annuale. Ipotizzando quindi un fatturato pari a 30.000 Euro, i Costi Aziendali riconosciuti nel Regime Forfettario al Freelance sarebbero quindi pari a 6.600 Euro. Analizziamo adesso i casi in cui sarà conveniente optare per il Regime Forfettario ed i casi in cui risulterà più conveniente optare per il Regime Ordinario o Semplificato.

1) Costi Aziendali reali inferiori o pari a 6.600 Euro.

Nel caso in cui i Costi Aziendali effettivamente sostenuti dovessero risultare inferiori (o pari) a 6.600 Euro, il Freelance in questione avrà tutta la convenienza di scegliere di aderire al Regime Forfettario. Oltre a godere di tutti i vantaggi fiscali e contabili di questo Regime di vantaggio vedrà riconosciuta una percentuale di Costi Aziendali addirittura superiore a quella realmente spesa. Pagherà quindi meno tasse di quelle "realmente" dovute.

2) Costi Aziendali reali superiori a 6.600 Euro ma inferiori al 50% dei compensi.

Nel caso in cui invece i Costi Aziendali reali risultassero superiori alla percentuale massima di deduzione ma risultassero in ogni caso inferiori al 50% del totale dei compensi annuali, a mio parere continuerà ad essere conveniente ancora l' applicazione del Regime Forfettario. In questa ipotesi infatti, se da un lato è vero che il Freelance si ritroverà a pagare delle tasse su un Reddito Lordo superiore a quello effettivamente incassato, dall' altro potrà godere di una tassazione molto più vantaggiosa rispetto a quella del Regime Ordinario che continua a far pendere anche in questo caso la lancetta della convenienza sulla scelta del Regime Forfettario. Una percentuale di fatturato tassato in più sarà infatti compensata da: una tassazione più bassa, dall' esenzione dall' IVA, dall' esenzione dalla Ritenuta d' Acconto, dall' esenzione dall' IRAP e dalle addizionali all' IRPEF, dall' esenzione dagli studi di settore e dall' obbligo di registrazione delle fatture. Tanti vantaggi in più che giustificheranno ugualmente la scelta di aderire al Regime Forfettario.

3) Costi Aziendali reali superiori al 50% dei compensi.
Questo terzo caso rappresenta l' unico caso in cui sarà oggettivamente più conveniente optare per il Regime Ordinario o Semplificato nonostante si posseggano tutti i requisiti per aderire al Regime Forfettario, cioè la presenza di Costi Aziendali reali superiori al 50% del totale dei compensi annuali. Una quantità di Costi Aziendali così elevata farà infatti pendere la bilancia della convenienza sul Regime Ordinario dove sarà possibile poter scaricare tutti i costi sostenuti abbattendo in modo rilevante il fatturato prodotto.

Per verificare la reale convenienza circa l' adesione al Regime Forfettario dovrai quindi ipotizzare l' ammontare dei tuoi ricavi, l' ammontare dei tuoi Costi Aziendali totali e rapportare questi totali, confrontandoli con i Costi ipotetici riconosciuti dal Regime Forfettario. Ti consiglio di effettuare queste ipotesi con l' aiuto ed il supporto in un Commercialista o Consulente preparato che possa consigliarti al meglio sulla scelta del tuo Regime Fiscale che ti ripeto condizionerà nell' anno di apertura della tua Partita IVA e negli anni futuri la percentuale delle tue tasse, l' ammontare dei tuoi obblighi fiscali ed in alcuni casi anche l' ammontare dei tuoi Contributi Previdenziali.

3.5 LAVORATORE DIPENDENTE E PARTITA IVA

Al giorno d' oggi sono tantissimi i Lavoratori Dipendenti che vogliono intraprendere una seconda attività lavorativa come Liberi Professionisti. Alcuni di loro intraprendono questa scelta perchè hanno la consapevolezza che dovranno prima o poi interrompere il rapporto lavorativo con la propria Azienda, altri invece sentono semplicemente l' esigenza di avere un redito secondario aggiuntivo.

È possibile quindi aprire una Partita IVA nel Regime Forfettario nonostante la presenza di un contatto da dipendente a tempo determinato o indeterminato? La risposta è si!

La condizione principale per poter aprire una Partita IVA nel Regime Forfettario è non aver percepito un Reddito Lordo da lavoro dipendente o assimilato (come ad esempio reddito da pensione) nell' anno precedente superiore a 65.000 Euro. Per analizzare il Reddito lordo percepito sarà necessario identificare questo dato all' interno della Certificazione Unica rilasciata dal proprio Sostituto d' imposta alla voce "reddito da lavoro dipendente e assimilati". Se questo dato dovesse essere superiore a 65.000 Euro non sarà possibile aprire una Partita IVA nel Regime Forfettario, sarà però possibile aprire un' eventuale Partita IVA nel Regime Ordinario o Semplificato.

Nel caso di presenza di più Certificazioni Uniche ricevute nell' anno precedente, dunque nel caso si fossero percepiti più redditi da più Sostituti di Imposta, sarà necessario sommare i rediti Lordi in esse contenute per verificare di essere in possesso dei requisiti di accesso al Regime Forfettario. Anche in questo caso, se la somma dei Redditi Lordi nelle varie Certificazioni Uniche dovesse essere superiore a 65.000 Euro non sarà possibile aprire una Partita IVA nel Regime Forfettario.

Esiste però un' eccezione. Se il Reddito da lavoro dipendente, nonostante risulti superiore a 65.000 Euro lordi, dovesse essere cessato nell' anno allora non risulterebbe ostativo all' apertura di una Partita IVA nel Regime Forfettario.

Esempio. Ipotizziamo un Contribuente che nel 2019 abbia intenzione di aprire una Partita IVA nel Regime Forfettario. Ipotizziamo anche che il Contribuente abbia percepito redditi da lavoro dipendente pari a 75.000 Euro nel 2018, in questo caso non potrà aprire Partita IVA nel Regime Forfettario. Se il contratto da lavoro dipendente però risultasse cessato entro la data del 31 Dicembre 2018, allora il Contribuente avrà la possibilità di aprire una Partita IVA nel Regime Forfettario nonostante nell' anno precedente abbia percepito più di 65.000 Euro lordi. Se invece il contratto da dipendente dovesse risultare cessato ad esempio a Gennaio 2019, il contribuente dovrà attendere il 2020 per poter aderire al Forfettario.

La differenza sostanziale tra il possesso di solo reddito da Lavoro Dipendente o il possesso di un reddito promiscuo comprendente lavoro Dipendente e Partita IVA è data dalla scelta del modello dichiarativo per la propria Dichiarazione dei Redditi. Un Lavoratore Dipendente, possessore di solo reddito da dipendente, dichiarerà infatti i propri redditi utilizzando il Modello 730. Un Lavoratore Dipendente invece contemporaneamente titolare di una Partita IVA non dovrà utilizzare il Modello 730 per la propria Dichiarazione dei Redditi bensì il Modello UNICO. All' interno di questo modello dichiarativo sarà quindi necessario indicare i redditi percepiti dal proprio lavoro dipendente ed allo stesso tempo i redditi percepiti da Partita IVA. Questi ultimi, in caso di adesione al Regime Forfettario, dovranno essere indicati all' interno del quadro LM dello stesso Modello UNICO.

Una delle note positive relative all' adesione al Regime Forfettario è data dal fatto che i redditi promiscui (reddito da Lavoro Dipendente e reddito da Partita IVA) non verranno cumulati tra di loro per il calcolo delle imposte, ogni reddito sarà tassato secondo la propria aliquota IRPEF. Il reddito percepito da Lavoro Dipendente continuerà ad avere le stesse trattenute e la stessa tassazione di sempre mensilmente in busta paga, il reddito da Partita IVA invece sarà tassato applicando la percentuale IRPEF di vantaggio e cioè con l' Imposta Sostitutiva del 5% o del 15% in base al possesso o meno dei requisiti di Start-up.

In alcuni casi anche il calcolo dei Contributi Previdenziali INPS sarà condizionato dalla presenza o meno di un reddito da lavoro dipendente. Ad esempio, tutti i Contribuenti che decideranno di aprire una Partita IVA per sviluppare un' Attività rientrante nelle Categorie degli Artigiani o Commercianti saranno obbligati al versamento di una quota minimale di Contributi INPS Gestione Commercianti/Artigiani pari a circa 3.600 Euro (salvo richiesta di riduzione del 35%) ed una percentuale di Contributi INPS a percentuale in base al reddito prodotto. I Contribuenti però in possesso contemporaneamente di un contratto di lavoro dipendente full time, pari quindi a 40 ore settimanali, potranno richiedere l' esenzione dal versamento dei Contributi INPS Gestione Commercianti/Artigiani, saranno quindi tenuti soltanto al pagamento dell' Imposta Sostitutiva. Coloro invece in possesso di un reddito da pensione potranno godere dell' abbattimento del 50% dei Contributi Minimali della Gestione Commercianti o Artigiani INPS.

Anche i Professionisti iscritti alla Gestione Separata INPS e contemporaneamente in possesso di un reddito da lavoro dipende full time potranno godere di alcuni vantaggi, benché molto più limitati. I Professionisti infatti vedranno ridursi la percentuale di Contribuzione INPS in Gestione Separata dal 25,72% al 24%.

Come già spiegato precedentemente, il requisito per poter accedere al Regime Forfettario è quello di non aver percepito redditi lordi da lavoro dipendete o assimilato superiori a 65.000 Euro nell' anno precedente. Per continuare a godere dei vantaggi offerti dal Regime Forfettario è necessario che questo requisito venga rispettato nel tempo. Può capitare infatti di ottenere degli aumenti in busta paga o, meglio ancora, di essere assunti da aziende differenti. In questo caso è bene monitorare costantemente il reddito lordo percepito come Dipendente. Se questo, anche negli anni successivi all' apertura della Partita IVA, dovesse superare il limite di 65.000 Euro lordi costringerà il Contribuente a dover abbandonare il Regime Forfettario dal 1 Gennaio dell' anno successivo e a dover obbligatoriamente aderire al Regime Ordinario o Semplificato.

Chiunque decida di aprire Partita IVA nel Regime Forfettario dovrà rispettare un altro limite: non sarà possibile fatturare in modo prevalente (oltre il 50% del proprio fatturato) verso il proprio ex datore di lavoro nei primi 2 anni di Attività.

3.6 DAL REGIME DEI MINIMI AL REGIME FORFETTARIO 2019

La Riforma che ha introdotto il Regime Forfettario nel 2015, poi modificata nel 2019 con le novità apportata dall'ultima Legge di Bilancio 2019, non è retroattiva. Chi ha aperto una Partita IVA nel Regime dei Minimi prima dal 1 Gennaio 2016 potrà dunque continuare ad utilizzare questo Regime fino alla sua scadenza naturale. Il Regime dei Minimi infatti, al contrario del Regime Forfettario, ha una scadenza e si può utilizzare infatti per 5 anni o fino al raggiungimento dei 35 anni di età.

Ad esempio, un Professionista che ha aperto la propria Partita IVA nel Regime dei Minimi nel 2015 all' età di 25 anni potrà continuare ad utilizzare questo Regime Agevolato fino all' età di 35 anni, per cui fino al 2025. Un Professionista invece che ha aperto la propria Partita IVA nel Regime dei Minimi nel 2015 all' età di 50 anni potrà utilizzare questo Regime per 5 anni, per cui fino al 2019.
Quando si è obbligati, per scadenza del Regime, ad uscire dal Regime dei Minimi è possibile aderire al Regime Forfettario se si disporrà di tutti i requisiti per farlo. Se non si dovessero avere i requisiti l' unica soluzione sarà quella di aderire al Regime Ordinario o Semplificato.

Per aderire al Regime Forfettario è necessario non aver ricevuto ricavi o compensi da Partita IVA, o non aver ricevuto redditi da lavoro dipendente, superiori a 65.000 Euro nell' anno precedente.
Se si dispone di queste caratteristiche sarà possibile accedere al Regime Forfettario.
Anzi diventerà il Regime di destinazione naturale.
Basterà quindi emettere la prima fattura dell' anno nel Regime Forfettario. Per far ciò è necessario inserire in tutte le fatture emesse la seguente dicitura: *Operazione fuori campo IVA ai sensi dell'art. 1, commi 54-89, L. 23/12/2014, n. 190 "Prestazione non*

soggetta a ritenuta d'acconto ai sensi del comma 5.2 del Provvedimento Agenzia delle entrate del 22.12.2011 n. 185820. Nessuna comunicazione all' Agenzia delle Entrate quindi, nessuna comunicazione all' INPS, nessuna comunicazione in Camera di Commercio. Ti basterà iniziare a fatturare inserendo in fattura le diciture del Regime Forfettario ed il gioco è fatto!

Naturalmente dopo aver effettuato 5 anni all' interno del Regime dei Minimi, la tassazione non sarà più quella del 5%, ma si passerà direttamente nel Regime Forfettario ad una tassazione del 15%.

Ciò che differirà sarà principalmente il metodo di calcolo dei propri Costi Aziendali scaricabili: mentre nel Regime dei Minimi è possibile portare in detrazione tutti i Costi Aziendali sostenuti nell' anno, nel Regime Forfettario il Contribuente potrà scaricare esclusivamente i Costi Forfettari, stabiliti in base al proprio Codice ATECO, ed eventuali Contributi Previdenziali pagati nell' anno.

Passare dal Regime Ordinario al Regime Forfettario. Sarà possibile effettuare il passaggio dal Regime Ordinario al Regime Forfettario in presenza di determinati requisiti. Il requisito principale è naturalmente il totale dei ricavi percepiti nell' anno precedente. Un Contribuente nel Regime Ordinario o Semplificato che ha ottenuto ricavi inferiori a 65.000 Euro nell' anno precedente potrà decidere di aderire al Regime Forfettario dal 1 Gennaio dell' anno successivo. Anzi, il Regime Forfettario diverrà dal 1 Gennaio il "Regime naturale", anche in questo caso non servirà alcuna comunicazione all' Agenzia delle Entrate, basterà iniziare ad emettere le prime fatture seguendo le regole del Forfettario.
Oltre alla fattibilità dell' operazione bisognerà valutare la sua convenienza. Bisognerà infatti valutare, aiutandosi con un bilancio degli anni precedenti, la convenienza nell' attuare un calcolo dei Costi Aziendali forfettario al posto del classico calcolo dei Costi

Aziendali del Regime Ordinario o Semplificato. Per questo ti rimando a pagina **131** (conviene aderire al Regime Forfettario)

È possibile naturalmente effettuare il passaggio contrario, cioè passare dal Regime Forfettario al Regime Ordinario o Semplificato. È obbligatorio effettuare questo passaggio il 1 Gennaio dell' anno successivo qualora non si dovesse essere più essere in possesso di uno dei requisiti per aderire al Forfettario, ma è anche possibile che la scelta avvenga anche in presenza di tutti i requisiti per una mera convenienza economica.

Anche in questo caso ti rimando pagina 131 (conviene aderire al Regime Forfettario) . Ti ricordo che il passaggio da un Regime all' altro non potrà essere effettuato durante il corso dell' anno, ma dovrà avvenire sempre il 1 gennaio dell' anno successivo.

3.7 OPERAZIONI CON L' ESTERO

Cosa deve fare un Contribuente che applica il Regime Forfettario quando effettua operazioni con l' estero? Il Regime Forfettario rispetto al "vecchio" Regime dei Minimi ha introdotto la possibilità di aver rapporti di acquisto/cessione di beni e servizi con l' estero.
Il primo passo da compiere sarà quello di iscrivere la propria Partita IVA al VIES. L' elenco VIES (Vat Information Excange System) non è altro che un sistema di scambio dati effettuato tra tutti i paesi membri dell' Unione Europea e serve a contrastare frodi ed evasioni fiscali. Il VIES infatti è stato istituito per mettere a disposizione di tutte le aziende che operano in Europa un vasto sistema informatico in cui è possibile controllare in tempo reale l' esistenza e la regolarità di una Partita IVA comunitaria. In questo modo un' azienda italiana che riceve un ordine da una società francese, prima di stringere l' accordo, avrà la possibilità di controllare che la Partita IVA del Cliente francese sia regolarmente iscritta e risulti regolare secondo quanto stabilito dalle disposizioni

Comunitarie. Sarà possibile iscrivere la propria partita IVA al VIES direttamente al momento dell' apertura della Partita IVA stessa o successivamente tramite il sito dell' Agenzia delle Entrate.

In questo secondo caso sarà necessario prima possedere gli accessi al propio Cassetto Fiscale (ne abbiamo parlato nel paragrafo dedicato al Cassetto Fiscale ed al Cassetto Previdenziale). Una volta effettuato l' accesso al portale dell' Agenzia delle Entrate basterà seguire questa procedura:

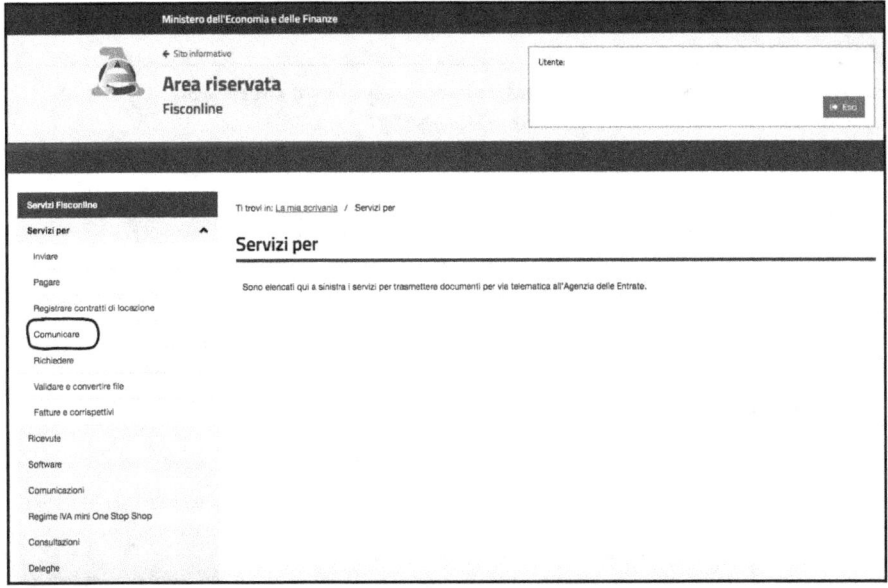

Immagine 23. Dopo aver effettuato il login sul portale dell Agenzia delle Entrate, dovrai cliccare in alto a sinistra su "Servizi per" e successivamente su "Comunicare"

www.regime-forfettario.it

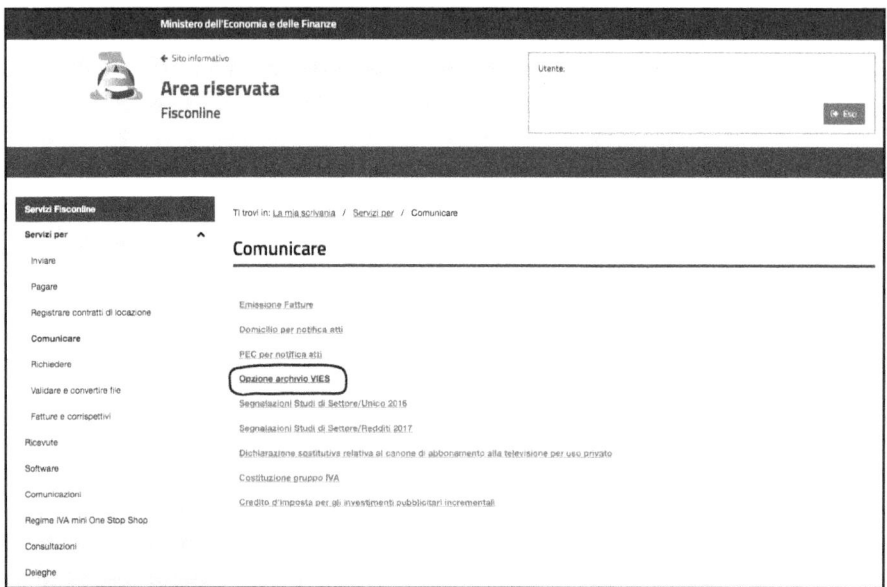

Immagine 24. Nella schermata successiva dovrai cliccare su "Opzione archivio VIES"

Immagine 25. Adesso selezionare l' opzione "Comunicazione di inclusione", inserire il proprio numero di Partita IVA in basso e poi cliccare su "Invia"

L' iscrizione al VIES sarà immediata, e dallo stesso giorno dall' iscrizione sarà possibile acquistare o cedere prodotti o servizi con tutti gli stati dell' Unione Europea (UE).

Analizziamo adesso i vari casi possibili, e cioè: cessioni di beni verso l' estero, acquisto di beni dall' Unione Europea, prestazioni di servizi resi o prestazioni di servizi ricevuti.

Cessione di beni: in questo caso si applica l' art. 41, comma 2-bis del Decreto Legge 33/1993. Con l' applicazione di questo articolo deriva che le vendite di beni effettuate da Soggetti che hanno aderito al Regime Forfettario non saranno qualificate come cessioni intra-comunitarie. Possiamo quindi intendere la cessioni di beni effettuata da un Contribuente nel Regime Forfettario ad un acquirente all interno dell' Unione Europea come una vera e propria operazione nazionale, pertanto il Contribuente Forfettario non assoggetterà ad IVA la vendita e riporterà in fattura la dicitura "la seguente operazione non costituisce cessione intra-comunitaria, ai sensi del' articolo 41, comma 2, del D.L. n. 331/93". Inoltre per cessioni di beni non andrà presentata con cadenza trimestrale il Modello INTRASTAT per la cessione dei beni.

Acquisto di beni dall' Unione Europea: Se un Contribuente nel Regime Forfettario dovesse acquistare dei beni da un' impresa residente in uno degli stati dell' Unione Europea potrà trovarsi in uno dei due seguenti casi:

1. Gli acquisti fino alla soglia di 10.000 Euro annui saranno assoggettavi ad IVA nello Stato di provenienza. Questo significherà che il Contribuente nel Regime Forfettario dovrà comunicare al proprio fornitore localizzato un un altro Stato dell' UE che la vendita nei suoi confronti dovrà essere calcolata in quel Paese almeno fino a quando non avrà superato la soglia di 10.000 Euro annuali di acquisti

2. Se gli acquisti da un' impresa residente in uno Stato dell' Unione Europea dovessero superare i 10.000 Euro nel corso dell' anno ne consegue l' obbligo di ricevere una fattura senza IVA. Il Contribuente nel Regime Forfettario dovrà quindi procedere all' integrazione della fattura con l' aliquota IVA e dovrà provvedere a versarla allo Stato. Il versamento dell' IVA dovrà avvenire entro il giorno 16 del mese successivo a quello dell' acquisto e dovrà essere predisposto ed inviato anche il Modello INTRASTAT.

Questi sono i possibili casi che si potranno riscontrare in caso di acquisto o cessione di beni verso un paese membro dell' Unione Europea. Vediamo invece cosa accadrà in caso di acquisti o cessioni di servizi.

Prestazioni di servizi resi: Nel caso in cui un Contribuente nel Regime Forfettario dovesse effettuare una prestazione di servizi verso un' impresa residente in uno Stato dell' Unione Europea dovrà emettere una fattura senza IVA indicando la frase "inversione contabile" (o "reverse change"). Se l' azienda cliente dovesse avere sede in uno dei paesi dell' Unione Europea dovrà integrare l' IVA in fattura e dovrà versarla nel proprio Stato, se invece l' azienda cliente dovesse risiedere in uno Stato al di fuori dell' Unione Europea allora sarà obbligatorio a compilare ed inviare il Modello INTRASTAT.

Prestazione di sevizi ricevuti: Nel caso in cui un Contribuente nel Regime Forfettario dovesse ricevere una prestazione di servizi da un' impresa o Professionista residente in uno degli Stati dell' Unione Europea riceverà una fattura senza IVA con l' indicazione "inversione contabile". Dovrà quindi provvedere ad integrare la fattura dell' aliquota IVA completando il versamento della stessa entro il 16 del mese successivo all' acquisto. Anche in questo caso sarà necessario compilare ed inviare il Modello INTRASTAT.

Ma cosa è il Modello INTRASTAT? Il Modello INTRASTAT è una dichiarazione che riporta le operazioni intra-comunitarie di vendita e di acquisto ed è un obbligo fiscale introdotto a seguito dell' abolizione delle dogane all' interno della Comunità Europea avvenuta nel 1993. Attraverso il Modello INTRASTAT tutti i soggetti obbligati dovranno inviare alle Dogane l' elenco di tutti gli acquisti e le cessioni di beni e servizi effettuati in ambito europeo. Sarai dunque obbligato ad inviare il Modello INTRASTAT nei casi sopra riportati solo se dovessi tenere rapporti commerciali con:

- Austria
- Belgio
- Germania
- Danimarca
- Grecia
- Spagna
- Finlandia
- Regno Unito
- Irlanda
- Lussemburgo
- Croazia
- Cipro
- Paesi Basi
- Svezia
- Repubblica Ceca
- Estonia
- Ungheria
- Lituania
- Lettonia
- Malta
- Polonia
- Slovenia
- Slovacchia
- Romania
- Bulgaria
- Portogallo

Nel caso invece di importazioni di beni extra Unione Europea il Contribuente in Regime Forfettario sarà tenuto al versamento dell' IVA in dogana al momento dell' importazione, mentre nel caso di esportazione di beni fuori dall' Unione Europea il Contribuente Forfettario che esporta non dovrà addebitare l' IVA in fattura.

4. I CONTRIBUTI PREVIDENZIALI

Oltre al pagamento delle imposte, tutti i titolari di Partita IVA (esclusi alcuni casi di cui parlerò in seguito) sono obbligati a versare anche i propri Contributi Previdenziali. I Contributi Previdenziali rappresentano dei versamenti obbligatori, calcolati in genere in percentuale sul proprio reddito da lavoro, che vengono effettuati verso l' INPS (Istituto Nazionale Previdenza Sociale) o verso apposite Casse qualora sia presente un Albo Professionale, ed hanno come fine ultimo quello di ottenere prestazioni pensionistiche alla fine della vita lavorativa. Questi Contributi non devono quindi essere considerati alla stregua di una vera e propria tassa (come lo è l' IRPEF ad esempio) ma rappresentano quindi dei fondi che ogni titolare di Partita IVA è obbligato a versare per ottenere la propria futura pensione.

Aprire una Partita IVA nel Regime Forfettario (ma ugualmente in tutti gli altri Regimi Fiscali) significa aver l' obbligo di versare i propri Contributi Previdenziali all' INPS o alla propria Cassa di appartenenza, ed in alcuni casi gli stessi Contributi possono addirittura superare i compensi percepiti. Alcune Attività

Economiche infatti sono obbligate al versamento di quote fisse di Contributi Previdenziali anche in assenza di fatturato e compensi, altre Attività Economiche invece saranno tenute al pagamento dei propri Contributi Previdenziali in percentuale sul proprio fatturato (quindi senza alcun costo fisso minimale). Essere a conoscenza della presenza o meno di pagamenti fissi (minimali) di Contributi Previdenziali può quindi essere determinate sulla valutazione economica se aprire o meno la propria Partita IVA.

Possiamo quindi suddividere tutte le Attività Economiche in 3 grandi categorie, ognuna delle quali avrà degli obblighi Previdenziali differenti:

• Artigiani e Commercianti
• Lavoratori autonomi "senza cassa"
• Professionisti con cassa autonoma

Ognuna di queste Categorie pagherà i propri Contributi Previdenziali secondo le proprie regole, con percentuali diverse, ad enti diversi e con date di versamento differenti. Analizziamole nello specifico

4.1 I CONTRIBUTI INPS PER ARTIGIANI E COMMERCIANTI

Fanno parte della Categoria degli Artigiani coloro che esercitano personalmente un' attività che ha come scopo la produzione di beni o di servizi. Per fare qualche esempio sono Artigiani gli idraulici, gli elettricisti, i falegnami, i gelatai, i pasticceri, ecc.

Fanno parte, invece, della Categoria dei Commercianti tutti coloro che acquistano e vendono beni di consumo mobili o immobili. Fanno parte di questa categoria anche coloro che svolgono attività di Servizi come Procacciatori d' affari, Agenti di Commercio o Agenti Immobiliari.

Per calcolare l' ammontare di Contributi previdenziali che Artigiani e Commercianti sono obbligati a pagare dobbiamo prima distinguere tra:

- Contributi fissi o minimali
- Contributi a percentuale

I Contributi fissi o minimali sono sempre dovuti da Commercianti ed Artigiani indipendentemente dal reddito percepito durante l' anno. Questi saranno dovuti purtroppo anche se il Contribuente durante l' anno non dovesse percepire alcun reddito. L' importo dei Contributi fissi o minimali è stabilito annualmente dall' INPS con apposita circolare. La Camera di Commercio ha introdotto delle agevolazioni per Artigiani e Commercianti con età inferiore ai 22 anni abbattendo loro i Contributi fissi o minimali di un percentuale vicina al 15%. Per quanto riguarda il 2018 i Contributi fissi sono i seguenti:

- Artigiani: 3.599,03 Euro
- Commercianti: 3.613,02 Euro
- Artigiani sono i 22 anni: 3.132,59
- Commercianti sotto i 22 anni: 3.146,58

I Contributi fissi o minimali non dovranno essere integrati da nessun altro versamento fino a quando il Reddito Lordo dei Commercianti o Artigiani dovesse risultare pari o inferiore a 15.548 Euro. Se il Reddito Lordo dovesse superare questo importo, limitatamente alla quota eccedente i 15.548 Euro, dovranno essere versati i Contributi a percentuale. Anche in questo caso le percentuali verranno stabilite annualmente dall' INPS e comunicate con apposita circolare. Di seguito le percentuali da calcolare per i Contributi a percentuale. Anche in questo caso Commercianti ed Artigiani con età inferiore a 22 anni godranno di percentuali leggermente ridotte.

- Artigiani: 23,10% sulla parte eccedente i 15.548
- Commercianti: 23,19% sulla parte eccedente i 15.548 Euro
- Artigiani sotto i 22 anni: 20,10% sulla parte eccedente i 15.548 Euro
- Commercianti sotto i 22 anni: 20,19% sulla parte eccedente i 15.548 Euro

Nel caso in cui il Reddito lordo superi la soglia di 46.123 Euro la percentuale salirà al 24,10 per gli Artigiani ed al 24,19 per i Commercianti. I Contributi Previdenziali INPS a percentuale dovuti da Commercianti ed Artigiani hanno comunque un tetto massimo sul quale si applicano, il cosiddetto Massimale Contributivo che è pari alla soglia di 76.872 Euro. Nel caso in cui la Contribuzione INPS fosse relativa solo ad alcuni mesi dell'anno (ad esempio per una Partita IVA aperta a Settembre) sarà necessario rapportare i Contributi fissi o minimali ai mesi di effettivo esercizio. Nello specifico bisognerà moltiplicare per il numero dei mesi di esercizio il seguente importo:

- Artigiani: 299,92 Euro moltiplicato per il numero di mesi di effettivo esercizio
- Commercianti: 301,09 Euro moltiplicati per il numero di mesi di effettivo esercizio
- Artigiani sotto i 22 anni: 261,05 Euro moltiplicati per i mesi di effettivo esercizio
- Commercianti sono i 22 anni: 262,60 moltiplicati per i mesi di effettivo esercizio

A differenza dei Lavoratori autonomi "senza cassa" che pagano i propri Contributi Previdenziali in sede di Dichiarazione Fiscale e quindi una volta l'anno, tutte le Attività Economiche facenti parte della Categoria Artigiani e Commercianti hanno l' obbligo di pagare i propri Contributi Previdenziali INPS ogni trimestre. Nello specifico :

- I Contributi Previdenziali relativi al primo trimestre (Gennaio – Febbraio – Marzo) vanno pagati entro il 16 Maggio
- I Contributi Previdenziali relativi al secondo trimestre (Aprile – Maggio – Giugno) vanno pagati entro il 16 Agosto
- I Contributi Previdenziali relativi al terzo trimestre (Luglio – Agosto – Settembre) vanno pagati entro il 16 Novembre
- Contributi Previdenziali relativi al quarto trimestre (Ottobre – Novembre – Dicembre) vanno pagati entro il 16 Febbraio

Nota bene: l' INPS non è più tenuta all' invio cartaceo del pagamento dei relativi Contributi Previdenziali presso la sede dell' attività. Il contribuente è dunque obbligato a controllare l'importo e le scadenze dei pagamenti direttamente sul sito www.inps.it dopo aver ottenuto le credenziali di accesso al proprio Cassetto Fiscale. Di seguito ti riporto i passaggi da effettuare per poter ottenere in autonomia i Modelli F24 necessari ai pagamenti della Gestione Commercianti o Artigiani INPS. Analizziamo quindi come scaricare i Modelli F24 direttamente dal portale INPS:

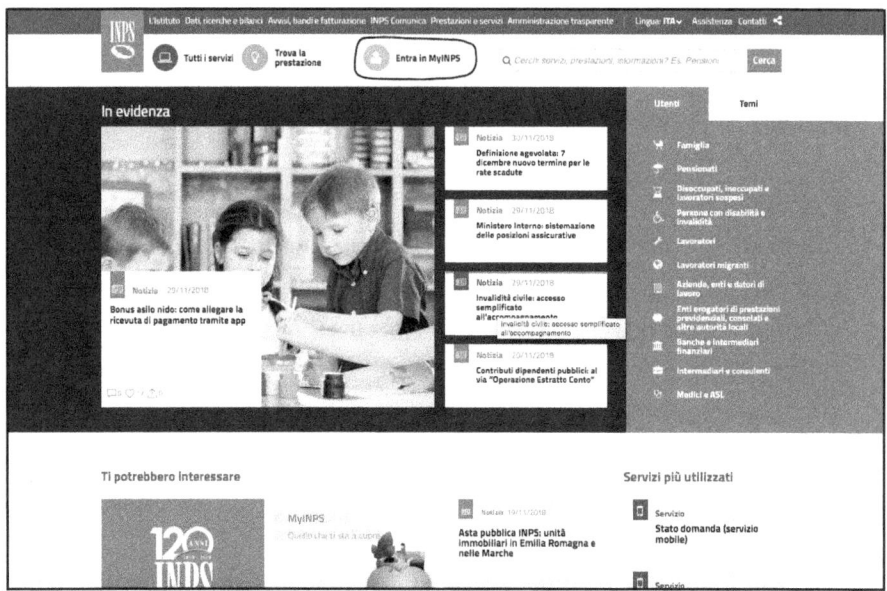

Immagine 26. Per poter accedere al portale INPS (www.inps.it) dovrai come primo passo cliccare in alto su "Entra in MyINPS"

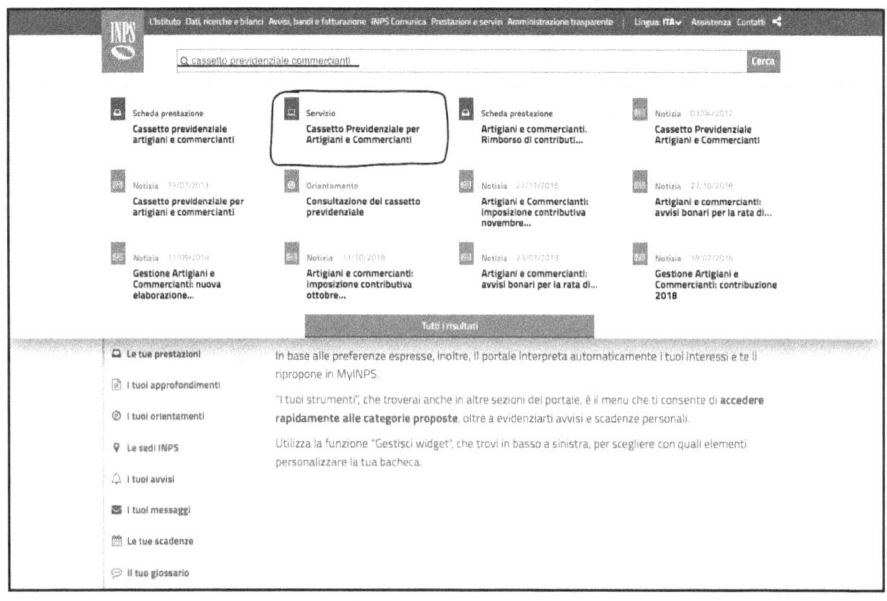

Immagine 27. Dopo aver effettuato l' accesso con il proprio Codice Fiscale ed il proprio PIN, bisognerà digitare nella barra di ricerca in alto "Cassetto Previdenziale Commercianti" e di seguito su "Servizio - Cassetto Previdenziale per Commercianti ed Artigiani

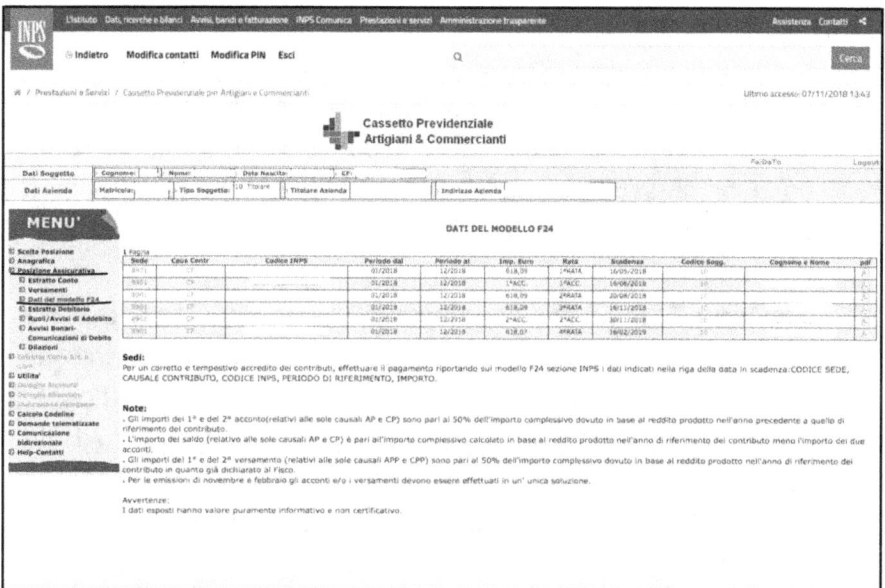

Immagine 28. Per poter scaricare i Modelli F24 per il pagamento trimestrale dei Contributi INPS sarà necessario cliccare su "Posizione Assicurativa" e successivamente su "dati del Modello F24". Verranno così mostrati tutti i Modelli F24 classificati in base alle varie scadenze.

Immagino che dopo tutti questi numeri, tutti questi importi fissi e variabili tu abbia una leggera confusione in testa. Cercherò di spiegarti a quanto ammonteranno i Contributi Previdenziali fissi ed a percentuale per Commercianti ed Artigiani con degli esempi pratici ipotizzando tutti i casi possibili:

1. **Esempio 1.** Ipotizziamo un soggetto che abbia avviato la propria Attività Artigianale all' inizio dell' anno. Ipotizziamo che il suo Reddito Lordo ammonti alla fine dell' anno ad Euro 12.000. Dato che il suo Reddito Lordo è inferiore al reddito "minimo" di 15.548 Euro, l' Artigiano dovrà versare "soltanto" i 4 contributi fissi trimestrali obbligatori per gli Artigiani (3.599,03 Euro)

2. **Esempio 2.** Ipotizziamo lo stesso artigiano con un Reddito Lordo questa volta pari a 27.000 Euro. In questo caso non

3. dovrà versare soltanto i Contributi fissi o minimali di 3.599 Euro. Infatti sul reddito che supera i 15.548 Euro, pari a 11.452 (27.000 - 15-548), l'Artigiano dovrà versare anche il 23,10% di Contributi a percentuale per un importo di 2.645 Euro. Il totale dei Contributi Previdenziali INPS dovuti annualmente sarà quindi 3.599 + 2.645 = 6.244 Euro

4. **Esempio 3.** Supponiamo adesso che il nostro Artigiano abbia realizzato un Reddito Lordo annuale di 67.000 Euro. Oltre ai Contributi fissi o minimali (3.599 Euro), sul reddito che supera i 15.548 Euro e fino a 46.123 Euro pari cioè a 30.575 Euro (46.123 - 15.548) il soggetto sarà tenuto a pagare il 23,10% di Contributi Previdenziali INPS a percentuali equivalenti ad un importo di 7.063 Euro. Sulla porzione di reddito che va da 46.124 Euro a 67.000 Euro, cioè 20.876 Euro, pagherà il 24,10% per un importo di 5.031 Euro. Quindi il totale di Contributi INPS dovuti annualmente sarà di 3.599 + 7.063 + 5.031 cioè 15.593 Euro

5. **Esempio 4 .** Come ultimo esempio possibile ipotizziamo il caso in cui l'Artigiano ottenga un Reddito Lordo di 130.000 Euro. Dovrà quindi versare: i Contributi fissi pari a 3.599, i Contributi a percentuale sulla somma di 61.324 (76.872 - 15.548), e sulla restante parte non dovrà versare alcun Contributo Previdenziale

Note Bene. Ho parlato in tutti gli esempi di Reddito Lordo che quindi non dovrai confondere con il fatturato prodotto. Per calcolare il Reddito Lordo dovrai quindi analizzare tutti gli incassi effettuati dal 1 Gennaio al 31 Dicembre dello stesso anno, a questo calcolare il relativo Coefficiente di Redditività derivante dal tuo specifico Codice ATECO e sottrarre da questo risultato eventuali Contributi INPS pagati nello stesso anno di esercizio. Solo allora troverai il reddito Lordo prodotto con quel fatturato.

I Contributi a percentuale, a differenza di quelli fissi, devono essere versati in due sole tranche:

- 30 Giugno
- 30 Novembre

In conclusione, la presenza di Contributi Previdenziali INPS fissi o minimali nel caso di Attività Economiche appartenenti alle Categorie Commercianti ed Artigiani impone un' analisi sulla convenienza economica dell' apertura stessa della propria Partita IVA. Se hai intenzione di iniziare un' attività che è inclusa in queste Categorie devi prevedere di poter raggiungere un Reddito Lordo pari almeno a 15.000 Euro. Se il tuo Reddito Lordo infatti dovesse essere più basso di questa cifra la quota fissa che sarai tenuto a versare per i tuoi Contributi Previdenziali risulterà troppo elevata rispetto al tuo Reddito prodotto.

Il Regime Forfettario però ha previsto un' agevolazione anche per tutti i Commercianti ed Artigiani che non raggiungo un Reddito Lordo di 15.000 Euro. Prima di analizzare la seconda grande Categoria, ossia quella dei Lavoratori autonomi "senza cassa", voglio parlarti di questa importante agevolazione introdotta in concomitanza del Regime Forfettario il 1 Gennaio del 2016: la riduzione del 35% dei Contributi fissi per i Commercianti ed Artigiani nel Regime Forfettario.

4.2 COME RIDURRE I CONTRIBUTI INPS

I Contributi Previdenziali Minimi incidono in modo deciso sulla scelta e pianificazione di aprire una Partita IVA nelle Categorie degli Artigiani e dei Commercianti. Queste Categorie infatti, al contrario delle Categorie Professionali iscritte alla Gestione Separata INPS, dovranno sostenere dei costi annuali fissi anche in assenza di introiti.

Il Regime Forfettario però ha introdotto un' agevolazione anche per tutti i Commercianti ed Artigiani. Infatti, come ha confermato la Legge di Stabilità 2018, tutti i Contribuenti che decidono di aderire al Regime al Forfettario hanno la possibilità di richiedere l' abbattimento del 35% dei propri Contributi INPS fissi e variabili.

Da ciò ne deriva che un Commerciante o un Artigiano, obbligato a versare annualmente un minimale di circa 3.600 Euro di Contributi Previdenziali INPS, se ha aderito al Regime Forfettario ha la possibilità di richiedere l' abbattimento del 35% di questi Contributi, versando così annualmente "soltanto" 2.400 Euro circa, suddivisi quindi in 4 rate trimestrali da circa 600 Euro a trimestre.

Analizziamo dunque come richiedere all' INPS la riduzione del 35% dei Contributi Previdenziali Minimi.

Numerose delibere dell' Agenzia delle Entrate hanno specificato che la richiesta di riduzione dei Contributi INPS deve essere chiesta annualmente all' INPS entro il 28 Febbraio di ogni anno. Nel caso di una nuova apertura di Partita IVA avvenuta dopo questa data, è necessario inviare la stessa richiesta nel più breve tempo possibile.

Sarà possibile richiedere l' abbattimento del 35% dei propri Contributi INPS in Gestione Commercianti o Artigiani direttamente dal portale INPS. Per poter accedere però al portale INPS è necessario prima richiedere il proprio Codice PIN, sarà possibile richiedere il Codice PIN in 2 modi:

1. Recandosi fisicamente presso la sede INPS del proprio Comune, in questo modo il PIN verrà rilasciato a vista
2. Sarà possibile richiederlo Online direttamente sul sito www.inps.it. In questo secondo caso la procedura è più lunga, metà PIN infatti verrà consegnato immediatamente, la seconda metà del PIN verrà invece recapitata direttamente a casa in busta entro una settimana dalla richiesta.

Una volta ottenuto il PIN intero, questo verrà modificato in automatico durante il primo accesso al portale, da quel momento ti verrà fornito il PIN definitivo.

Ecco la procedura necessaria per richiedere la richiesta di riduzione del 35% dei Contributi minimali INPS.

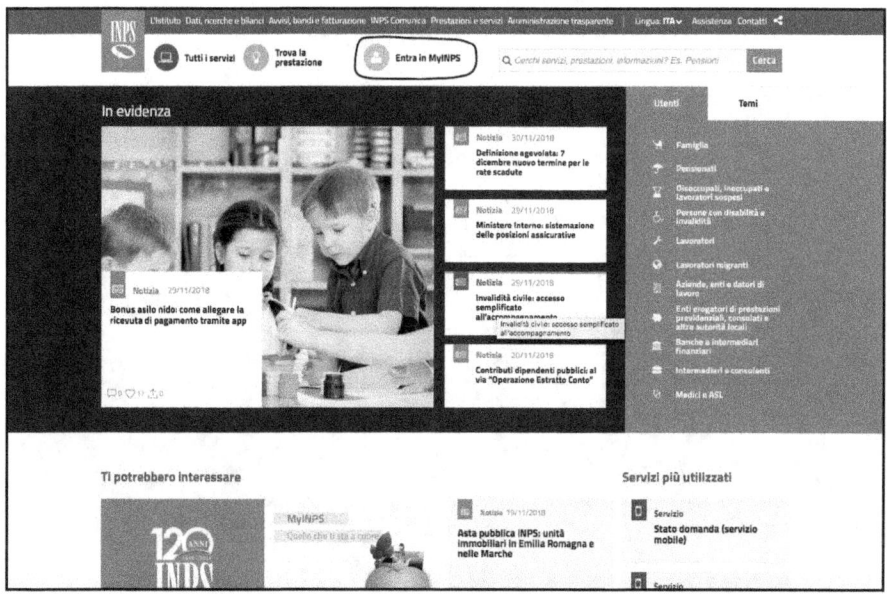

Immagine 29. Per poter accedere al portale INPS (www.inps.it) dovrai come primo passo cliccare in alto su "Entra in MyINPS"

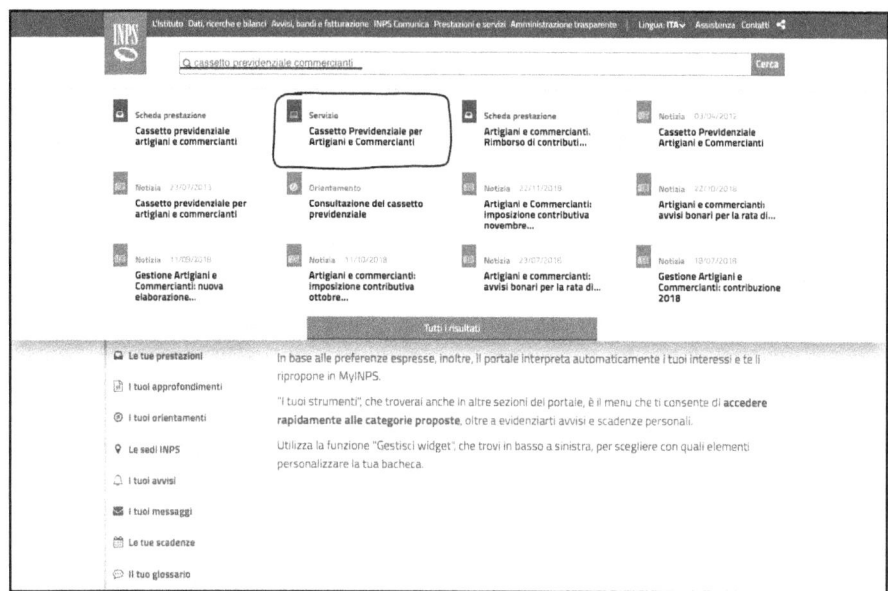

Immagine 30. Dopo aver effettuato l' accesso con il proprio Codice Fiscale ed il proprio PIN, bisognerà digitare nella barra di ricerca in alto "Cassetto Previdenziale Commercianti" e di seguito su "Servizio - Cassetto Previdenziale per Commercianti ed Artigiani

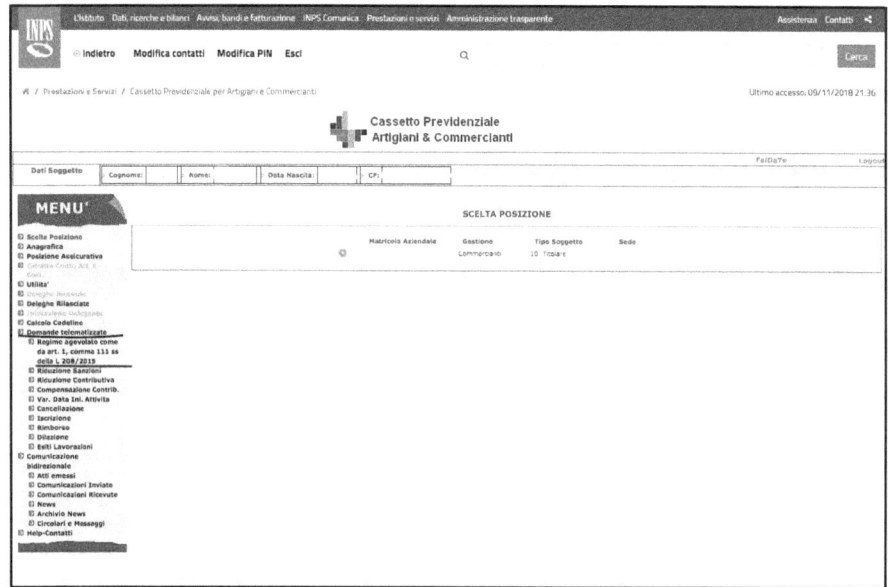

Immagine 31. Bisognerà poi cliccare a sinistra su "Domande telematizzate" e successivamente su "Regime Agevolato come da art. 1, comma 111 ss della L 208/2015"

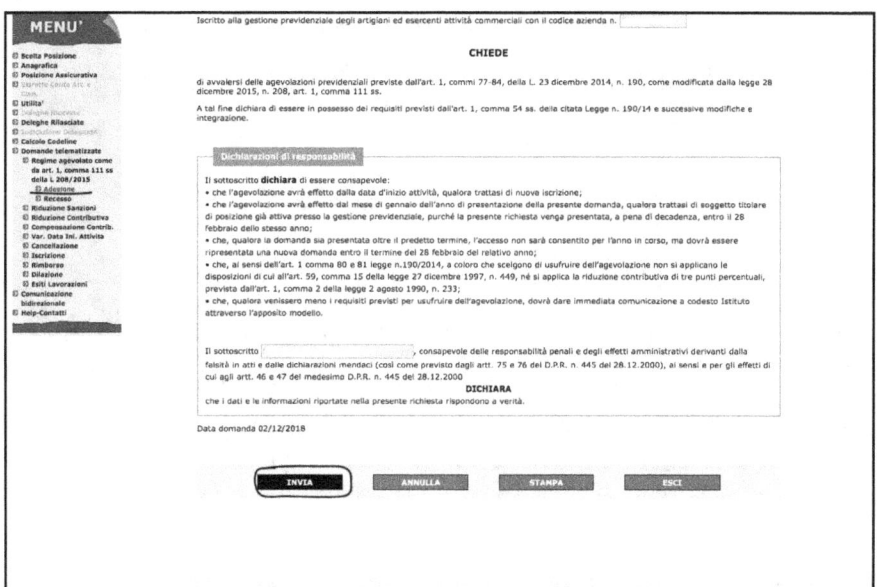

Immagine 32. Dopo aver cliccato su "adesione" si aprirà una nuova pagina, ed in basso bisognerà cliccare su "Invia" per confermare la richiesta di riduzione del 35% dei Contributi INPS

Se da un lato la richiesta di riduzione del 35% dei Contributi INPS è positiva in quanto ti farà risparmiare sul versamento deil' INPS, d' altra parte accantonerai meno Contributi ai fini pensionistici. Se non verserai quindi almeno la quota minimale di INPS in gestione Commercianti o Artigiani pari a 3.600 Euro circa, l' INPS non accrediterà quindi un anno di contribuzione ai fini pensionistici al tuo Cassetto Previdenziale. Tutti i Contributi versati che non raggiungeranno la quota minima non andranno comunque persi, l' INPS infatti cumulerà eventuali futuri versamenti a quelli già effettuati per il raggiungimenti della quota minimale.

Esempio. Se durante il primo anno di attività dovessi versare ad esempio 3.000 Euro di Contributi INPS alla Gestione Commercianti o Artigiani, questi non basteranno all' INPS per accreditarti un anno di versamenti ai fini pensionistici in quanto non avrai raggiunto la quota minimale di 3.600 Euro. Il versamento di 3.000 Euro non andrà perso, basterà infatti l' anno successivo versare la restante parte (600 euro circa) per completare il versamento necessario per il raggiungimento dell' annualità ai fini pensionistici.

4.3 CONTRIBUTI INPS PER PROFESSIONISTI "SENZA CASSA"

Al giorno d' oggi, soprattutto con la nascita di tutte le nuove Professioni Digitali, esistono tantissime Attività Professionali per le quali non è presente (o non lo è ancora) un Albo Professionale. Fanno parte di questa categoria Professioni come:

- Webmaster
- Grafico
- Traduttore
- Blogger, Copywriter
- Consulente
- Personal Trainer
- Fisioterapista
- Fotografo Freelance
- Amministratore di condominio
- Designer, ecc.

Questi Professionisti possono essere racchiusi in una Categoria più generale che possiamo chiamare Freelance. Dato che per tutte queste Attività Professionali non esiste un Albo di appartenenza, lo Stato ha creato un fondo apposito chiamato Gestione Separata INPS che rappresenterà il fondo di riferimento per il versamento dei propri Contributi Previdenziali.
La Gestione Separata INPS dunque è un fondo pensionistico finanziato con i Contributi Previdenziali dei lavoratori assicurati e nasce con la Legge n. 335/95 che ha radicalmente rivoluzionato il sistema pensionistico Italiano meglio nota come "Riforma Dini". L' obiettivo di questa riforma è stato principalmente quello di

assicurare una tutela previdenziale anche a tutte quelle Categorie di lavoratori non tutelati da un Albo di appartenenza.

Dovranno iscriversi alla Gestione Separata INPS, oltre ai già citati professionisti con partita IVA senza albo, anche tutti i Lavoratori Autonomi Occasionali (coloro che utilizzano quindi la Prestazione Occasionale) che hanno percepito nel corso dell' anno ricavi o compensi superiori a 5.000 Euro.

La nota positiva della Gestione Separata INPS sta nel fatto che, al contrario dei Contributi Previdenziali previsti per i Commercianti e gli Artigiani, non prevede nessuna quota di Contributi Previdenziali fissi o minimali ma prevede solo Contributi a percentuale sul Reddito Lordo percepito. Dunque il lato positivo è che non ci sono Contributi Fissi ma si paga solo in percentuale sul Reddito Lordo, di conseguenza se il Reddito Lordo dovesse essere basso anche la Contribuzione INPS da versare sarà minima, in caso limite in assenza di fatturato non sarà dovuto alcun pagamento alla Gestione Separata INPS. D' altra parte però è presente anche un lato negativo: come già spiegato per la Gestione Commercianti ed Artigiani, se non si dovesse raggiungere un Reddito Lordo pari a 15.548 Euro l' INPS non accrediterà un anno di Contributi utili ai fini pensionistici, ma validerà solo i relativi mesi risultanti dalla proporzione.

L' aliquota dovuta dagli iscritti alla Gestione Separata INPS è variata in questi anni. Fino al 2016 era pari al 27,72%, mentre dal 1 Gennaio 2017 è stata ridotta di 2 punti percentuali scendendo al 25,72%. Naturalmente questa aliquota, così come le aliquote dei Contributi Previdenziali per i Commercianti e gli Artigiani, dovrà essere calcolata solo sul Reddito Lordo, cioè sulla differenza tra il fatturato prodotto annualmente ed i Costi Forfettari stabiliti in base al proprio Codice ATECO (oltre eventuali Contributi INPS pagati nell' anno).

Ai Professionisti e Freelance iscritti in Gestione Separata INPS è data facoltà di poter addebitare parte dei propri Contributi Previdenziali ai propri clienti finali. Sarà possibile quindi inserire in fattura la cosiddetta Rivalsa INPS che è pari al 4%. Inserendo la Rivalsa INPS in fattura, il Professionista o Freelance riceverà quindi il 4% in più dei propri compensi che serviranno come piccolo acconto per il pagamento futuri dei propri Contributi Previdenziali. Vedremo nel prossimo capitolo come applicare correttamente la Rivalsa INPS del 4%.

E' possibile che il Professionista o Freelance titolate di partita IVA sia contemporaneamente in possesso di una propria Contribuzione personale dovuta ad esempio ad un contratto di lavoro dipendente full time a tempo determinato o indeterminato o dal possesso di un reddito da pensione. In questo caso il Professionista o Freelance verserà già mensilmente in busta paga i propri Contributi Previdenziali. Solo in presenza di una propria contribuzione personale, lo Stato ha previsto un' aliquota ridotta della Gestione Separata INPS. In questo caso sarà infatti pari al 24% del Reddito Lordo e non più pari al 25,72%.

Anche nella Gestione Separata INPS, come nei Contributi Previdenziali previsti per Commercianti ed Artigiani, è previsto un massimale oltre il quale non sarà più obbligatorio versare alcun contributo ed è pari a 100.324 Euro.

Il versamento dei Contributi riguardanti la Gestione Separata INPS dovrà avvenire esclusivamente tramite modello di pagamento F24 indicando il Codice Tributo e i dati dell' iscritto. Per quanto riguarda le scadenze invece ,tutti gli iscritti dovranno effettuare il versamento del Modello F24 entro:

• 30 Giugno data di scadenza del versamento di acconto
• 30 Novembre data di scadenza del versamento di saldo

I Contributi dovranno essere versati quindi secondo gli stessi meccanismi di acconto e saldo previsti per le imposte sui redditi. Il 30 Giugno di ogni anno dovrà essere versato il saldo dei Contributi dell' anno precedente e il primo acconto per l' anno in corso (calcolato come il 40% dei Contributi dell' anno precedente), mentre entro il 30 Novembre di ogni anno dovrà essere versato il secondo acconto per l' anno in corso pari questa volta al restante 60% dei Contributi calcolati sull' anno di imposta precedente. Anche in questo caso ci serviremo di un esempio per calcolare la percentuale di Contributi INPS in Gestione Separata.

Ipotizziamo un Amministratore di Condominio che abbia deciso di aprire la propria Partita IVA per l' esercizio della propria Professione. Ipotizziamo un Reddito Lordo annuale pari a 10.000 Euro. In assenza di alcun tipo di Contributo Fisso o minimale basterà applicare la percentuale del 25,72% al Reddito Lordo. Il risultato, cioè 2.572 Euro, rappresenterà la quota di Contributi Previdenziali INPS in Gestione Separata che dovrà essere versata secondo le scadenze precedentemente descritte. Dato che, in questo esempio, il Reddito Lordo è inferiore a 15.458 Euro i Contributi Previdenziali in Gestione Separata versati non potranno essere calcolati come un anno di contribuzione ai fini pensionistici. Il completamento dei Contributi utili al raggiungimento di un anno di pensione potrà essere effettuato con il versamento dei Contributi nell' anno successivo.

Come avrai potuto notare l' apertura di una Partita IVA per tutte le Attività appartenenti alla Categoria dei Lavoratoti autonomi "senza cassa", in caso di fatturati minimi, risulterà molto più conveniente rispetto ad un' Attività appartenete alla Categoria Commercianti ed Artigiani in quanto non saranno previsti dei Contributi Previdenziali fissi. Infatti anche in presenza di compensi o ricavi minimi non sarà necessario versare Contributi eccessivi, ma sia tasse che

Contributi Previdenziali verranno calcolati in percentuale sul fatturato. Paradossalmente, se per qualsiasi motivo il Reddito Lordo annuale dovesse essere pari a zero non sarà dovuto nessun tipo di versamento, né INPS né Imposta Sostitutiva (IRPEF)

4.4 CONTRIBUTI PREVIDENZIALI PER PROFESSIONISTI CON CASSA

Fino ad adesso abbiamo analizzato il funzionamento ed il calcolo dei Contributi Previdenziali per Commercianti ed Artigiani, (Gestione Artigiani INPS e Gestione Commercianti INPS) ed il funzionamento della Gestione Separata INPS per tutti i Professionisti senza un Albo di riferimento. In Italia esistono però almeno 30 Albi Professionali che regolamentano alcune Professioni. Tutti colori che decideranno di intraprendere una di queste Attività Professionali saranno obbligati ad iscriversi al propio Albo di appartenenza e saranno inoltre obbligati al versamento dei Contributi Previdenziali presso l' eventuale Cassa costituita.

Ogni Albo Professionale ha le sue regole, ma nella maggior parte dei casi tutti gli iscritti saranno tenuti a pagare un Contributo Soggettivo, un Contributo Integrativo e un Contributo di maternità. Il Contributo Soggettivo di solito rappresenta una quota fissa annuale minimale, da pagare anche in assenza di fatturato (soltanto in rari casi non è presente una quota minima ma soltanto una percentuale sul reddito Lordo.), il Contributo Integrativo invece rappresenta una percentuale sul fatturato lordo, varia dal 2% al 4% e comunque può essere rivalso verso i Clienti finali addebitandolo loro in fattura. Il Contributo di Maternità tra i 3 è quello che incede di meno, di solito comunque una spesa fissa. Analizziamo adesso il funzionamento degli Albi più diffusi in Italia.

Nota bene: ogni Albo Professionale ha delle regole proprie ed in continuo mutamento. In alcuni casi, e limitatamente ad alcuni Abi

Professionali, sono previste delle riduzioni nei Contributi Previdenziali per alcuni Contribuenti in possesso di alcune caratteristiche ad esempio i nuovi iscritti o i Contribuenti in maternità. Ti consiglio dunque di non limitarti alle informazioni che troverai in questo paragrafo ma di informarti con il tuo Albo Professionale di appartenenza per il corretto calcolo dei tuoi Contributi Previdenziali

INARCASSA - Cassa nazionale previdenza e assistenza Ingegneri e Architetti Liberi Professionisti.
L' INARCASSA ha previsto per i propri iscritti:

- Il Contributo Soggettivo: è obbligatorio per gli iscritti ad INARCASSA ed è calcolato in misura percentuale sul reddito professionale netto dichiarato ai fini IRPEF per l'intero anno solare di riferimento, indipendentemente dal periodo di iscrizione intervenuto nell'anno
- Il Contributo Facoltativo: è un contributo volontario calcolato in base ad una aliquota modulare applicata sul reddito professionale netto. Rappresenta una delle importanti novità introdotte dal Regolamento Generale di Previdenza
- Il Contributo Integrativo: è obbligatorio per i Professionisti iscritti all'Albo Professionale e titolari di Partita IVA (individuale, associativa e societaria) e per le società di Ingegneria ed è calcolato in misura percentuale sul volume di affari professionale dichiarato ai fini IVA
- Il Contributo di maternità: è obbligatorio per tutti gli iscritti INARCASSA

Per il Contributo Soggettivo la percentuale da applicare sul reddito professionale netto è pari a 14,5% sino a € 121.600,00 per il reddito 2018 da dichiarare nel 2019. È comunque previsto un contributo minimo, da corrispondere indipendentemente dal reddito professionale dichiarato, il cui ammontare varia annualmente in base all'indice annuale ISTAT. Per l'anno 2018 era pari a € 2.280,00. A partire del 01/01/2013 il contributo soggettivo minimo è dovuto nella misura del 50% anche dagli iscritti pensionati di vecchiaia, di vecchiaia unificata, di invalidità o di pensione contributiva.

A decorrere dal 1/1/2013 l'iscritto, anche pensionato INARCASSA, può versare un Contributo Soggettivo Facoltativo in aggiunta a quello obbligatorio. Si tratta di una contribuzione volontaria che offre la possibilità di incrementare il montante contributivo e conseguentemente l'ammontare delle prestazioni pensionistiche.

Per il Contributo Integrativo la percentuale di calcolo è pari al 4% del volume di affari IVA prodotto nell'anno solare, al netto delle fatture emesse relative a prestazioni estere ed è ripetibile nei confronti del committente della prestazione.

Il Contributo di maternità è' stato introdotto dal 1999 per finanziare l'indennità corrisposta alle libere professioniste in caso di maternità o di eventi ad essa assimilati. Nel 2018 è stato pari a 67 Euro.

CIPAG - Cassa italiana di previdenza e assistenza Geometri

Il CIPAG ha previsto per i propri iscritti:

- Il Contributo Soggettivo: è quantificato in misura percentuale sul reddito professionale IRPEF prodotto nell'anno precedente, con un minimo comunque dovuto indipendentemente dalla produzione di reddito professionale. La percentuale si riduce al 3,5% oltre un determinato limite reddituale fissato anno per anno. Il Contributo Minimo previsto per il 2018 è pari a 3.250 Euro
- Il Contributo Integrativo: è quantificato nella misura del 5% sul volume d'affari ai fini Iva (prodotto nell'anno precedente) con un minimo comunque dovuto (indipendentemente così dalla produzione di volume d'affari)

- Il Contributo di Maternità: è quantificato di anno in anno. E' dovuto da tutti gli iscritti alla CIPAG (neodiplomati, iscritti obbligatori, pensionati attivi). Per il 2018 è pari a 8 Euro

I geometri praticanti iscritti negli appositi registri istituiti dalla legge n. 75/85 iscritti alla CIPAG versano il solo Contributo Obbligatorio soggettivo minimo determinato nella misura di ¼ di quella minima prevista per l'iscritto. Per il 2018 dunque il Contributo Obbligatorio sarà pari a 812 Euro.

Anche per i neodiplomati è previsto il pagamento del Contributo Soggettivo minimo nella misura di un ¼ di quella minima prevista per l'iscritto per i primi 2 anni di iscrizione e della metà per i successivi 3 anni. Il calcolo della Contribuzione Soggettiva dovuta in autoliquidazione dovrà essere effettuato applicando al reddito dichiarato una percentuale rapportata al contributo ridotto. Tale beneficio è riconosciuto fino al 31 dicembre dell'anno di compimento del 30° anno di età

CNPADC - Cassa di previdenza tra Dottori Commercialisti
La Cassa di Previdenza dei Dottori Commercialisti ha previsto:

- Il Contributo Soggettivo: è previsto in misura percentuale sul reddito Professionale IRPEF prodotto ed è pari al 12%. È previsto in ogni caso un Contributo Soggettivo minimo pari nel 2018 a 2.610 Euro
- Il Contributo Integrativo: è quantificato nella percentuale del 4% sul volume d' affari ai fini IVA prodotto, ma anche in questo caso è previsto un Contributo Soggettivo minimo dovuto pari a 783 Euro nel 2018
- Il Contributo di Maternità: è quantificato ogni anno ed è obbligatorio. Nel 2018 è pari a 95 Euro

CNPR - Cassa nazionale previdenza e assistenza Ragionieri e Periti Commerciali

Il CNPR per i propri iscritti ha previsto:

- Il Contributo Soggettivo: Il contributo soggettivo è determinato applicando una percentuale, fissata nella misura minima del 13% e in quella massima del 23%, sul reddito netto professionale prodotto nell'anno precedente, fino ad un reddito netto professionale massimo pari ad € 102.813,20. E' in ogni caso dovuto un contributo minimo pari a € 3.129,64 che corrisponde ad un reddito minimo pari a € 24.074,15. A coloro che vengono iscritti per la prima volta all'Associazione prima del compimento del trentottesimo anno di età è data facoltà di versare il contributo soggettivo in misura pari alla metà. Tale facoltà opera per l'anno di iscrizione e per i sei anni successivi e comunque non oltre quello del compimento del trentottesimo anno di età.

- Il Contributo Soggettivo Supplementare: il contributo soggettivo supplementare è determinato applicando una percentuale pari allo 0,75% sul reddito netto professionale prodotto nell'anno precedente. E' in ogni caso dovuto un contributo minimo pari ad € 468,00 che corrisponde ad un reddito minimo di € 62.400,00. I pensionati CNPR che esercitano la professione pagano il contributo in misura pari alla metà, mentre se dichiarano un reddito pari a zero, non versano il contributo soggettivo supplementare.

- Il Contributo Integrativo: Il contributo integrativo è determinato applicando un'aliquota, fissata nella misura del 4%, sul volume di affari IVA prodotto nell'anno precedente al netto della maggiorazione del 4% già assoggettata ad IVA. nel corso dell'anno precedente. E' comunque dovuto un contributo minimo pari ad € 779,33 che corrisponde ad un importo di volume di affari minimo di € 19.483,25.

Cassa nazionale di previdenza e assistenza Forense

La Cassa Forense per i propri iscritti ha previsto:

- Contributo Minimo Soggettivo: per il 2018 è pari a 2.815 Euro salvo le agevolazioni previste per i primi anni di iscrizione
- Contributo Minimo Integrativo: nel 2018 pari a 710 Euro salvo le agevolazioni previste per i primi anni di iscrizione
- Contributo di Maternità: per il 2018 pari a 169 Euro

È prevista una riduzione alla metà per i primi sei anni qualora l'iscrizione alla Cassa decorra da prima del compimento del 35° anno di età. Per i primi otto anni di iscrizione alla Cassa coincidenti con l'iscrizione all'Albo, a prescindere dall'età anagrafica del Professionista, il contributo minimo soggettivo dovuto ai sensi dell'art. 7 del regolamento di attuazione art. 21, verrà riscosso per metà a mezzo M.Av. nell'anno di competenza (con riconoscimento di soli 6 mesi di anzianità contributiva)e per l'altra metà residua (con riconoscimento di ulteriori 6 mesi).

ENPAF - Ente nazionale di previdenza e assistenza dei Farmacisti

L' ENPAF ha previsto per i suoi iscritti i seguenti versamenti:L 'importo annuo per il 2018 è di € 4.375,00. Di tale contributo può essere chiesta la riduzione del 33% (euro 2.931,00), del 50% (euro 2.209,00) e dell' 85% (euro 692,00), maturando così una pensione proporzionata all'importo pagato, se si rientra in una delle seguenti categorie:

- lavoratore dipendente che esercita l'attività professionale (riduzione dell' 85% o del 50% o del 33% con scelta assolutamente discrezionale) e per i quali sono già versati altri contributi previdenziali obbligatori;
- disoccupato involontario con iscrizione al Centro per l'Impiego (riduzione massimo per 5 anni);

- non esercitante la professione di farmacista (riduzione al massimo del 50%);
- pensionato ENPAF non esercitante la professione di farmacista (riduzione dell' 85% o del 50% o del 33% con scelta assolutamente discrezionale).

ENPAPI - Ente nazionale di previdenza e assistenza della professione Infermieristica
I Contributi Previdenziali da versare all' ENPAPI si dividono in tre categorie:

- Contributo Soggettivo pari al 15% del Reddito Professionale
- Contributo Integrativo pari al 4% del volume d' affari. È facoltativo richiedere la percentuale del 4% di Contributo Integrativo al cliente finale. Nel caso di prestazioni lavorative effettuate verso Pubbliche Amministrazioni il Contributo Integrativo sarà pari al 2%
- Contributo di Maternità. Questo è un importo fisso stabilito annualmente dall' ENPAPI

Il versamento dei Contributi Previdenziali all' ENPAPI dovrà avvenire secondo rate bimestrali e nello specifico le scadenze sono fissate: 10 Febbraio, 10 Aprile, 10 Giugno, 10 Agosto, 10 Ottobre, 10 Dicembre. Le prime 5 rate rappresenteranno il versamento dei Contributi Minimi relativo all' anno in corso e l' anticipo/saldo per l' anno antecedente, l' ultima rata rappresenterà il pagamento del saldo dei Contributi Previdenziali

ENPAB - Ente nazionale di previdenza e assistenza a favore dei Biologi
L' ENPAB ha previsto per i suoi iscritti:

- Il Contributo Soggettivo Obbligatorio: è posto a carico di ogni iscritto all'ente e viene calcolato in misura del 10% del reddito professionale netto dichiarato. Il Professionista iscritto ha la facoltà di versare, in aggiunta alla percentuale del 10%, un'ulteriore contribuzione secondo le aliquote del 2%, 4%, 6%, 8% o 10%. E' previsto un tetto massimo di reddito, annualmente rivalutato. E' stabilito un contributo soggettivo minimo annuo, che può essere ridotto per coloro che, oltre all'esercizio della libera professione, svolgono anche attività di lavoro dipendente (riduzione del 50%), per i casi di inattività professionale per almeno 6 mesi nel corso dell'anno solare (riduzione di 1/3) e infine per i nuovi iscritti che non hanno ancora compiuto il 30° anno di età (riduzione di 1/3 per l'anno di iscrizione e i 2 anni successivi)

- Il Contributo Integrativo è posto a carico di tutti gli iscritti all'ente ed è determinato applicando un'aliquota percentuale su tutti i corrispettivi che rientrano nel volume d'affari. E' dovuto un contributo integrativo minimo annuo
- Il Contributo Volontario è versato dall'iscritto che cessa l'attività professionale autonoma prima del raggiungimento del requisito contributivo per la pensione.

INPGI - Istituto Nazionale di Previdenza dei Giornalisti italiani
L' INPGI per i propri iscritti ha previsto:

- Il Contributo Soggettivo: è pari al 10% del reddito professionale netto di lavoro autonomo giornalistico prodotto nell'anno, risultante dalla relativa dichiarazione dei redditi (imponibile fiscale). Per i titolari di trattamento pensionistico diretto il contributo è ridotto del 5%. Per "reddito netto" si intende il reddito conseguito al netto delle spese di produzione, ma al lordo delle contribuzioni previdenziali. Il reddito da assoggettare a contribuzione non può comunque essere superiore ad un massimale che – per l'anno 2018 – è pari a euro 99.034,00.
- Il Contributo Integrativo: tale contributo è a carico del committente, ed è pari al 2% di tutti compensi lordi corrisposti

annualmente al giornalista (inclusi quindi quelli da cessione del diritto d'autore). Il Committente è obbligato a versare tale contributo direttamente al giornalista, e ciò indipendentemente dall'importo del compenso pattuito e dalle modalità di suo pagamento. Il giornalista è a sua volta obbligato a versare tale contributo all' INPGI in sede di dichiarazione e liquidazione annuale, anche nel caso in cui non abbia percepito tale importo dal Committente. Il contributo integrativo non è soggetto a ritenuta d'acconto IRPEF e non concorre alla formazione del reddito imponibile.

- Contributo di Maternità: tale contributo è a carico di tutti gli iscritti, sia uomini che donne, ed è pari - per il 2018 - ad euro 10,00. Il contributo è adeguato annualmente in base alle variazioni dell'indice dei prezzi al consumo per le famiglie di operai e impiegati calcolato dall'ISTAT.
- Contributo Aggiuntivo: è possibile versare a titolo volontario una contribuzione soggettiva aggiuntiva la cui aliquota minima non può essere inferiore al 5% del reddito dichiarato. L'opzione va espressa in sede di presentazione della dichiarazione reddituale annuale.

ENPACL - Ente Nazionale di Previdenza e Assistenza per Consulenti del Lavoro

L' ENPACL per i propri iscritti prevede:

- Il Contributo Soggettivo: pari al 12% del reddito professionale prodotto in forma individuale o associata nell'anno 2018. E' dovuto dai Consulenti del Lavoro iscritti all'Ente, compresi i pensionati iscritti. Il reddito professionale massimo sul quale è calcolato il contributo soggettivo 2018 è pari ad euro 96.237,00 al quale corrisponde un contributo soggettivo max di euro 11.548,44. E' comunque dovuto un contributo soggettivo minimo pari euro 2.066,52 (correlato ad un reddito minimo pari ad euro 17.221,00).

- Il Contributo Integrativo: è calcolato applicando la percentuale del 4% su tutti i compensi rientranti nel volume d'affari ai fini IVA. Gli iscritti sono tenuti al relativo versamento all'Ente, indipendentemente dall'effettivo pagamento eseguito dal debitore. E' comunque dovuto un contributo integrativo minimo, pari a euro 300,60.
- Il Contributo di Maternità: richiesto con la rata in scadenza nel mese di Settembre.

ENASARCO - Ente Nazionale di Assistenza per gli Agenti e i Rappresentanti di Commercio

Il contributo ENASARCO è una percentuale sulle provvigioni di agenti di commercio e rappresentanti fino al raggiungimento del massimale o almeno al minimo della contribuzione. L'aliquota di 15,55% deve essere pagata in parti uguali da mandante e mandatario nella misura di 7,775% ciascuno. Il contributo va calcolato fino al raggiungimento del tetto massimo che è pari a 37.500 euro annuali. Quando le provvigioni superano questo importo, nessuna aliquota deve essere applicata all'eccedenza che deve essere sempre e comunque dichiarata.

ENPAP - Ente Nazionale di Previdenza ed Assistenza per gli Psicologi

L' ENPAP per i per i propri iscritti prevede:

- Il Contributo Soggettivo: corrisponde al 10% del reddito netto, con un minimo di 780,00 euro.
- Il Contributo Integrativo: corrisponde al 2% del corrispettivo lordo con un minimo di 60,00 euro, che proviene dalla quota aggiuntiva obbligatoria del 2%
- Il Contributo di Maternità: corrisponde a una quota fissa per finanziare l'indennità di maternità delle colleghe che diventano madri. Per il 2018 è stabilita in 135,00 euro.

Come anticipato prima, le regole degli Albi Professionali e gli importi da versare, variano annualmente. Ricordati quindi di contattare il tuo Albo Professionale per una stima precisa sui Contributi Previdenziali da versare.

5. CALCOLARE TASSE E CONTRIBUTI

Come abbiamo visto precedentemente il calcolo del Reddito Lordo nel Regime Forfettario è differente dal calcolo del Reddito Lordo di quassia altro Regime Fiscale proprio per la presenza dei Costi Forfettari e del Coefficiente di Redditività. Dopo avere analizzato come verranno calcolati i Contributi Previdenziali nelle varie Attività Economiche, siamo finalmente pronti a calcolare le tasse ed i Contributi Previdenziali dei Contribuenti che decideranno di avvalersi di questo Regime Agevolato.

Il primo passo da effettuare sarà quello di calcolare tutti i ricavi ed i compensi ricevuti nell' anno (da non confondere con il Fatturato Lordo).

Il secondo passo sarà quello di applicare a questo risultato il relativo Coefficiente di Redditività differente per ogni Attività Economica, e derivante dal proprio Codice ATECO.

Il terzo passo sarà quello di sottrarre dal risultato eventuali Contributi Previdenziali pagati nell' anno.

Il quarto passo sarà quello di calcolare i Contributi Previdenziali e l' Imposta Sostitutiva nella percentuale del 5% (in caso di start-up nei primi 5 anni) o del 15%

Con i prossimi 4 esempi ti mostrerò il calcolo delle tasse e dei Contributi Previdenziali nei seguenti casi:

1. *Commerciante o Artigiano in Start-up*
2. *Commerciante o Artigiano dopo il quinto anno di attività*
3. *Professionista o Freelance in Start-up*
4. *Professionista o Freelance dopo il quinto anno di attività*

5.1 TASSE E CONTRIBUTI PER COMMERCIANTI ED ARTIGIANI

Per il calcolo delle tasse e dei Contributi Previdenziali in questo primo esempio ipotizziamo un Commerciante al dettaglio, che abbia aperto la Partita IVA nel Regime Forfettario da 2 anni e nell' ultimo anno abbia percepito 40.000 Euro di ricavi. Avendo aperto la propria Partita IVA da 2 anni, ed ipotizzando che sia in possesso di tutti gli altri requisiti, il Commerciante si troverà ancora in fase di Start-up e dunque l' Imposta Sostitutiva (IRPEF) da tenere in considerazione per il calcolo delle imposte sarà quella del 5%.

Il primo passo sarà quindi quello di calcolare il Reddito Lordo, e per far ciò è necessario applicare il Coefficiente di Redditività relativo al Codice ATECO del Commerciante al dettaglio. In questo nostro esempio dunque il Coefficiente di Redditività sarà pari al 40%, e dunque il Reddito Lordo sarà pari a 16.000 Euro (il 40% di 40.000 Euro). Di conseguenza i Costi Forfettari ipotizzati dallo Stato per l' attività di Commerciante al dettaglio con ricavi di 40.000 saranno pari a 24.000 Euro (40.000 - 16.000). Prima di poter calcolare l' Imposta Sostitutiva, l' unico costo cha possiamo dedurre dal totale dei ricavi oltre a quello dei Costi Forfettari, sarà dato dal totale dei Contributi Previdenziali INPS della Gestione Commercianti pagati nell' anno.

Il secondo passaggio sarà quindi rappresentato dal calcolo dei Contributi previdenziali sul Reddito Lordo. Come abbiamo visto precedentemente, nel calcolo dei Contributi Previdenziali di Commercianti ed Artigiani dobbiamo calcolare i Contributi fissi ed i Contributi in percentuale. I Contributi fissi per i Commercianti saranno pari a 3.613 Euro fino al redito Lordo di 15.548 Euro. La parte eccedente del Reddito Lordo, e cioè 452 Euro (16.000 - 15.548), sarà soggetta al versamento di 104,82 Euro (cioè il 23,19% di 452 Euro). Il totale dei Contributi Previdenziali dunque sarà pari ad Euro 3.717,82 (3.613 Euro di Contributi fissi + 104,82 Euro di Contributi a percentuale).

Il terzo passaggio sarà quindi quello di sottrarre i Contributi Previdenziali pagati alla Gestione Commercianti INPS nell' anno al Reddito Lordo già decurtato dei Costi Forfettari. Il risultato quindi sarà pari ad Euro 12.282,18 (16.000 - 3.717,82).

Il quarto passaggio sarà quindi quello di calcolare l' Imposta Sostitutiva del 5% sul Reddito Lordo decurtato dai Contributi Previdenziali. L' imposta Sostitutiva sarà quindi pari ad Euro 614,11 (il 5% di 12.282,18).

In conclusione, ipotizzando il caso di un Commerciante al dettaglio titolare di Partita IVA nel Regime Forfettario da meno di 6 anni, che abbia raggiunto un totale dei ricavi annuali pari a 40.000 Euro sarà tenuto a pagare:

• Contributi Previdenziali INPS pari a 3.717,82 Euro
• Imposta Sostitutiva (IRPEF) pari a 614,11 Euro

Poco più di 4.300 Euro tra tasse e Contributi previdenziali su un totale dei ricavi pari a 40.000 Euro. Ecco perché il Regime Forfettario è così conveniente!

Nel caso in cui il Commerciante fosse già in possesso di una propria Contribuzione personale derivante da:

- Contribuzione INPS da lavoro dipendente full time
- Contribuzione INPS derivante da reddito da pensione

avrebbe diritto ad una esenzione dal pagamento dei Contributi INPS alla Gestione Commercianti (nel caso di lavoro dipendente full time) o una riduzione degli stessi Contributi pari al 50% (nel caso di contribuzione INPS derivante da reddito da pensione).

Analizziamo adesso il caso in cui il Commerciante non si trovi più in fase di Start-up

Commerciante o Artigiano dopo il quinto anno di attività
L' agevolazione dell' aliquota di Imposta Sostitutiva ridotta è utilizzabile solo in fase di Start-up e solo quindi per i primi 5 anni di attività. Dal sesto anno in poi (e fino a quando si deciderà di rimanere all' interno del Regime Forfettario) l' Imposta Sostitutiva passerà quindi dal 5% al 15%. Analizziamo nello specifico quanto inciderà l' aumento dell' aliquota rispetto al primo esempio. Ipotizziamo quindi lo stesso Commerciante al dettaglio titolare di Partita IVA nel Regime Forfettario da 7 anni e che nell' ultimo anno abbia ricevuto ricavi (anche in questo caso) pari a 40.000 Euro.

Anche questa volta il primo passaggio sarà quello di calcolare il Reddito Lordo applicando al totale dei Ricavi il Coefficiente di Redditività pari al 40%, il Reddito Lordo quindi sarà pari a 16.000 Euro come nell' esempio precedente. Anche il calcolo dei Contributi Previdenziali rimarrà invariato, e questi questi saranno pari a 3.717,82 Euro.

Il terzo passaggio sarà quindi quello di sottrarre i Contributi Previdenziali pagati nell' anno al Reddito Lordo già decurtato dei Costi Forfettari. Il risultato quindi sarà pari ad Euro 12.282,18. ù

Il quarto passaggio sarà quello di applicare l' Imposta Sostitutiva del 15%. In questo secondo esempio quindi l' Imposta Sostitutiva sarà pari a 1.842,32.

In conclusione, ipotizzando il caso di un Commerciante al dettaglio titolare di Partita IVA nel Regime Forfettario da più di 6 anni, che abbia ottenuto un totale dei ricavi annuali pari a 40.000 Euro sarà tenuto a pagare:

• Contributi Previdenziali INPS pari a 3.717,82 Euro
• Imposta Sostitutiva (IRPEF) pari a 1.842,32 Euro

Il totale (Contributi previdenziali + Imposta Sostitutiva) quindi sarà pari a 5.560,14 Euro cioè "soltanto" 1.228,21 Euro in più rispetto al Commerciante in Start-up.
Se te lo sei già chiesto prima la risposta è Si! Il Regime Forfettario sarà molto conveniente anche dopo il quinto anno di esercizio e cioè anche dopo la fase di Start-up.

Nel caso in cui il Commerciante fosse già in possesso di una propria Contribuzione personale derivante da:
• Contribuzione INPS da lavoro dipendente full time
• Contribuzione INPS derivante da reddito da pensione
avrebbe diritto ad una esenzione dal pagamento dei Contributi INPS alla Gestione Commercianti (nel caso di lavoro dipendente full time) o una riduzione degli stessi Contributi pari al 50% (nel caso di contribuzione INPS derivante da reddito da pensione).

5.2 TASSE E CONTRIBUTI PER PROFESSIONISTI E FREELANCE

Per il calcolo delle tasse e dei Contributi Previdenziali di un Professionista o Freelance in Start-up ipotizziamo un Traduttore Freelance, titolare di Partita IVA da 3 anni, che abbia conseguito ricavi o compensi nell' ultimo anno pari a 25.000 Euro. Avendo aperto Partita IVA da tre anni, e ipotizzando che sia in possesso di tutti gli altri requisiti richiesti dalla legge, potrà godere dell' aliquota Imposta Sostitutiva ridotta al 5%.

Anche in questo caso il primo passo da compiere sarà quello di individuare il Coefficiente di Redditività stabilito per questa specifica Attività Professionale che dipenderà naturalmente dal Codice ATECO scelto. Sarà quindi pari al 78% e dovrà essere applicato al totale dei ricavi o compensi. Il Reddito Lordo quindi sarà pari a 19.500 Euro (il 78% di 25.000 Euro), lo Stato quindi ha ipotizzato che i Costi Aziendali ipotetici di un Traduttore che abbia percepito ricavi per 25.000 Euro siano ipotizzabili in Euro 5.500 (Costi Forfettari).

Prima di poter calcolare la percentuale di tassazione sarà necessario sottrarre al i Contributi Previdenziali pagati nell' anno, sul Reddito Lordo dovranno quindi essere calcolati i Contributi Previdenziali. A tal proposito il Traduttore sarà quindi obbligato ad iscriversi alla Gestione Separata INPS per il pagamento dei propri Contributi Previdenziali e, dal 1 Gennaio 2017, la percentuale di contribuzione è pari al 25,72%. I Contributi Previdenziali in Gestione Separata INPS saranno quindi pari a 5.105,40 Euro (il 25,72% di 19.500 Euro).
Adesso saremo in grado di calcolare l' Imposta Sostitutiva sul Reddito Lordo ridotto dei Contributi Previdenziali pagati nell' anno (19.500 - 5.105,40 = 14.394,60).

L' imposta Sostitutiva del 5% sarà pari a 719,73 Euro (il 5% di 14.394,60).

Per facilità di calcolo ho ipotizzato che i Contributi INPS in Gestione Separata siano stati pagati nello stesso anno dei ricavi ottenuti, ma ti ricordo che durante il primo anno di attività non pagherai Contributi INPS (il primo pagamento è infatti a Giugno dell' anno successivo), quindi durante la prima Dichiarazione dei Redditi da titolare di Partita IVA non ti sarà consentito detrarre i Contributi INPS in Gestione Separata dal tuo fatturato.

Concludendo, ipotizzando il caso di un Traduttore che abbia aderito al Regime Forfettario, titolare di una Partita IVA da 3 anni (in Start-up), che abbia conseguito compensi o ricavi per 25.000 Euro sarà tenuto al versamento di 5.015,40 Euro di Contributi Previdenziali e di 719,73 Euro di Imposta Sostitutiva.

Nel caso in cui il Traduttore fosse già in possesso di una propria Contribuzione personale derivante da:

• Contribuzione INPS da lavoro dipendente full time
• Contribuzione INPS derivante da reddito da pensione

avrebbe diritto ad una riduzione della percentuale di Contributi in Gestione Separata che passerebbe quindi dal 25,72% al 24%. In questo caso i Contributi Previdenziali INPS in Gestione Separata sarebbero quindi più bassi, cioè pari a 4.680 Euro (il 24% di 19.500) mentre l' Imposta Sostitutiva risulterebbe leggermente più alta e cioè 741 Euro (il 5% di 14.820 Euro)

Nota bene: ciò che regola il funzionamento del Regime Forfettario è il Principio di Cassa di cui abbiamo già discusso in precedenza. Secondo questo Principio ciò che bisogna tenere in considerazione per la contabilità annuale è ciò che effettivamente sarà incassato e pagato nell' anno a prescindere dalla data di emissione del documento di pagamento. In ogni esercizio sarà necessario versare i propri Contributi Previdenziali in Gestione Separata INPS l' anno successivo rispetto alla data di incasso dei compensi. Il primo anno di possesso di Partita IVA quindi, ai fini del calcolo dell' Imposta Sostitutiva, non sarà possibile detrarre i Contributi previdenziali dal Reddito Lordo proprio perché non risulterà versato alcuni tipo di Contributo (sarà versato infatti l' anno successivo). Sarà quindi possibile detrarre dal totale dei compensi o ricavi solo i Costi Forfettari derivanti dal Coefficiente di Redditività

Professionista o Freelance dopo il quinto anno di attività

Nel quarto ed ultimo esempio analizzeremo quante tasse pagherà lo stesso Traduttore dell' esempio N. 3 questa volta titolare di partita IVA da 7 anni e quindi non più in Start-up. Ipotizziamo quindi lo stesso ammontare dei ricavi o compensi conseguiti nell' anno pari a 25.000 Euro. Avrà quindi lo stesso Coefficiente di Redditività pari al 78%, lo stesso ammontare di Costi Forfettari pari a 5.500 Euro e lo stesso Reddito Lordo pari a 19.500 Euro. Uguale sarà anche la percentuale di Contributi INPS in Gestione Separata, infatti verserà anche in questo secondo caso 5.105,40 Euro di Contributi INPS. L' imposta Sostitutiva invece sarà differente perché in questo caso l' aliquota sarà pari al 15% e non più 5%. L' ammontare di Imposta Sostituiva sarà quindi pari a 2.159,19. In questo secondo esempio quindi il Traduttore in Regime Forfettario, titolare di partita IVA da più di 5 anni, verserà 5.015,40 Euro di Contributi previdenziali e 2.159,19 Euro di Imposta Sostitutiva.

Nel caso in cui il Traduttore fosse già in possesso di una propria Contribuzione personale derivante da:

- Contribuzione INPS da lavoro dipendente pari o superiore a 40 ore settimanali
- Contribuzione INPS derivante da reddito da pensione

avrebbe diritto ad una riduzione della percentuale di Contributi in Gestione Separata che passerebbe quindi dal 25,72% al 24%. In questo caso i Contributi Previdenziali INPS in Gestione Separata sarebbero quindi più bassi, cioè pari a 4.680 Euro (il 24% di 19.500) mentre l' Imposta Sostitutiva risulterebbe leggermente più alta e cioè 2.223 Euro (il 15% di 14.820 Euro)

Alla fine dei quattro esempi una differenza è chiara. Il Regime Forfettario è un Regime davvero vantaggioso soprattutto rispetto agli altri Regimi Fiscali esistenti in Italia. Ti permetterà di risparmiare migliaia di Euro in tasse ma è necessaria una distinzione:

1. Nel caso in cui la tua Attività dovesse essere inclusa tra le Categorie dei Commercianti ed Artigiani dovrai sostenere dei costi fissi annuali non indifferenti dovuti al pagamento dei Contributi fissi INPS. In questo caso dovrai stimare il tuo possibile fatturato lordo e il tuo possibile Reddito Lordo e verificare che quantomeno si avvicini (o meglio superi) la quota di 15.000 Euro annuali. Se non dovessi avere nessuna certezza di poter raggiungere questi ricavi non ti consiglio l' apertura di una partita IVA né nel Regime Forfettario né in nessun altro Regime perché ti ritroveresti a dover obbligatoriamente versare dei Contributi Previdenziali INPS troppo elevati rispetto ai tuoi effettivi ricavi

2. Nel caso in cui la tua Attività dovesse essere inclusa tra le Categorie dei Professionisti ("senza cassa" o con cassa autonoma) la situazione risulterà molto più semplice. Nella maggior parte dei casi infatti sarai tenuto al pagamento delle tue tasse e dei tuoi Contributi Previdenziali INPS in

percentuale sul tuo fatturato e quindi senza alcun costo fisso annuale. Questo ti permetterà di non dover pagare Contributi Previdenziali eccessivi nel caso in cui i tuoi ricavi dovessero essere bassi e comunque inferiori a 15.000 Euro annuali.

5.3 TASSAZIONE AL 5% O TASSAZIONE AL 15%?

Per cercare di favorire la nascita di nuove Attività lo Stato ha previsto delle agevolazioni per tutti i Contribuenti che decidono di mettersi in proprio ed aprire una propria Ditta Individuale in Regime Forfettario, permettendo loro di poter pagare una tassazione (Imposta Sostitutiva) pari al 5% per i primi 5 anni di attività anziché al 15%. Si chiama agevolazione Start-Up e la nota positiva è che non dipende affatto dall' età. Chiunque, a qualsiasi età, decida di aprire una Partita IVA nel Regime Forfettario e sarà in possesso di tutti i requisiti per essere considerato Start-up potrà godere di un' Imposta Sostitutiva pari al 5% per i primi 5 anni, passati i 5 anni passerà automaticamente al 15%.

I soggetti che possono usufruire di questa particolare agevolazione dovranno però rispettare determinati requisiti. Questa agevolazioni infatti è valida se:

- Il Contribuente non ha esercitato nei tre anni precedenti attività artistica, professionale o d' impresa anche in forma associata o familiare
- L' Attività da esercitare non costituisca in nessun modo una mera prosecuzione di altra attività precedentemente svolta sotto forma di Lavoro Dipendente, o Autonomo, escluso il caso in cui l' Attività precedentemente svolta consista nel periodo di pratica obbligatoria ai fini dell' esercizio di arti o professioni

È necessario però un chiarimento in merito al primo punto. È necessario che il Contribuente non abbia esercitato, nei tre anni precedenti l' inizio Attività, alcuna attività d' impresa o di lavoro autonomo neppure in forma associata o in qualità di collaboratore familiare. Questo periodo temporale va calcolato con riguardo alla data del calendario, e non al periodo di imposta. Questo Regime Agevolato al 5% non potrà essere applicato nemmeno da coloro che nei tre anni precedenti abbiano svolto un' Attività in qualità di Socio di società di persone. Questi soggetti, qualora in possesso degli altri requisiti, potrebbero però aderire al Regime Forfettario al 15%. Tuttavia una delibera dell' Agenzia delle Entrate ha chiarito che la qualità di Socio in Società di persone o capitali non è di per sé causa ostativa per l' adozione del Regime Forfettario al 5% in quanto occorre valutare l' effettivo esercizio dell' attività d' impresa o di lavoro autonomo. Ad esempio un ex Socio non lavoratore di SAS o un Socio di capitali di SRL che non ha lavorato al suo interno potrebbe aderire al Regime di Start-up al 5%. Stessa possibilità per tutti coloro che nel triennio precedente hanno svolto attività di Lavoro Occasionale con ritenuta d' acconto del 20%, anche in questo caso sarà possibile aderire al Regime al 5%.

Anche riguardo al secondo punto è necessario fare chiarezza. Un Contribuente in Regime Forfettario potrà usufruire dell' aliquota agevolata al 5% qualora l' Attività svolta non costituisca in nessun modo mera prosecuzione di altra Attività precedentemente svolta sotto forma di Lavoro Dipendente o Autonomo. La finalità della disposizione è anti-elusiva in quanto tende ad evitare il beneficio dell' aliquota ridotta per tutti quei soggetti che si limitino a modificare il vestito giuridico della loro attività esercitata in precedenza. Sono esclusi da quest' obbligo tutte le attività riguardanti periodi di pratica obbligatoria per l' esercito di arti e professioni che quindi non escluderanno la possibilità di aderire alla Start-up al 5%. Però, qualora il Contribuente sia stato dipendete durante i 3 anni precedenti ed il rapporto di lavoro fosse cessato per cause involontarie (come ad esempio il licenziamento) non si verificherà la continuità dell' attività. Si configurare però la mera prosecuzione nel caso in cui un soggetto svolga un Lavoro Autonomo utilizzando gli stessi mezzi o strumenti e continui a servire la stessa clientela presenti precedentemente nel Lavoro Dipendente. Mentre, un dipendente di un' impresa che intenda avviare l' attività con i propri clienti e la propria organizzazione potrà essere eleggibile per beneficiare del Regime Forfettario al 5%.

5.4 SALDO, ACCONTO E RAVVEDIMENTO OPEROSO

Il pagamento delle Imposte IRPEF avviene secondo l' odiosissimo metodo del saldo e dell' acconto. Ogni anno infatti lo Stato impone il pagamento del saldo delle Imposte dell' anno precedente ed il pagamento di un acconto delle imposte per l' anno in corso calcolato nella misura del 100% delle imposte dell' anno precedente.

Nello specifico ipotizziamo che nel 2019 un Contribuente dichiari, tramite il Modello Unico, i redditi della sua Impresa relativa al 2018. Il Contribuente in questione sarà tenuto a pagare sia l' IRPEF a saldo per il 2018 entro il 30 Giugno del 2019, sia il pagamento di un acconto IRPEF per l' anno in corso (anno di imposta 2019) pari al 100% dell' imposta calcolata nel 2018 da pagare entro il 30 Novembre 2019.

Per spiegare come pagare il saldo e gli acconti IRPEF nel Regime Forfettario mi servirò di due esempi pratici. Possono quindi capitare due casi:

- Primo Caso – Il Contribuente è titolare da anni di una Partita IVA e nel 2018 ha versato gli acconti per il 2018 stesso
- Secondo Caso – Il Contribuente ha aperto per la prima volta la Partita IVA nel 2018 (e dunque non ha versato nessun acconto per il 2018 stesso) oppure il Contribuente, nonostante fosse già titolare di partita IVA, ha scelto di non versare gli acconti per gli anni successivi.

Nel primo caso, il più conveniente, il Contribuente in questione dovrà detrarre, dal saldo dovuto per il 2018, gli acconti già versati nell' anno precedente e provvedere al pagamento dell' acconto per il 2019.

Esempio: ipotizziamo che il totale dei pagamenti IRPEF derivanti dal Reddito Lordo 2018 siano pari a 1.000 Euro (da pagare quindi a Giugno 2019). Ipotizziamo anche che gli acconti 2018 pagati dal Contribuente nel 2018 stesso siano pari ad 800 Euro. In questo caso il Contribuente sarà tenuto a pagare 200 Euro di saldo 2018 (1.000 Euro dovuti meno 800 Euro già versati in acconto nel 2018) più 1.000 Euro di acconto per l' anno successivo (2019, da versare il 30 Novembre). Totale 1.200 Euro.

Nel Secondo caso il Contribuente in questione dovrà pagare il doppio delle tasse spettanti per il 2018. Non avendo infatti nessun acconto da detrarre per il 2018 (ha aperto Partita IVA nel 2018 o ha deciso autonomamente di non versare nessun acconto) sarà tenuto a pagare 1.000 Euro di Imposta IRPEF relativa al 2018 entro il 30 Giugno e 1.000 Euro di acconti IRPEF 2019 entro il 30 Novembre.

Vi sono dei casi in cui consiglio di non versare gli acconti IRPEF per l' anno in corso. Può capitare infatti di decidere di chiudere la propria Partita IVA (ad esempio il 31 Dicembre 2018) ma di dover ugualmente dichiarare i propri redditi relativi al 2018. In questo caso infatti non sarà necessario calcolare e versare gli acconti per il 2019 in quanto non si sarà più in possesso di una Partita IVA e del suo relativo reddito. In questi casi dovrai chiedere al tuo Commercialista o Consulente di fiducia di provvedere a calcolare l' Imposta IRPEF relativa al 2018 omettendo i calcoli per gli acconti relativi al 2019.

Può capitare invece che il fatturato dell' anno successivo si riduca notevolmente rispetto a quello dell' anno precedente. In questo caso consiglio di non versare l' acconto in base al fatturato realizzato l' anno precedente, ma di calcolare le somme da versare a titolo di acconto in base al reale fatturato realizzato fino a quel momento (Novembre dello stesso anno).

Tutti i Professionisti senza Albo di riferimento, iscritti quindi alla gestione Separata INPS, dovranno effettuare gli stessi calcoli di saldo ed acconto, oltre che per l' Imposta Sostitutiva IRPEF, anche per i Contributi INPS. Al momento della Dichiarazione dei Redditi dovranno quindi calcolare il saldo dei Contributi INPS dell' anno precedente (sottraendo da questi eventuali acconti già versati) ed il 30 Novembre dovranno versare l' acconto dei Contributi INPS in Gestione Separata calcolati in base ai Contributi dovuti per l' anno precedente.

Nel caso in cui il Contribuente non riuscisse a pagare le imposte entro la data di scadenza del tributo, sarà possibile effettuare il pagamento successivamente utilizzando il Ravvedimento Operoso. Questo è uno strumento che permette ai cittadini, alle imprese ed ai professionisti di poter sanare spontaneamente ed autonomamente la propria posizione con il Fisco in caso di:

- Versamenti omessi, ritardati, insufficienti o errati;
- Dichiarazioni omesse, in ritardo, insufficienti o errate;
- Comunicazioni omesse, presentate in ritardo o erronee.

Per il Ravvedimento Operoso esistono 5 tipi di percentuali di sanzioni diverse che danno poi il nome alla tipologia del ravvedimento stesso: Sprint, Breve, Intermedio, Lungo e Lunghissimo a seconda dei giorni di ritardo in cui viene sanata la violazione. Analizziamoli nello specifico:

1. **Ravvedimento Sprint:** La sanzione dell' 1% si applica quando il Contribuente effettua il pagamento del tributo o la trasmissione della comunicazione nei successivi 14 giorni dalla scadenza originaria. La penalità giornaliera è inoltre ridotta allo 0,1% per ciascun giorno di ritardo
2. **Ravvedimento Breve:** La sanzione dell' 1,5% del Ravvedimento Breve spetta qualora il Contribuente sani la violazione tra il quindicesimo ed il trentesimo giorno successivo alla scadenza originaria.
3. **Ravvedimento Intermedio:** La sanzione dell' 1,67% del Ravvedimento Intermedio si deve applicare quando il

Contribuente sana la violazione entro 90 giorni dall' omissione o dall' errore.

4. **Ravvedimento Lungo:** La sanzione del 3,75% del Ravvedimento Lungo si deve applicare quando la violazione è sanata entro il termine per la presentazione della Dichiarazione relativa all' anno nel corso del quale è stata commessa la violazione, ovvero entro un anno dall' omissione o dall' errore.

5. **Ravvedimento Lunghissimo:** La sanzione del 4,29% del Ravvedimento Lunghissimo si deve applicare se il pagamento omesso in precedenza è pagato entro 2 anni dall' omissione o dall' errore mentre la sanzione del 5% si applica qualora il versamento fosse stato effettuato oltre 2 anni dall' omissione o dall' errore.

Oltre al pagamento della sanzione sarà necessario calcolare e pagare anche gli interessi di mora dovuti al ritardo nel pagamento. Il tasso legale degli interessi di mora 2019 da applicare al Ravvedimento Operoso è pari allo 0,3%.

Attenzione. Sarà possibile utilizzare lo strumento del Ravvedimento Operoso per sanare eventuali ritardi nel pagamento dell' Imposta Sostitutiva IRPEF, i Contributi INPS non sono invece ravvedibili. Se non dovessi quindi riuscire a pagare i Contributi INPS secondo le date di scadenza ti consiglio di provvedere al pagamento al più presto, sarà poi l' INPS stessa a richiederti eventuali interessi di mora e sanzioni sul ritardo accumulato direttamente tramite avviso bonario che ti sarà comunicato via posta (o PEC nel caso di Gestione Commercianti o Artigiani).

6. COME EMETTERE LE FATTURE

....

6.1 COME EMETTERE UNA FATTURA NEL REGIME FORFETTARIO

Le fatture nel Regime Forfettario sono diverse rispetto alle fatture di tutti gli altri Regimi fiscali; è necessario conoscere nello specifico tutte le differenze con le fatture degli altri Regimi Fiscali per evitare di commettere gravi errori. Ecco quindi quali sono tutti gli elementi che devono essere obbligatoriamente presenti in fattura:

• **Dati Fiscali propri e del cliente** - All' interno della fattura nel Regime Forfettario è obbligatorio riportare i propri dati fiscali così composti: Nome e Cognome (o nome della Ditta Individuale se registrato, seguito dal proprio nome e cognome), sede fiscale dell'attività (Via, civico, Comune, Provincia), numero di partita IVA, Codice Fiscale.

E' facoltativo inserirei propri recapiti telefonici, la propria mail, o il proprio indirizzo di Posta Elettronica Certificata (PEC). E' obbligatorio inserire anche gli stessi dati per il cliente. Nel caso in cui si tratti di un cliente Estero, è possibile che sia titolare di un numero di Partita IVA estera (VAT). Nel caso invece di Cliente privato (dunque non titolare di Partita IVA) è necessario inserire soltanto il Codice Fiscale. Se emettiamo invece fattura nei confronti di una Società, il codice fiscale coinciderà con il numero di Partita IVA.

- **Numero e data fattura** - E' obbligatorio numerare e datare le fatture in modo progressivo. La prima fattura dell'anno sarà quindi la Numero 1 del giorno in cui si emette. La seconda sarà quindi la Numero 2 del giorno in cui verrà emessa e così via. Naturalmente il 31 Dicembre di ogni anno la numerazione verrà interrotta, e ricomincerà dalla Numero 1 l' anno successivo.

Nel caso in cui avessi la necessità di emettere una Nota di Credito, questa non seguirà la numerazione progressiva delle fatture, ma avrà quindi una propria numerazione iniziando sempre dalla Numero 1. Sarà possibile utilizzare dei sezionali del tipo "/a", "/online" se si hanno più modalità di vendita (ad esempio se si dovesse vendere online oltre che in negozio fisico, oppure su più punti vendita, ecc.)

- **Descrizione dell' Attività Svolta o del bene ceduto-** E' necessario descrivere correttamente il servizio o il prodotto oggetto della vendita. Nel caso di vendita di un servizio, è opportuno descrivere il servizio svolto, il luogo o la sua durata nel tempo. Non bisogna dunque essere generici nella descrizione dell' attività svolta pena indeducibilità della fattura stessa. Stesso discorso vale nel caso di vendita di un prodotto fisico. E' necessario dunque descrivere nel modo più completo possibile il bene oggetto di vendita, anche se in questo caso risulta più facile per ovvi motivi. E' necessario indicare con

- precisione anche la quantità (numero o peso)

- **Prezzo (imponibile) e totale fattura** - Sarà obbligatorio inserire il prezzo per la vendita del bene o servizio. Nel Regime Forfettario non sarà presente l' IVA e non sarà presente neanche la Ritenuta d' Acconto. In questo caso quindi l' Imponibile sarà uguale al Totale Fattura

- **Riferimenti di legge del Regime Forfettario** - Il Regime Forfettario (ormai lo sappiamo a memoria) è un Regime esente IVA ed esente dalla Ritenuta d' Acconto. I Contribuenti nel Regime Forfettario dovranno però specificare in fattura queste esenzioni riportato i riferimenti legislativi in tutte le fatture emesse. I riferimenti saranno i seguenti:
  "Operazione fuori campo IVA ai sensi dell'art. 1, commi 54-89, L. 23/12/2014, n. 190"
  "Prestazione non soggetta a ritenuta d'acconto ai sensi del comma 5.2 del Provvedimento Agenzia delle entrate del 22.12.2011 n. 185820."

In alcuni casi in fattura sarà possibile o obbligatorio inserire: la Rivalsa INPS, le Spese anticipate fuori campo IVA, ed il Bollo. Di queste tre variabili voglio parlarti in modo più approfondito:

Nel caso in cui si dovesse emettere fatture verso l' estero è probabile che il Cliente non abbia neanche bisogno di ricevere copia della nostra fattura in quanto il fisco estero è diverso da quello italiano. In tutti questi casi si dovrà procedere con un' auto-fattura, sarà quindi necessario compilare in modo cartaceo una fattura come se dovessimo consegnarla al Cliente ma la stamperemo e la porteremo semplicemente nella nostra Contabilità.

Per poter emettere le tue fatture nel Regime Forfettario potrai fornirti di un fatturiere acquistabile presso qualsiasi rivenditore di ricevute fiscali, sarà necessario però accertarti che contenga i riferimenti legislativi sopra riportati che specificheranno ai tuoi Clienti (e ai loro Commercialisti) il fatto che tu hai aderito ad un Regime di Vantaggio. A dire il vero non ho mai trovato dei fatturieri che contengano al loro interno queste diciture, quindi se deciderai di utilizzarli ti consiglio di farti realizzare un timbro contenente tutte le diciture obbligatorie nel Regime Forfettario e di applicarlo su tutte le fatture che emetterai e sulle copie che consegnerai ai Clienti, eviterai in questo modo di doverle ricopiare manualmente. In alternativa potrai utilizzare un prospetto in Excel, modificabile graficamente, che potrò inviarti via mail.

Alcuni Professionisti hanno invece l' abitudine di emettere una fattura pro-forma antecedentemente l' emissione della fattura finale. La fattura pro-forma non ha alcun valore fiscale e in ogni caso non rappresenta un obbligo né per il Professionista né per il Cliente, ma può essere utile per permettere ad entrambe le parti (Professionista e Cliente) di mettere in evidenza il prezzo pattuito, o la merce o il servizio acquistato che si andrà ad erogare per evitare successive incomprensioni. Per ultimo la fattura pro-forma si utilizza per controllare i dati di fatturazione ed evitare errori ed eventuali Note di Credito che andrebbero a complicare la gestione della contabilità del Professionista.

La compilazione della fattura pro-forma è identica alla compilazione della fattura finale ed ha il medesimo contenuto e aspetto della fattura classica. L' unico requisito necessario è quello renderla distinguibile dalla fattura valida ai fini fiscali. Bisognerà inserire quindi l' intestazione ben visibile "Fattura pro-forma" e dovrà inoltre essere riportata questa dicitura: "Il presente documento non costituisce fattura valida ai fini del D.P.R. 633/72.

La fattura definitiva sarà emessa all' atto del pagamento del corrispettivo (art. 6, comma 3, D.P.R. 633/72)".

Riguardo invece la numerazione delle fatture pro-forma, ti ricordo che queste dovranno avere una numerazione progressiva del tutto indipendente da quelle valide ai fini fiscali.

6.2 IL CONTRIBUTO INTEGRATIVO INPS

Tutti i Professionisti senza un Albo di Riferimento hanno l' obbligo di iscriversi alla Gestione Separata INPS per il pagamento dei propri Contributi Previdenziali. Gli stessi hanno la possibilità di poter inserire il Contributo INPS del 4% (o Rivalsa INPS 4%) all' interno delle proprie fatture. Come funziona la Rivalsa INPS? Come si calcola? E chi la paga?

Il Contributo INPS 4% è previsto dall' art. 1 comma 212 della legge 622/1996: "ai fini dell'obbligo previsto dall'articolo 2, comma 26, della legge n. 32/1995, i soggetti che sono titolari di redditi di lavoro autonomo di cui all'art. 49, comma 1, del DPR n. 917/1976, hanno il titolo di addebitare ai committenti, [...], una percentuale nella misura del 4% dei compensi lordi". Ciò significa innanzitutto che riguarda tutti i Professionisti titolari di Partita IVA che non possiedono un Albo di riferimento come ad esempio:

• Grafici, Webmaster, Copywriter, Web Designer
• Consulenti Aziendali, Consulenti Marketing, Social Media Manager, Blogger, Consulenti Informatici
• Traduttori
• Personal Trainer, Fisioterapisti
• Guide Turistiche
• Amministratori di Condomini, ecc.

Tutti questi Professionisti hanno quindi l' obbligo di iscriversi alla Gestione Separata INPS, e potranno quindi pagare i propri Contributi Previdenziali in percentuale sul proprio Reddito Lordo, al contrario invece di tutti i Commercianti o Artigiani iscritti alla

Gestione Commercianti o Gestione Artigiani INPS che hanno l' obbligo di versamenti minimali anche in assenza di fatturato.
La percentuale di Contributi INPS in Gestione Separata è pari al 25,72% dal 1 Gennaio 2017, e tutti questi Professionisti, al momento dell' emissione delle loro fatture, hanno la possibilità di applicare o non applicare la Rivalsa INPS 4%. Ma come funziona esattamente la rivalsa?

Al momento dell' emissione della fattura i Professionisti possono addebitare facoltativamente il 4% del pagamento dei propri Contributi Previdenziali al proprio Cliente finale addizionando la Rivalsa INPS 4% al propio compenso. In questo modo il Professionista incasserà il 4% in più rispetto ai propri compensi, questa cifra rappresenterà quindi un acconto sui propri Contributi pagati quindi dallo stesso Cliente.

Analizziamo con un esempio come funziona il Contributo Integrativo INPS del 4%. Ipotizziamo quindi la fattura di un compenso professionale nel caso in cui il Professionista si trovi in Regime Forfettario:

Compenso Professionale: Euro 1.000
Rivalsa INPS 4%: Euro 40
Totale: Euro 1.040
Bollo: Euro 2
Netto a pagare: Euro 1.042

Come avrai potuto notare, aggiungendo la Rivalsa INPS 4%, questa concorrerà alla formazione del Reddito Professionale, rappresenterà quindi una parte di reddito che verrà considerata ai fini del calcolo della tassazione ed ai fini del calcolo del limite del fatturato annuale.

Come già anticipato in precedenza, l' applicazione del Contributo Integrativo INPS del 4% è facoltativo, quindi va concordato di caso in caso con i propri Clienti. Tutti i Professionisti trarranno vantaggio dall' applicazione del Contributo Integrativo, in quanto permetterà quindi di incassare il 4% in più rispetto ai propri compensi Professionali, addebitando quindi una piccola parte dei propri Contributi, che comunque rimarranno sempre fissi al 25,72% in ogni caso, al propio Cliente finale. Nel caso in cui, invece, il compenso Professionale sia già stato concordato con il proprio Cliente in una cifra già decisa (ad esempio 1.000 Euro) non avrà alcun senso da questa scorporare in fattura la Rivalsa INPS 4%. Nel caso di importo finale già concordato con il Cliente basterà omettere il campo Rivalsa INPS 4%.

6.3 IL RIMBORSO DELLE SPESE ANTICIPATE

Durante lo svolgimento della propria Professione può capitare di dover sostenere delle spese effettuate in nome e per conto del Cliente che per comodità vengono spesso anticipate dallo stesso Professionista. Può capitare ad esempio ad Avvocati tenuti all' acquisto di marche da bollo necessarie per presentare le varie pratiche dei propri Clienti verso gli uffici della Pubblica Amministrazione, o queste spese possono capitare ad esempio ad un Webmaster che si ritrovi a dover anticipare i costi per l' acquisto di un dominio per il sito web del proprio Cliente. Tutte queste spese verranno poi naturalmente addebitate al Cliente al momento dell' emissione della fattura riguardante i propri compensi.
Attenzione però, affichè queste spese non vengano intese come un vero e proprio compenso e quindi concorrano alla formazione del reddito professionale soggetto a tassazione, è necessario prendere degli accorgimenti. Tutti i Professionisti al momento del pagamento di prodotti o servizi acquistati in nome e per conto dei propri Clienti dovranno farsi rilasciare regolare ricevuta o fattura intestata non a se stessi, bensì al proprio Cliente finale.

Il passaggio successivo sarà poi quello di emettere regolare fattura inserendo i propri compensi professionali, ed all' interno della stessa fattura sarà necessario riportare il totale delle spese anticipate sotto la voce "Spese anticipate fuori campo IVA ex art. 15". Sarà poi necessario allegare alla propria fattura le ricevute e fatture dimostrative delle spese sostenute che ti ricordo dovranno essere intestate al Cliente finale, che quindi avrà la possibilità di portarle nella propria Contabilità.

Solo in questo modo le spese sostenute verranno rimborsate senza concorrere quindi alla formazione del reddito professionale, non concorreranno a nessuna tassazione e non concorreranno al raggiungimento dei limiti di fatturato imposti dal Regime Forfettario.

Se invece il Professionista dovesse emettere fattura non allegando le ricevute o fatture dimostrative delle spese anticipate sostenute, o se queste non dovessero essere intestate al Cliente finale, non potranno essere considerate "Spese anticipate fuori campo IVA ex art.15", quindi concorreranno alla formazione del reddito e subiranno tassazione, o saranno soggette ad IVA e Ritenuta d' Acconto nel Regime Ordinario o Semplificato.

6.4 LA MARCA DA BOLLO IN FATTURA

In alcuni casi sulle fatture emesse nel Regime Forfettario è obbligatorio applicare una marca da bollo in sostituzione dell' IVA. Uno dei dubbi più frequenti che emergono al momento della compilazione di una fattura nel Regime Forfettario di solito: quando è necessario applicare la marca da bollo? La marca da bollo in fattura, o anche chiamata imposta di bollo, è un tributo che va applicato in modo alternativo all' IVA. Quindi, quando in una fattura per compensi è presente l' IVA (Imposta sul Valore Aggiunto) non dovrà mai essere applicata la marca da bollo.

Il Regime Forfettario però è un Regime esente IVA, quindi non sarà mai presente in fattura l' IVA. Per questo motivo, in alcuni casi, sarà obbligatorio applicare la marca da bollo nelle fatture emesse nel regime Forfettario, e nello specifico in tutte le fatture, sia di tipo cartaceo che elettronico, con importi superiori a 77,47 Euro.

La marca da bollo del valore di 2 Euro potrà essere acquistata in qualsiasi tabacchi o rivenditore di valori bollati oppure potrà essere acquista in formato elettronico.

Quando nel Regime Forfettario una fattura avrà l' importo totale inferiore a 77,47 Euro non sarà quindi mai necessario applicare ad esse la marca da bollo. Non andrà inoltre applicata:

• Su tutte le fatture, le note di debito e credito, conti e documenti simili in cui sono presenti accrediti ed addebiti riguardanti IVA.
• Su tutte le fatture relative ad esportazioni di merci e a cessioni intra-comunitarie di beni che fanno riferimento ad operazioni non imponibili.

È facoltà del Contribuente in Regime Forfettario addebitare al Cliente finale il costo della marca da bollo, così come è stabilito dall' art. 119 del Codice Civile, oppure il Contribuente potrà decidere di farsene carico semplicemente acquistando la marca ed applicandola sulla copia originale della fattura. Se questa quindi verrà addebitata al Cliente finale sarà necessario riportare la voce e l' addebito in fattura sommando il costo al totale delle proprie prestazioni, se si deciderà di non addebitarla al Cliente invece non dovrà essere inserito nulla.

Nel caso in cui il Contribuente consegni fisicamente al proprio Cliente la fattura cartacea, il consiglio è quello di consegnare la copia originale con la marca da bollo apposta sopra, in alternativa, nel caso di consegna della fattura ad esempio tramite mail, basterà inserire nella fattura copia da consegnare al Cliente la dicitura "marca da bollo applicata sull' originale". In questo secondo caso, quindi, la copia originale sarà conservata dal Contribuente stesso.

La marca da bollo da applicare nelle fatture emesse nel Regime Forfettario dovrà essere acquistata in data antecedente o dello stesso giorno dell' emissione della fattura. Nella marca da bolo stessa sarà sempre presente la data di acquisto, e questa non potrà essere successiva all' emissione della fattura. In caso contrario sarà oggetto di sanzione amministrativa.
Oltre al caso di acquisto della marca da bollo con data successiva a quella di emissione della fattura, vi è un' altro caso

in cui si ricadrà in sanzione amministrativa e cioè nel caso in cui non si applichi alcuna marca da bolo nonostante la fattura ricada nei casi di legge in cui è dovuta l' applicazione. La mancata apposizione della marca da bollo, o la sua eventuale applicazione con una data successiva a quella di emissione della fattura prevede una sanzione amministrativa, per ogni fattura irregolare, e la sanzione varia da 2 a 5 volte l'importo dell'imposta di bollo dovuta.

Dott. Mario Rossi
Via Della Libertà, 10
00100 - Roma

Codice Fiscale: ....

Partita I.V.A.: ....

Data Fattura 01/01/2017
Numero fattura   01

Cliente: Società XYZ
Via ...., n. ....
63821 - Porto Sant'Elpidio (FM)
C.F.: ....
Partita I.V.A.: ....

Descrizione	Importo
Descrizione della prestazione professionale svolta	€ 1.000,00

Importo complessivo	€	1.000,00
Contributo integrativo 4%	€	40,00
Spese anticipate Fuori Campo IVA ex art.15	€	-
Bollo	€	2,00
Totale Fattura	€	1.042,00

Imposta di bollo assolta ai sensi dell'art. 13 della Tariffa allegata al DPR 26.10.72 n. 642.
Operazione fuori campo IVA ai sensi dell'art. 1, commi 54-89, L. 23/12/2014, n. 190
Prestazione non soggetta a ritenuta d'acconto ai sensi del comma 5.2 del Provvedimento
Agenzia delle entrate del 22.12.2011 n. 185820.

Modalità di pagamento: Effettuato per contanti

Immagine 33. Esempio di fattura emessa nel Regime Forfettario

6.5 LA NOTA DI CREDITO

A tutti i titolarti di Partita IVA, Professionisti Commercianti o Artigiani, sarà capitato almeno una volta di dover emettere una Nota di Credito per annullare una fattura. Può capitare nel caso in cui si commetta un mero errore al momento della compilazione della stessa oppure può capitare se si dovesse decidere in un secondo momento di voler applicare uno sconto in fattura al Cliente.

In tutti questi casi non sarà possibile modificare la fattura già emessa, dovrà essere compilata ed inviata al Cliente una Nota di Variazione.

La Nota di Variazione potrà essere in diminuzione dell' importo in fattura, ed in questo caso di parla appunto di Nota di Credito, oppure potrà essere in aumento dell' importo stesso, si parla in questo secondo caso di Nota di Debito. Ma cosa è e come si emette una Nota di Credito?

Una Nota di Credito è un documento contabile molto simile ad una fattura, e molto simile è dunque la sua compilazione. Come abbiamo già detto serve per diminuire l' importo di una fattura già emessa al Cliente, ma il più delle volte serve per annullare fattura già emessa, si parla quindi di storno fattura.

Va compilata allo stesso modo di una fattura "classica" ma al posto delle dicitura FATTURA dovrà essere presente la dicitura NOTA DI CREDITO. Sarà importante inserire:

- I propri dati fiscali nel caso di Ditta Individuale, o i dati fiscali della Società che la emette
- I dati fiscali del Cliente
- Il numero della Nota di Credito
- La data di emissione della Nota di Credito
- Il riferimento della fattura che andrà ad essere modificata o annullata

- L' importo stesso della Nota di Credito, eventuale IVA, eventuale Contributo Integrativo INPS.

Bisognerà registrare la Nota di Credito come qualsiasi altro documento contabile, e lo stesso dovrà quindi fare il Cliente che la riceverà. La Nota di Credito seguirà una numerazione diversa rispetto alla numerazione delle fattura già emesse. Quindi, ad esempio, se il Contribuente dovesse avere già emesso 20 fatture ed avesse la necessità di emettere la prima Nota di Credito dell' anno, questa sarà la Nota di Credito n. 1 con data di emissione del giorno in cui verrà emessa. Il Contribuente potrà quindi poi riprendere la numerazione progressiva per l' emissione delle fatture ripartendo dalla numero 20, quindi la fattura successiva sarà la n. 21 (con data di emissione del giorno in cui verrà emessa).

Come già anticipato precedentemente, la Nota di Debito, al contrario della Nota di Credito, è una Nota di Variazione che andrà utilizzata nel caso in cui il Contribuente abbia la necessità di dover rettificare una fattura emessa aumentando l' importo in fattura o rivalsa INPS presente in fattura stessa. In verità l' utilizzo della Nota di Debito non è molto diffuso, il più delle volte si tende ad utilizzare una fattura integrativa in aggiunta alla fattura già emessa, in quanto alcune casistiche comporterebbero addirittura delle sanzioni.

Ecco un esempio della compilazione di una Nota di Credito:

Dott. PINCO PALLINO
Via Le Mani, n. 1
62100 - MACERATA (MC)

Codice Fiscale: ....

Partita I.V.A.: ....

| | Data Nota di Credito | 1/1/19 |
| | Numero Nota di Credito | 01 |

NOTA DI CREDITO

Cliente: **Società XYZ**

Via ...., n. ....

63821 - Porto Sant'Elpidio (FM)

C.F.: ....

Partita I.V.A.: ....

Descrizione	Importo
Nota di Credito relativa alla fattura N... Del...	€ 1.000,00
Importo complessivo	€ 1.000,00
Spese anticipate Fuori Campo IVA ex art.15	€ .
Totale Fattura	€ 1.000,00

Imposta di bollo assolta ai sensi dell'art. 13 della Tariffa allegata al DPR 26.10.72 n. 642.

Operazione fuori campo IVA ai sensi dell'art. 1, commi 54-89, L. 23/12/2014, n. 190

Prestazione non soggetta a ritenuta d'acconto ai sensi del comma 5.2 del Provvedimento Agenzia delle entrate del 22.12.2011 n. 185820.

<u>Modalità di pagamento:</u>   Effettuato per contanti

Immagine 34. Esempio di Nota di Credito emessa nel Regime Forfettario

6.6 FATTURA NON PAGATA: COSA FARE?

Può capitare nella vita di un Imprenditore o di un Professionista che un Cliente non paghi la fattura presentata per il pagamento. La fattura non pagata può riferirsi a un acconto o ad un saldo, in alcuni casi è emessa a nome di un Cliente conosciuto, magari per un lavoro di rilevante importo ma anche per importi di entità modesti. In ogni caso è sicuramente una vicenda che infastidisce perchè sottrae tempo e concentrazione all' Imprenditore o al Professionista già troppo impegnato con il proprio lavoro. Per recuperare il proprio credito si inizia quindi con le telefonate di sollecito, poi con le mail, infine con qualche lettera raccomandata.

Se poi il fenomeno si presenta con una certa frequenza e con vari Clienti, si può determinare una mancanza di liquidità tale da condurre la Ditta Individuale in una fase di crisi. E' anche per questo motivo che è importante per l'Imprenditore trovare una soluzione rapida e che dia una ragionevole probabilità di successo, e di solito la via bonaria non porta buoni risultati e neppure i solleciti di pagamento svolti con lettera raccomandata. Così l'Imprenditore si rende conto che è più utile e proficuo attivare una procedura giudiziale di recupero crediti con l'ausilio di un Avvocato.

Infatti in questi casi il creditore-imprenditore commerciale ha una posizione di privilegio, potendo utilizzare la fattura non pagata emessa a carico del debitore suo Cliente, al fine di chiedere al giudice l'emissione di un decreto ingiuntivo che condanni quest'ultimo al pagamento della somma indicata nella fattura stessa o del residuo ancora dovuto. Si tratta di una procedura molto rapida che avviene senza il confronto delle parti e quindi sulla base della semplice richiesta unilaterale dell'imprenditore. I requisiti per la richiesta sono:

• La determinatezza della somma (è quindi escluso ad esempio il credito da risarcimento dei danni)

- La prova scritta (il credito non deve essere provato con testimoni. Utile in questo caso la presenza di un contratto, o l' accettazione di un preventivo)
- La scadenza del termine di pagamento (il credito deve essere esigibile)

Il buon senso suggerisce all'Imprenditore dapprima di inviare un sollecito bonario al cliente, in quanto quest'ultimo potrebbe aver dimenticato la scadenza o aver avuto problemi con la propria banca o altri contrattempi, si comincia con una fax, con una telefonata, con una e-mail, poi si formalizza con una lettera raccomandata o con un messaggio via PEC.

Di solito però non si tratta di banali contrattempi occorsi involontariamente al Cliente, ma di una condotta colposa o addirittura maliziosa, diretta ad eludere il dovere di saldare il conto, a quel punto l'imprenditore si rende conto che è più utile e proficuo attivare una procedura giudiziale di recupero crediti con l'ausilio di un avvocato. La procedura pone il creditore-imprenditore commerciale in una posizione di privilegio, potrà infatti utilizzare la fattura come prova del suo diritto e ottenere subito la condanna al pagamento.

Il Giudice emetterà un decreto ingiuntivo senza entrare nel merito della vicenda contrattuale e senza valutare tutti i suoi eventuali sviluppi o le lamentele di controparte, semplicemente condannando il debitore al pagamento della somma indicata nella fattura stessa o del residuo ancora dovuto.

L'emissione del decreto ingiuntivo di solito avviene nell'arco di 20 giorni dal momento del deposito del ricorso nella cancelleria del giudice competente, ed una volta emesso, si dovrà provvedere a chiedere le copie autentiche e a notificarle a controparte. Questa attività di solito richiede ulteriori 20 giorni, per cui nell'arco di un paio di mesi di solito il debitore riceve la notifica del decreto di ingiunzione di pagamento.

Bisognerà però valutare i costi giudiziari di questa operazione che di solito variano in percentuale al credito vantato. Ti consiglio quindi eventualmente di richiedere un preventivo ad un Avvocato di fiducia.

6.7 LA FATTURAZIONE ELETTRONICA

Dal 1 gennaio 2019 tutti i titolari di Partita IVA saranno obbligati all' emissione di fattura elettronica, soltanto alcuni Contribuenti (ed in alcuni casi) sono esclusi da quest' obbligo come tutti coloro che hanno deciso di aderire al Regime Forfettario e dovranno emettere fatture verso privati. La fatturazione Elettronica nel Regime Forfettario verso privati quindi seguirà delle regole diverse da tutti gli altri Regimi Fiscali.

Una delle novità già rilevanti introdotte dalla nuova Legge di Bilancio, oltre all' introduzione della Flax Tax, riguarda l' obbligo di emettere fattura Elettronica per tutti i titolari di Partita IVA, residenti o fiscalmente stabili in Italia, per la vendita dei propri prodotti o servizi a titolari di Partita IVA o a Soggetti privati aventi solo Codice Fiscale. L' obbligo è stato stabilito dalla data del 1 Gennaio 2019, e se prima era valido solo per fatturare alla PA (Pubblica Amministrazione), adesso è stato esteso anche per tutte le fatture emesse verso privati.

Attenzione però, sono presenti alcuni casi di esclusione dalla fatturazione Elettronica. Tutti i Professionisti, Artigiani o Commerciati che hanno deciso di aprire una Partita IVA nel Regime Forfettario, o che hanno deciso di aderire a questo Regime in seguito, risulteranno esentati dall' obbligo di emettere fattura Elettronica verso Privati (titolari di P. IVA o Soggetti privati con Codice Fiscale) ai sensi dell'articolo 1 comma 909 lettera a numero 3 della Legge 205/2017 a partire dal 1 Gennaio 2019. I Contribuenti nel Regime Forfettario saranno quindi soggetti esclusi dalla fattura Elettronica.

Naturalmente per fattura Elettronica non si intende una fattura creata in modo digitale (tramite dei software o tramite PDF ad esempio), rappresenta infatti un innovativo sistema fiscale che permette in contemporanea la generazione, l' invio e la conservazione della fattura in modo Elettronico tramite l' utilizzo di particolari codici univoci attribuiti ad ogni Azienda.

Vi sono casi in cui nel Regime Forfettario sarà necessario utilizzare la fatturazione Elettronica, e cioè per tutte le fatture emesse verso la Pubblicità Amministrazione. Questo obbligo in verità è già in vigore dal 1 Gennaio 2015, anno di introduzione del Regime Forfettario stesso. Rimangono valide le disposizioni dell'articolo 1 comma 209 e seguenti della legge 244/2007 e del decreto ministeriale 55/2013, quindi in questo caso non sono previsti esoneri, i Contribuenti forfettari verso le Pubbliche Amministrazioni si comporteranno che tutti i Contribuenti in Regime Ordinario o Semplificato.

Anche tutti i Contribuenti nel Regime dei Minimi, come quelli in Regime Forfettario, risulteranno soggetti esclusi dalla fatturazione elettronica obbligatoria verso i Privati titolari di Partita IVA o possessori di solo Codice Fiscale in vigore dal 1 Gennaio 2019, potranno quindi continuare a rilasciare classica fattura cartacea o digitale via mail. Anche i titolari di Partita IVA nel Regime dei Minimi saranno obbligati ad emettere fattura verso le PA Pubbliche Amministrazioni.

6.7 IL CONTRATTO DA LAVORATORE AUTONOMO

Nel momento in cui un Professionista trova tutti gli accordi con un' Azienda o con un soggetto privato per lo svolgimento di un' opera o di un servizio è importante sottoscrivere un contratto d' opera. Consiglio sempre la stesura di un contratto che specifichi dettagliatamente: la mansione svolta, la tempistica di realizzazione dell' opera o del servizio, il compenso pattuito, eventuali specifiche. Il Lavoratore Autonomo è infatti colui che si obbliga ad una determinata prestazione lavorativa a favore di un altro soggetto (il Committente) senza alcun vincolo di subordinazione e con l' assunzione di ogni rischio a proprio carico, è importante quindi che questo venga specificato in un apposito contratto.

Il contratto d' opera è disciplinato dagli articoli 2222 e successivi del Codice Civile e si manifesta nel momento in cui "una persona si obbliga a compiere, verso un corrispettivo, un' opera o un servizio prevalentemente proprio e senza di vincolo di subordinazione nei confronti del Committente".

Quello che distingue il Lavoro Autonomo da quello subordinato non è l' oggetto stesso della prestazione, bensì le modalità mediante le quali effettivamente è svolta ed il tipo di vincolo esistente fra il prestatore d' opera ed il Committente. Affinchè quindi il lavoro sia Autonomo, dovrà essere svolto in modo discrezionale e senza l' assoggettamento al potere direttivo organizzativo e disciplinare. Un ulteriore elemento che differenzia il Lavoro Autonomo da quello subordinato è l' assunzione del rischio, in quanto, a differenza del Lavoratore Subordinato che avrà diritto al compenso pattuito anche senza il raggiungimento di un risultato, il Lavoratore Autonomo organizza la sua attività al fine di soddisfare la richiesta del Committente, assumendosi il rischio connesso all' attività svolta.

L' oggetto del contratto di Lavoro Autonomo è dunque l' opera, che consiste in qualsiasi attività svolta in maniera manuale, tecnica o intellettuale idonea a produrre un risultato economico, delimitata nel tempo oppure continuativa. Sarà necessario specificare nel modo più dettagliato possibile l' oggetto del contratto descrivendo il tipo di attività da svolgere e l' obiettivo da raggiungere.

Il corrispettivo dovrà essere sempre commisurato all' opera ed al servizio reso ed è necessario che venga specificato in ogni contratto da Lavoratore Autonomo, anche se un' eventuale assenza non comporta la nullità del contratto bensì il ricorso alle tariffe professionali se presenti. Il lavoratore autonomo è tenuto a svolgere la propria prestazione con la diligenza del buon padre di famiglia secondo le condizioni stabilite dal contratto e a regola d'arte. In caso contrario il Committente può fissare un congruo termine per l'adeguamento, trascorso il quale potrà recedere dal contratto e chiedere il risarcimento dei danni.

Aspetto da non sottovalutare è la rescissione del contratto: Il Committente può recedere dal contratto anche quando sia iniziata l'esecuzione dell'opera, purché il Lavoratore Autonomo sia tenuto indenne delle spese, del lavoro eseguito e del mancato guadagno.

Ti allego qui un possibile modello da poter utilizzare e personalizzare per la stesura di un contratto da lavoratore Autonomo. Potrai trovare molti altri modelli personalizzabili direttamente su Google o potrai contattami direttamente tramite il mio sito www.regime-forfettario.it e sarò felice di fornirtene una copia!

COLLABORAZIONE PROFESSIONALE

DI LAVORO AUTONOMO

Artt. dal 2229 al 2238 del c.c.

TRA

Azienda srl, partita iva n. 01974983729, con sede in Roma in Via Firenze n.84, rappresentato dal legale rappresentante _____, nato a _____ il ...., di seguito indicato come " SOCIETA' "

E

Il dott. Mario Rossi, codice fiscale RSSMRA75E08D122Z Partita Iva n. 028905772937, nato a Roma il 08 maggio 1975 residente in Roma, di seguito indicato come "Collaboratore"

SI CONVIENE E SI STIPULA QUANTO SEGUE
ART. 1 – RAPPORTO

Le parti si danno reciprocamente atto che viene tra loro stipulato, ai sensi degli artt. 2229 e seguenti del c.c., un contratto di collaborazione di lavoro autonomo consistente nello svolgimento di una attività straordinaria e temporanea con le modalità ed i termini di seguito convenuti.

ART. 2 – OGGETTO DELLA PRESTAZIONE

L'oggetto della prestazione è il seguente:

Il "Collaboratore" si impegna, a:

1. Progettare, implementare e mantenimento di un sistema di gestione della Qualità secondo lo standard della norma internazionale UNI EN ISO 9001.2008 per una organizzazione cliente della SOCIETA' con scopo di certificazione: progettazione, erogazione e gestione di corsi di formazione professionale e di Alta formazione in modalità frontale ed E-learnig.

ART. 3 – MODALITA' DI ESECUZIONE DELLA PRESTAZIONE PROFESSIONALE

Il collaboratore si impegna ad eseguire la prestazione personalmente, senza alcun vincolo di subordinazione né obbligo di orario, in piena autonomia tecnica ed organizzativa.

Le prestazioni di cui al presente contratto non determinano rapporto di subordinazione gerarchica in quanto il prestatore non esegue ordini puntuali e specifici, ma, nell'ambito delle direttive generali e delle indicazioni di massima impartitegli, ha piena autonomia di organizzare la propria attività con le modalità che ritiene più opportune, in vista ed in funzione del raggiungimento dei risultati che gli sono stati commissionati.

1

Immagine 35. Esempio di contratto di collaborazione Professionale di Lavoro Autonomo. Pagina 1

www.regime-forfettario.it

ART. 4 – DURATA DEL CONTRATTO

L'incarico avrà inizio il giorno 06 maggio 2019 e terminerà il giorno 25 maggio 2020.

ART. 5 – COMPENSO, TRATTAMENTO FISCALE E MODALITA' DI PAGAMENTO

Le parti convengono che il compenso dovuto per l'espletamento della collaborazione di lavoro autonomo viene determinato in euro 1.100,00 (euro millecento/00), oltre al 4% della Rivalsa INPS.

Il compenso suddetto rientra ai fini del trattamento fiscale tra i redditi di lavoro autonomo di cui all'art. 53 comma 1 del TUIR e successive modificazioni ed integrazioni. A Il compenso dovrà essere erogato con bonifico bancario con le seguenti modalità:

- entro 30 maggio 2019 euro 500,00 (cinquecento/00);

- entro 30 Luglio 2019 euro 300,00 (trecento/00);

- entro 30 maggio 2020 euro 300,00 (trecento/00).

Non è dovuto alcun rimborso delle spese eventualmente sostenute dal collaboratore per l'esecuzione dell'incarico. Al collaboratore non spetterà alcuna indennità al termine del presente contratto di collaborazione professionale di lavoro autonomo.

La SOCIETÀ non sarà in alcun modo responsabile nel caso di variazioni alle modalità di pagamento non portate a conoscenza della SOCIETÀ con mezzi idonei.

ART. 6 – RECESSO

La SOCIETÀ si riserva la facoltà di recedere motivatamente, in qualsiasi momento, dal presente contratto corrispondendo al collaboratore il compenso da determinarsi proporzionalmente al lavoro effettivamente svolto.

Il collaboratore può recedere anticipatamente, prima della scadenza del presente contratto, con preavviso di almeno 10 giorni, solo al fine di evitare pregiudizio alla SOCIETÀ. In tal caso il compenso da liquidare sarà determinato proporzionalmente al lavoro effettivamente svolto.

ART. 7 – PROPRIETA', RISERVATEZZA DEI RISULTATI

Il lavoro svolto ed i risultati dello stesso sono di esclusiva proprietà della SOCIETÀ. Pertanto il collaboratore non può avvalersi di detto lavoro per altri scopi ne portarlo a conoscenza di altri Enti o persone o divulgarlo con pubblicazioni se non con espressa preventiva autorizzazione scritta della SOCIETÀ ed indicando comunque che detto lavoro è stato svolto per conto della SOCIETÀ.

Tutti i dati e le informazioni di carattere tecnico-amministrativo o scientifico di cui il collaboratore entrerà in possesso nello svolgimento dell'incarico professionale di cui trattasi dovranno considerarsi riservati.

2

Immagine 36. Esempio di contratto di collaborazione Professionale di Lavoro Autonomo. Pagina 2

ART. 8 – RESPONSABILITA'

La SOCIETÀ è esonerata da ogni responsabilità in relazione a danni causati dall'incaricato a persone e/o cose in corso di contratto.

ART. 9 – NORME DI RINVIO

Per quanto non espressamente disciplinato al presente contratto si applicano gli artt. 2229 e segg. del codice civile. In caso di inadempimento si applicano le disposizioni in materia di risoluzione del contratto contenute nel libro IV, titolo II, capo XIV del codice civile.

ART. 10 – SPESE DI REGISTRAZIONE

Il presente contratto è soggetto a registrazione in caso d'uso, a norma dell'art. 5 comma 2 del D.P.R. 26 aprile 1986 n. 131.

ART. 11 – TUTELA DATI PERSONALI

Per la tutela del collaboratore, rispetto al trattamento dei dati personali, saranno osservate le disposizioni di cui al Dlgs 30 giugno 2003 n. 196.

ART. 12 – FORO COMPETENTE

Per eventuali controversie il collaboratore dichiara di accettare la competenza del Foro di Roma

Roma lì 06 maggio 2019
Letto, confermato, sottoscritto

La SOCIETÀ   IL COLLABORATORE

Agli effetti dell'art. 1341 del Codice Civile il sottoscritto dichiara di approvare specificatamente le disposizioni dei seguenti articoli del contratto:

Art. 6 - (Recesso)

Art. 7 - (Proprietà - Riservatezza dei risultati)

Art. 8 - (Responsabilità)

Art. 12 - (Foro competente)

IL COLLABORATORE

3

Immagine 37. Esempio di contratto di collaborazione Professionale di Lavoro Autonomo. Pagina 3

7. LA DICHIARAZIONE DEI REDDITI

Siamo giunti all' obbligo fiscale conclusivo al quale ogni titolare di Partita IVA dovrà attenersi e cioè quello di compilare ed inviare la proprio Dichiarazione dei Redditi. Durante questo percorso abbiamo imparato quali sono le procedure per aprire la propria Partita IVA, per scegliere con oculatezza il proprio Regime Fiscale e per calcolare in autonomia il proprio Reddito. L' ultimo passaggio, probabilmente il più importante, sarà quello di dichiarare i propri redditi allo Stato tramite la compilazione e l' invio della propria Dichiarazione dei Redditi.

Esistono due differenti strumenti fiscali per mezzo dei quali ogni Contribuente può inoltrare la propria Dichiarazione dei Redditi all' Amministrazione finanziaria, e questi sono:

• Dichiarazione dei Redditi Modello 730
• Dichiarazione dei Redditi Modello UNICO

Si tratta di due modelli dichiarativi differenti, ognuno di essi idoneo a soddisfare in maniera migliore specifiche categorie di Contribuenti, ed è per questo motivo che andranno analizzati separatamente.

7.1 DICHIARAZIONE DEI REDDITI MODELLO 730

I Contribuenti che possono utilizzare il Modello 730 per la loro Dichiarazione dei Redditi sono generalmente i Lavoratori Dipendenti ed i pensionati. Queste categorie di soggetti infatti si avvalgono della figura del Sostituto d' Imposta che eroga loro i redditi.

I Sostituti d' Imposta sono rappresentati quindi dai datori di lavoro, o dagli enti pensionistici, che ogni mese si sostituiscono al Contribuente nel versare quanto dovuto allo Stato.
Per presentare il Modello 730, i Contribuenti possono usufruire dei dati messi a disposizione dall' Agenzia delle Entrate che a partire dal 15 Aprile di ogni anno mette a disposizione il "Modello 730 pre-compilato". Questa procedura consente al Contribuente, previo ottenimento dei codici di accesso, di ottenere una Dichiarazione dei Redditi già quasi completamente predisposta. Avvalendosi del "Modello 730 pre-compilato"sarà quindi sufficiente verificare i dati già presenti nella Dichiarazione ed eventualmente modificarli prima di confermarne l' invio.

In alternativa, i Contribuenti hanno la possibilità di presentare il proprio Modello 730 attraverso l' assistenza di un CAF (Centro di Assistenza Fiscale) o di Professionisti abilitati. In ogni caso, i termini per l' invio del Modello 730 sono stati posticipati fino al 7 Luglio di ogni anno (con riferimento ai redditi per l' anno precedente) anche se questa data può essere variata ogni anno da parte dell' Agenzia delle Entrate. È tuttavia possibile presentare il Modello 730 ad un CAF o ad un Professionista abilitato anche in assenza di un datore di lavoro tenuto ad effettuare il conguaglio. Pertanto non è più necessario che il Contribuente abbia, nell' anno in corso, un rapporto di lavoro o di collaborazione con un Sostituto d' Imposta che possa effettuare le operazioni di conguaglio nei termini previsti.

Vi sono due grandi vantaggi nella presentazione della Dichiarazione dei Redditi Modello 730:

Vantaggio 1: la Dichiarazione dei Redditi si chiude con un credito. Se la Dichiarazione dovesse rilevare la presenza di un Credito d' imposta per il Contribuente significa che il datore di lavoro ha applicato ritenute maggiori rispetto all' imposta dovuta per effetto delle detrazioni applicate in sede di Dichiarazione. In questo caso il Modello 730 risulterò più conveniente rispetto al Modello Unico in quanto permetterà l' accredito delle somme spettanti a titolo di Credito d' Imposta direttamente in busta paga nel mese di Luglio dello stesso anno in caso di Lavoratori Dipendenti, o nei mesi di Agosto o Settembre nel caso di pensionati.

Vantaggio 2: facilità di compilazione del Modello 730. Qualora il Contribuente possieda esclusivamente redditi da Lavoro Dipendente, redditi fondiari e/o redditi di lavoro Autonomo Occasionale converrà presentare il Modello 730 in quanto sarà molto più semplice da compilare rispetto al Modello UNICO. Sarà più semplice da compilare soprattutto da parte di tutti i Contribuenti che non vorranno avvalersi di un CAF o Professionista Abilitato per l' invio della propria Dichiarazione dei Redditi. Avranno quindi la possibilità di inviare il Modello 730:

• I Lavoratori Dipendenti
• I soggetti che percepiscono redditi da capitale
• I soggetti che percepiscono redditi dall' estero
• I soggetti che percepiscono indennità sostitutive al reddito da lavoro dipendente (esempio NASPI)
• I soci di Cooperative di produzione e lavoro e di servizi
• I soggetti impegnati in lavori socialmente utili
• I lavoratori con contratto di lavoro determinato per un periodo inferiore all' anno.

7.2 DICHIARAZIONE DEI REDDITI MODELLO UNICO

Non sarà possibile utilizzare il Modello 730, e di conseguenza sarà necessario inviare il Modello UNICO, qualora il Contribuente abbia percepito redditi d' Impresa, redditi da lavoro autonomo, sia possessore di una Partita IVA o nel caso in cui abbia percepito redditi non compresi tra quelli indicati nel Modello 730. Naturalmente, tutti i Contribuenti nel Regime Forfettario saranno obbligati a compilare ed inviare il Modello UNICO.

Il Modello UNICO è un modello dichiarativo sicuramente più complesso rispetto al Modello 730 in quanto consente di dichiarare ogni tipologia reddituale percepita dal soggetto nel corso dell' anno precedente. Inoltre il Modello UNICO potrà essere utilizzato per integrare o modificare dati non inseriti o erroneamente inseriti nel Modello 730. Questa maggiore complessità e difficoltà nella compilazione di conseguenza impone l' ausilio di un Professionista abilitato che si occupi degli aspetti legati alla predisposizione ed invio dello stesso modello. Oltre alla maggiore difficoltà nella compilazione, il Modello UNICO presenta un altro svantaggio nei confronti del Modello 730 e cioè la presenza di tempi di recupero di eventuali Crediti d' Imposta molto più lunghi (un anno in media). In alternativa il consiglio è quello di scegliere di utilizzare eventuali Crediti d' Imposta per la compensazione dei pagamenti delle future tasse.

Il Modello UNICO dovrà essere presentato in modo telematico entro il 30 Settembre di ogni anno con riferimento ai redditi percepiti nell' anno precedente, salvo variazioni nelle scadenze da parte dell' Agenzia delle Entrate. I pagamenti delle imposte invece dovranno avvenire entro il 30 Giugno relativamente al pagamento del saldo dell' anno precedente e per il versamento del primo acconto per l' anno in corso, ed entro il 30 Novembre per il versamento del secondo acconto per l' anno in corso. Parleremo del funzionamento e del calcolo del saldo e degli acconti nei prossimi paragrafi.

Saranno quindi obbligati a predisporre ed inviare il Modello UNICO:

- I Contribuenti possessori di una Partita IVA anche se non dovessero aver percepito alcun reddito
- I Lavoratori Dipendenti, nel caso in cui avessero cambiato datore di lavoro nell' anno e che quindi siano in possesso di più Certificazioni Uniche senza conguaglio
- I Lavoratori Dipendenti che abbiano ricevuto o meno il riconoscimento da parte del proprio datore di lavoro di detrazioni, deduzioni e redditi nello stesso anno fiscale della Dichiarazione dei Redditi. In alternativa sarà possibile presentare il Modello 730
- I Contribuenti che abbiano ricevuto redditi di capitale o plusvalenze soggette secondo normali legge a tassazione IRPEF

Per tutti i Contribuenti obbligati ad inviare il Modello 730 o il Modello Unico, la normativa fiscale ha previsto la possibilità di usufruire di ulteriori detrazioni: gli Oneri Detraibili

Nota *bene: i seguenti Oneri Detraibili di cui parleremo adesso non saranno considerati nel caso in cui il Contribuente fosse titolare esclusivamente di un Reddito da Partita IVA Agevolata (Regime dei Minimi o Regime Forfettario). Però, nel caso in cui il Contribuente possedesse, oltre al reddito da Partita IVA Agevolata, anche un altro reddito utile ai fini IRPEF (reddito da Lavoro Dipendente, reddito da pensione, reddito da affitto, redditi da Prestazione Occasionale, ecc) allora avrà la possibilità di detrarre gli Oneri Detraibili*

Si devono considerare Oneri Detraibili quelle spese cui la legge attribuisce il diritto ad una riduzione percentuale dell' Imposta Lorda (e non del reddito). La detraibilità di queste spese è ammessa dunque a condizione che gli oneri siano stati sostenuti dal Contribuente nello stesso periodo di Imposta.

Gli Oneri Detraibili daranno quindi diritto ad una riduzione delle imposte pari al 19% (in alcuni casi 20%) delle spese sostenute dal Contribuente. Tra queste spese fanno parte:

- Spese sanitarie, spese mediche
- Interessi passivi sui mutui contratti per l' acquisto di immobili
- Detrazioni sulle erogazioni liberali (ad esempio donazioni ad enti riconosciuti)
- Detrazioni per i contratti di affitto destinati a inquilini a basso reddito
- Agevolazioni per spese di ristrutturazioni edilizie
- Detrazioni per la riqualificazione energetica degli edifici
- Spese di istruzione, premi assicurativi, spese di frequenza in asili nido, spese veterinarie, commissioni pagate agli agenti immobiliari, iscrizioni a strutture sportive, spese per addetti all'assistenza personale, auto-aggiornamento per i docenti, abbonamenti al servizio di trasporto pubblico.

Gli Oneri di cui è riconosciuta la detrazione del 19% fanno riferimento in generale alle spese mediche: possono infatti essere detratte le spese sanitarie sostenute nell' anno superiori ad un importo di 129,11 Euro (limite di franchigia sotto il quale non sarà possibile dedurre spese mediche).
Per quanto riguarda le spese destinate all' acquisto di medicinali, la detrazione spetta solo se la spesa è certificata da fattura o da scontrino in cui devono essere specificati la natura, la qualità e la quantità dei prodotti acquistati nonché il codice fiscale del destinatario oltre la data di acquisto.

La detrazione del 19% sugli interessi passivi derivanti da mutui ipotecari contratti per l' acquisto dell' abitazione principale ha invece come limite massimo di spesa ammissibile un importo pari a 4.000 Euro. Qualora i coniugi fiscalmente a carico l' uno dell' altro siano contestatari in parti uguali del mutuo che grava sull' abitazione principale acquistata in comproprietà, gli stessi hanno la possibilità di indicare al massimo un importo di 2.000 Euro ciascuno.

Le spese sostenute per l' acquisto di abbonamenti ai servizi di trasporto pubblico sono detraibili fino ad un importo massimo di 250 Euro.

Vi è poi (molto comune) la possibilità di detrarre gli oneri per la presenza di familiari a carico. Sono infatti considerati familiari a carico:

• Il coniuge non legalmente separato
• i figli, compresi quelli naturali, riconosciuti, gli adottivi, gli affidati e gli affiliati
• genitori, fratelli e sorelle, generi, nuore, suoceri, ascendete prossimi

Per essere considerato a carico, il familiare dovrà possedere un reddito non superiore a 2.850,51 Euro. Tra i redditi considerati per il computo del limite devono essere compresi anche i redditi d' Impresa o di lavoro autonomo (anche Prestazione Occasionale quindi) assoggettato a Imposta Sostitutiva. Per il familiare a carico è prevista una detrazione teorica variabile fino a 800 Euro. La detrazione, in ogni caso, dovrà essere rapportata al numero dei mesi a carico ed alla percentuale spettante, nel caso in cui la stessa spetti anche al coniuge. Le detrazioni per i figli non possono essere liberamente ripartite tra i genitori: è prevista infatti la divisione del 50% della somma spettante tra i genitori non legalmente ed effettivamente separati. In alternativa sarà possibile scegliere di attribuire tutta la detrazione al genitore che possiede il reddito più elevato, in questo modo potrà godere delle detrazioni in caso, per esempio, di incapienza del genitore con il reddito più basso.

Conoscere tutti questi Oneri deducibili permetterà al Contribuente di poter risparmiare centinaia, a volte anche migliaia, di Euro in tasse. Consiglio quindi di raccogliere, schedare e conservare gelosamente tutte le spese sopra citate e di verificare insieme al vostro Professionista abilitato o CAF di fiducia la possibilità o meno di dedurre determinate spese effettuate quotidianamente.

I Quadri da compilare nel Modello UNICO - Decidere di compilare ed inviare autonomamente la propria Dichiarazione dei Redditi Modello Unico non è mai una scelta saggia. Sono davvero tanti i quadri da compilare ed ancora di più i casi in cui sarà possibile commettere un errore. Per questo motivo consiglio di affidare la compilazione e l' invio del Modello Unico ad un Professionista abilitato. In molti casi anche i CAF hanno la possibilità di inviare tin modo telematico il Modello Unico ma anche in questo caso mi sento di sconsigliarti questa soluzione soprattutto se possiedi una Partita IVA.

Dopo questa premessa ti mostrerò ugualmente quali campi sarai tenuto a compilare nel caso in cui decidessi di compilare ed inviare autonomamente la tua Dichiarazione dei Redditi. Per semplicità di esposizione ti mostrerò tutti i campi da compilare per poter dichiarare i redditi nei casi in cui si possegga una Partita IVA nel Regime dei Minimi o nel Regime Forfettario. Ho volutamente omesso la spiegazione sulla compilazione per il Regime Ordinario o Semplificato in quanto i campi da compilare risultano molto più complessi dei primi e non ritengo questo manuale la sede adatta per approfondire questi argomenti fiscali.
Per i titolari di Partita IVA i quadri da compilare varieranno in base al Regime Fiscale scelto, analizziamo dunque i Quadri da compilare nella Dichiarazione dei Redditi Modello Unico per i titolari di Partita IVA in uno dei Regimi di Vantaggio: Regime dei Minimi o Regime Forfettario.

Il quadro significativo dei titolari di Partita IVA nel Regime dei Minimi o Forfettario è il quadro LM e nello specifico andrà compilata la Sezione I nel caso di Regime dei Minimi e la Sezione II nel caso di Regime Forfettario.

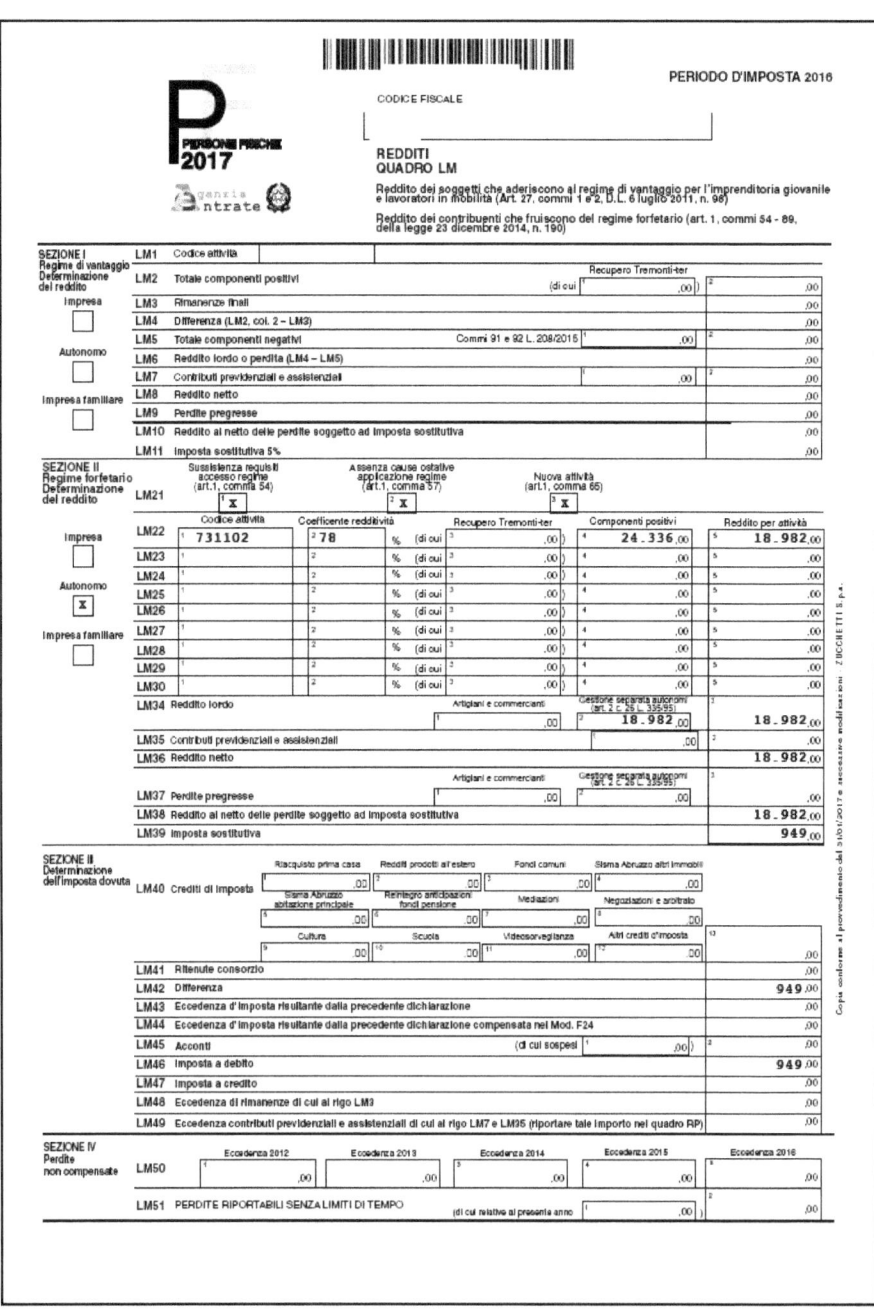

Immagine 38. I quadri da compilare nel Modello UNICO per i titolari di Partita IVA nel Regime Forfettario

Regime dei Minimi:

- LM1 - Nel quadro LM1 andrà inserito il Codice Attività (Codice ATECO)
- LM2 - Nel quadro LM2 andrà inserito il totale dei ricavi da non confondere con il fatturato lordo. Andrà indicato infatti tutto ciò che è stato realmente incassato nell' anno (dal 1 gennaio al 31 Dicembre dell' anno precedente) a prescindere dalla data di emissione della fattura.
- LM3 - Nel quadro LM3 andranno riportate le rimanenze finali, cioè eventuali perdite d' esercizio derivanti dalla precedente Dichiarazione dei Redditi. Ti ricordo a proposito che tutti i Contribuenti nel Regime Forfettario non potranno mai riportare eventuali perdite d' esercizio proprio per la presenza dei Costi Forfettari che non potranno mai superare il totale dei ricavi.
- LM4 - Nel quadro LM4 andrà inserita la differenza tra il totale dei ricavi annuali ridotte delle eventuali rimanenze finali dell' anno precedente.
- LM5 - Nel quadro LM5 dovranno essere inseriti tutti i Costi Aziendali sostenuti ed effettivamente pagati nell' anno precedente secondo le percentuali di detrazione (100% o 50% nel caso di uso promiscuo).
- LM6 - Il quadro LM6 rappresenterà il quadro del Reddito Lordo dato dalla differenza tra il quadro LM4 ed il quadro LM5 (ricavi meno costi sostenuti nell' anno). Questo quadro potrà dunque risultare anche negativo qualora i Costi Aziendali risultassero più elevati dei ricavi totali. Questo potrà accadere sono nel Regime dei Minimi e non nel Regime Forfettario in quanto, in questo secondo caso, i Costi Aziendali saranno determinati in modo forfettario applicando una percentuale sul totale. dei ricavi (e quindi obbligatoriamente inferiori ai ricavi totali)
- LM7 - Nel quadro LM7 andranno inseriti eventuali Contributi Previdenziali pagati nell' anno (Contributi INPS in Gestione Separata, Contributi INPS Gestione Commercianti o Artigiani, Contributi Previdenziali versati al proprio Albo di appartenenza).

- LM8 - Nel quadro LM8 andrà inserito il Reddito Lordo che rappresenterà la base imponibile sulla quale calcolare l' Imposta Sostitutiva ed eventuali Contributi Previdenziali.
- LM9 - Nel quadro LM9 andranno riportate eventuali perdite pregresse degli anni precedenti.
- LM10 - Nel quadro LM10 andrà riportata la differenza tra il Reddito Netto (quadro LM8) ed eventuali perdite pregresse (quadro LM9).
- LM11 - Il quadro LM11 riporterà il calcolo dell' Imposta Sostitutiva del 5% utilizzando come base di calcolo il quadro LM10.

Regime Forfettario:
Per tutti coloro che hanno aderito al Regime Forfettario i quadri da compilare saranno tutti quelli compresi tra il quadro LM21 ed il quadro LM39. Analizziamoli:
- LM21 - Bisognerà barrare le tre caselle nel caso in cui si possederanno i requisiti per il Regime Forfettario (casella 1), sono assenti tutte le cause ostative (casella 2), si possederanno i requisiti di start-up riducendo quindi l' Imposta Sostitutiva al 5% (casella 3).
- LM22 - Nel quadro LM22 dovrà essere riportato il Codice ATECO dell' Attività Economica svolta ed il suo relativo Coefficiente di Redditività (nell' esempio il Codice ATECO appartiene ad una Categoria Professionale ed il relativo Coefficiente di Redditività è pari al 78%). Dovranno essere poi inseriti il totale dei ricavi annuali incassati nell' anno (casella 4) ed il Reddito per attività risultante dall' applicazione del Coefficiente di Redditività sui ricavi (casella 5).
- LM23-30 - Dal quadro LM 23 al quadro LM30 potranno essere inseriti eventuali Codici ATECO aggiuntivi all' Attività Economia scelta. Dato che sarà possibile inserire più Codici ATECO attribuiti alla propria Partita IVA secondo Attività svolte differenti, sarà necessario per ognuno di essi dichiarare il relativo incasso, il relativo Coefficiente di Redditività attribuito, i Componenti positivi e il Reddito per Attività (caselle 4 e 5).

- LM34 - Nel quadro LM34 dovrà essere riportato il Reddito Lordo determinato dalla somma di tutti i Redditi per attività.

- LM35 - Nel quadro LM35 dovranno essere inseriti eventuali Contributi Previdenziali pagati nell' anno (Contributi INPS in Gestione Separata, Contributi INPS Gestione Commercianti o Artigiani, Contributi Previdenziali versati al proprio Albo di appartenenza).

- LM35 - Il quadro LM35 rappresenterà il Reddito Netto dato dalla differenza tra il Reddito Lordo (quadro LM34) meno eventuali Contributi pagati nell' anno (quadro LM36).

- LM37 - Nel quadro LM37 andranno riportate eventuali perdite pregresse derivanti dagli esercizi precedenti.

- LM38 - Il quadro LM38 rappresenterà il Reddito al netto di eventuali perdite pregresse e rappresenterà la base imponibile per il calcolo dell' Imposta Sostitutiva del 5% in fase di start-up o del 15%.

- LM39 - Il quadro LM39 rappresenterà il valore dell' Imposta Sostitutiva da versare sui Redditi appena calcolati.

In altri quadri appositi sarà necessario calcolare e dichiarare anche i propri Contributi Previdenziali. Nello specifico il quadro in questione è rappresentato dal quadro RR, sezione I nel caso di Contributi Previdenziali dovuti da Artigiani e Commercianti o Sezione II nel caso di Contributi Previdenziali dovuti da Liberi Professionisti iscritti alle Gestione Separata INPS.

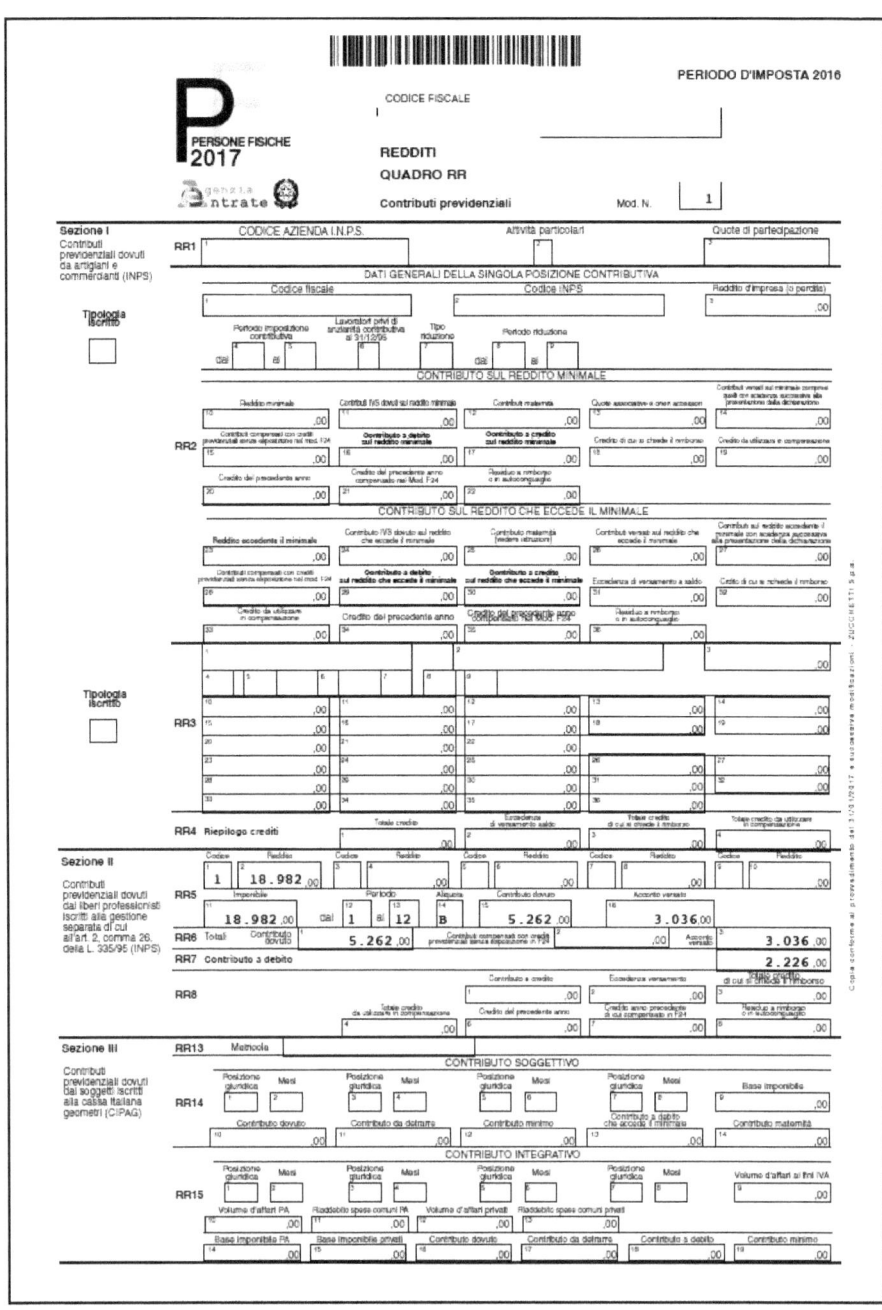

Immagine 39. Quadro RR del Modello UNICO di un Professionista iscritto alla Gestione Separata INPS

Nell' esempio riportato in questo Capitolo, il Professionista in questione è iscritto alla Gestione Separata INPS ed ha quindi l' obbligo di compilare la Sezione II dal rigo RR5 al rigo RR8. Nello specifico:

- RR5 - Nel quadro RR5 dovrà essere indicato il Reddito Netto che rappresenterà la base imponibile per il calcolo dell' Imposta Sostitutiva (casella 2), i mesi di attività lavorativa (caselle 12 e 13), l' aliquota da prendere in considerazione (casella 14, varia in base all' anno ed in base alla presenza o meno di redditi da lavoro dipendente), i Contributi Previdenziali dovuti (casella 15) e gli eventuali acconti versati l' anno precedente (casella 16)
- RR6 - Nel quadro RR6 dovranno essere indicati i Contributi dovuti (casella 1) e gli acconti precedentemente versati (casella 3)
- RR7 - Nel quadro RR7 dovrà essere riportata la differenza tra i Contributi dovuti e quelli già versati in acconto nell' anno precedente
- RR8 - Nel quadro RR8 andranno riportati eventuali crediti di Contributi generati nella dichiarazione precedente.

Come avrai avuto modo di notare l' invio della Dichiarazione dei Redditi varia totalmente nei casi in cui il Contribuente abbia la possibilità di utilizzare il Modello Dichiarativo 730 o nel caso in cui sia obbligato ad inviare il Modello Dichiarativo Unico. Se nel primo caso sarà possibile provvedere all' invio della propria Dichiarazione semplicemente rivolgendosi ad un CAF o addirittura inviarla personalmente (nel caso di 730 pre-compilato), nei casi in cui bisognerà predisporre ed inviare il Modello Unico sconsiglio vivamente il metodo "fai da te". Rivolgiti ad un Professionista abilitato preparato per l' invio del tuo Modello Unico sia nel caso in cui tu fossi titolare di partita IVA sia nel caso in cui tu fossi titolare di altri redditi (anche redditi da prestazione Occasionale). Un errore nella compilazione del Modello potrà costarti caro, molto di più di quello che spenderai per un' assistenza completa sulla tua Contabilità.

Inutile ripeterti che sono a tua disposizione per la compilazione ed invio della tua Dichiarazione dei Redditi. Se ne dovessi avere bisogno contatami tramite il mio sito internet www.regime-forfettario.it

7.3 QUANDO NON È NECESSARIO INVIARE LA DICHIARAZIONE DEI REDDITI

Spesso si tende a pensare che qualsiasi contribuente debba effettuare la propria Dichiarazione dei Redditi; niente di più sbagliato. Esistono infatti alcuni casi, previsti per legge, che garantiscono l'esonero da qualsiasi obbligo dichiarativo. Nei casi in cui non è necessario inviare la propria Dichiarazione dei Redditi si potranno risparmiare una serie di costi di invio ed ottenere un notevole guadagno di tempo evitando numerosi adempimenti burocratici. Al contrario di quanto si possa pensare non tutti i Contribuenti hanno l'obbligo di presentare la Dichiarazione dei Redditi. Esistono infatti alcune categorie che non saranno soggette a nessun obbligo dichiarativo.

Il primo passo da effettuare per rendere il più chiaro possibile questa tematica sarà quello di identificare i Contribuenti che saranno sempre obbligati alla presentazione annuale della Dichiarazione dei Redditi.

La maggior parte dei Contribuenti è tenuta all'invio della Dichiarazione dei Redditi. analizziamo di seguito quali sono le effettive categorie che hanno l'obbligo di presentazione della Dichiarazione:

- Soggetti titolari di Partita IVA
- Soggetti obbligati per legge alla redazione delle scritture contabili
- Lavoratori Dipendenti che rientrino in alcune casistiche specifiche
- Soggetti che hanno prodotto reddito ma che non rientrano ne casi di esonero

Mentre tutti i soggetti titolari di Partita IVA dovranno procedere sempre all'invio della Dichiarazione dei Redditi, i Lavoratori Dipendenti saranno obbligati alla presentazione della stessa solo in alcune circostanze, ecco quali:

1. Dovranno effettuare la Dichiarazione dei Redditi tutti i Lavoratori Dipendenti che hanno cambiato datore di lavoro e sono in possesso di più certificazioni da Lavoro Dipendente. Si potrà in questo caso essere esenti dall'invio solo se venga richiesto al nuovo datore di lavoro di procedere con il conguaglio delle Ritenute d'Acconto effettuate dal primo datore.

2. Il Lavoratore Dipendente sarà obbligato all'invio della Dichiarazione dei Redditi anche nel caso in cui riceva, dall'INPS o da qualsiasi altro Ente, delle integrazioni salariali. La più comune di questa è sicuramente la NASPI.

3. Tutti i Lavoratori Dipendenti per poter riuscire ad ottenere eventuali deduzioni o detrazioni fiscali non spettanti, ma riconosciute dal datore di lavoro, dovranno presentare Dichiarazione dei Redditi per vederle assegnate.

4. Rientrano in questa categoria anche i Lavoratori Dipendenti che hanno percepito dei redditi derivanti da Committenti privati per prestazioni esenti da ritenute d'acconto, come per esempio gli autisti.

5. Anche i lavoratori dipendenti che non hanno subito la trattenuta del contributo di solidarietà rientrano in questa categoria. Infatti, se si verifica quanto detto, questo contributo va necessariamente versato tramite Dichiarazione dei Redditi.

6. Tutti i Lavoratori Dipendenti ai quali è stata effettuata un'errata ritenuta delle addizionali regionali e comunali dovranno procedere all'invio della Dichiarazione dei Redditi. La presentazione della Dichiarazione è dovuta esclusivamente se le singole addizionali superino i 10,33 Euro.

Dovranno inoltre presentare Dichiarazione tutti coloro che avranno ottenuto redditi soggetti a tassazione separata. In questo caso, l'obbligo di invio della Dichiarazione, esiste solo se i soggetti che erogano i redditi sono obbligati ad effettuare le rispettive ritenute.

Per quanto riguarda i Redditi da capitale va ricordato che tutti coloro che hanno ottenuto delle plusvalenze avranno l'obbligo di indicarle negli specifici quadri RT ed RM. Dovranno quindi presentare la Dichiarazione dei Redditi solo se abbiano volontariamente scelto il Regime Dichiarativo o nel caso di eventuali plusvalenze derivanti da intermediari esteri.

Questi appena elencati sono tutti i casi in cui un Contribuente è obbligato a presentare la propria Dichiarazione dei Redditi. Analizzerò adesso tutte le casistiche in cui non sarà invece necessario l'invio della Dichiarazione. Potrai così verificare con esattezza la tua categoria di appartenenza.

Non sarà necessario produrre Dichiarazione dei Redditi per:

• Prima casa adibita ad abitazione principale, pertinenze ed altri immobili non locati ma solo se non localizzati nel comune di residenza. Infatti qualsiasi immobile non in affitto situato presso lo stesso comune di abitazione concorrerà a formare reddito in misura pari al 50%.
• Lavoro Dipendente che non rientri nelle casistiche di invio della Dichiarazione dei Redditi trattate nel paragrafo precedente. Per non dover presentare la Dichiarazione dei Redditi sarà necessario che chi corrisponda i compensi sia l'unico ad effettuare le ritenute d'acconto. Se viceversa dovessero esistere più Sostituti di Imposta sarà sempre l'ultimo che ne dovrà certificare il conguaglio. Dovranno inoltre essere presenti eventuali detrazioni per coniuge e familiari a carico e non dovranno essere necessarie le addizionali regionali e comunali.
• Redditi da pensione

- Rapporti di collaborazione coordinata e continuativa. Non rientrano in questa categoria le collaborazioni di tipo amministrativo-gestionale effettuate nei confronti di Associazioni o Società sportive di tipo dilettantistico.
- Redditi Esenti. Fanno parte di questa tipologia alcune borse di studio, indennità incluse anche quelle di accompagnamento; tra le pensioni rientrano quelle privilegiate ordinarie militari, di guerra e civili. Rientrano sempre in questa categoria le rendite che derivano da invalidità permanente o causa morte, gli assegni destinati ad i ciechi, sordi ed invalidi civili.
- Tutte le tipologie di reddito che sono tassate attraverso l'imposta sostitutiva come i BOT
- Redditi che subiscono una trattenuta alla fonte come titolo d'imposta, come per esempio gli interessi sui conti bancari.

Esistono ancora delle casistiche particolari che garantiscono, rispettando determinati limiti di reddito, l'esonero dall'invio della Dichiarazione dei Redditi.
Saranno esenti dall'invio della Dichiarazione i Contribuenti che rispetteranno, esclusivamente per alcune categorie di reddito, i vincoli di fatturato elencati di seguito:

- Redditi da terreni o fabbricati, inclusa la prima casa, per una cifra inferiore a 500 Euro.
- Lavoro Dipendente o assimilato con una durata almeno annuale che sia inferiore ad 8.000 Euro.
- Redditi da pensione più altre tipologie di reddito che non superino i 7.750 Euro.
- Redditi da pensione più rendita da terreni che non siano superiori rispettivamente a 7.500 Euro (la pensione) ed a 185,92 (i terreni).
- Tutti i redditi che derivano da un assegno di mantenimento di un coniuge più altre tipologie di reddito per un limite massimo di 7.500 Euro.
- Compensi guadagnati attraverso lo svolgimento di attività sportive dilettantistiche per una cifra inferiore ad i 28.158,28 Euro.

- Atri redditi assimilati che non sono rapportati alla durata dei lavori come possono essere la Prestazione Occasionale ed i diritti d'autore fino ad un limite massimo di 4.800 Euro.

In ultima istanza non sarà necessario inviare la Dichiarazione dei Redditi per tutti i contribuenti che nell'anno di competenza dovranno versare l'IRPEF per un valore inferiore a 10,33 Euro.

Ricorda che dovrai valutare attentamente la tua situazione fiscale per capire se potrai rientrare in una delle categorie elencate e garantirti l'esonero dall'invio della Dichiarazione dei Redditi. Anche se dovessero sussistere tutti i requisiti di esonero sarà comunque necessario analizzare con attenzione l'effettiva convenienza derivante dal mancato invio della Dichiarazione.

In alcune circostanze, nonostante sussistano le condizioni di esonero, potrà essere più conveniente presentare la tanto temuta Dichiarazione dei Redditi. Infatti se si dovesse vantare un Credito di Imposta nei confronti dell'Agenzia delle Entrate sarà sempre conveniente procedere all'invio della Dichiarazione per recuperare la somma dovuta.

Nota bene: Mi è capitato molte volte durante le mie Consulenze di venire a conoscenza di Lavoratori Autonomi Occasionali che hanno scelto autonomamente di non inviare alcun tipo di Dichiarazione Fiscale dato che il loro unico reddito derivante da prestazioni Occasionali era inferiore a 5.000 Euro.
Nulla di più sbagliato!

Nel caso di redditi da prestazioni Occasionali inferiori a 5.000 Euro, l' invio della Dichiarazione Fiscale Modello Unico rappresenta l' unico strumento utile per poter recuperare le Ritenute d' Acconto del 20% versate dai Committenti. Nessuna tassazione e nessuna Ritenuta d' Acconto è dovuta per redditi inferiori a 5.000 Euro, e l' invio della Dichiarazione Fiscale farà in modo di recuperare tutte le Ritenute d' Acconto versate trasformandole in Credito d' Imposta da utilizzare per il pagamento delle proprie future tasse (sarà possibile in alternativa richiedere il rimborso delle somme versate a titolo di Ritenuta d' Acconto anche tramite assegno o bonifico).

8.
COMMERCIALISTA
ONLINE

Siamo giunti al Capitolo conclusivo di questo manuale. Spero di averti fornito fino ad ora dei consigli e delle informazioni utili per aprire e gestire al meglio la tua Partita IVA nel Regime Forfettario 2019. So già di non aver utilizzato né un linguaggio "tecnico" né molti riferimenti di legge per la spiegazione degli argomenti fiscali, e questo farà storcere sicuramente in naso a molti Colleghi che avrebbero preferito un' argomentazione più precisa e puntuale. È stata comunque una scelta voluta per rispettare l' obiettivo principale del volume che è stato infatti creato per riuscire a spiegare in termini semplici e chiari, magari con l' utilizzo di alcuni esempi teorici, argomenti fiscali che di semplice e chiaro hanno sempre ben poco. In quasi tutte le Consulenze fiscali che ho offerto ai i miei Clienti, ed a chiunque le richieda sul mio sito, è emersa sempre da parte loro la necessità di avere spiegati tutti gli argomenti nei modi e nei termini più semplici e comprensibili possibili. Tutto questo naturalmente a discapito dell' utilizzo di tutti i termini "tecnici" e dei riferimenti legislativi molto cari a tutti i Professionisti del settore.

L' argomento principale di tutto il volume è stato dedicato principalmente al Regime Forfettario 2019, unico Regime di Vantaggio esistente al giorno d' oggi. È stata comunque una scelta voluta e ponderata proprio perché penso che la presenza di questo Regime Agevolato possa rappresentare un volano per tutte le nuove generazioni lontane ormai dalla possibilità di poter raggiungere il tanto agognato "posto fisso".

Coloro che possono trarne maggiori vantaggi nell' apertura di una nuova Partita IVA sono proprio loro, i Liberi Professionisti che, al contrario dei Commercianti ed Artigiani, possono intraprendere una nuova Attività senza la paura ed il timore di dover affrontare esorbitanti costi fissi. In verità anche per i Commercianti e gli Artigiani è stato fatto un passo in avanti, consentendo loro l' abbattimento del 35% sui loro Contributi INPS fissi.

Si, il Regime Forfettario (in verità il vecchio Regime dei Minimi) è servito tantissimo anche a me nel lontano ormai 2013 quando ho deciso finalmente di intraprendere la mia Attività da Libero Professionista dopo tanti (troppi!) anni da Tirocinante. L' ho utilizzato per 3 anni prima di doverlo abbandonare a causa (per fortuna) del superamento dei limiti di fatturato previsti.

A mio avviso è proprio questo l' utilizzo ottimale del Regime Forfettario: dovrà rappresentare il trampolino di lancio per la tua Attività e, negli anni in cui deciderai di utilizzarlo, dovrà garantirti un livello di tassazione vantaggiosa che ti permetterà di far decollare il tuo business. L' obiettivo a lungo termine di ogni Professionista o Freelance è naturalmente quello di fatturare più del limite di fatturato che questo Regime impone ma questo in molti casi avviene gradualmente, dovrai incrementare la tua visibilità ed il numero dei tuoi Clienti ma nel frattempo ti servirà un fisco "smart" e conveniente.

Durante questo percorso avrai sicuramente bisogno di essere affiancato da un Commercialista o Consulente preparato che ti guidi nelle scelte fiscali più corrette qualunque sia il tuo lavoro, specialmente se non si tratterà di un' Attività Economica "classica".

Con la diffusione del web e l' avvento delle nuove Generazioni Digitali si sono diffuse infatti tantissime nuove Professioni, digitali e non, che hanno sostituito in gran parte vecchie Professioni esistenti da decenni. Queste nuove Professioni richiedono competenze sempre più specializzate e verticali. Le nuove Professioni Digitali infatti sono per la maggior parte dei casi legate al web (start-up innovative, e-commerce) e molte di queste rientrano nella sfera Professionale (Consulenti di marketing, webmaster, grafici). Lavorare Online è adesso una realtà diffusa, e non soltanto un' utopia.

In questa ottica è stato necessario rivoluzionare anche la Professione della Consulenza Fiscale. Si è diffusa in questi anni anche la Professione del Commercialista Online che quindi può svolgere tutti i compiti e tutte le mansioni svolte da un "classico Commercialista", con il vantaggio di avere un costo molto più competitivo rispetto ai colleghi con uno studio fisico.

Prima di addentrarci sul funzionamento del Commercialista Online è doveroso specificare ciò di cui mi occupo. Tre anni fa ho sviluppato un servizio di Consulenza Online per Freelance, Professionisti, Artigiani e Commercianti ed ho deciso però di specializzarmi solo sul Regime Forfettario e, grazie ai contributi che fornisco sul mio blog e grazie al mio frequentatissimo Gruppo di Discussione su Facebook, sono ritenuto uno dei maggiori esperti in Italia sul Regime Forfettario.

Un Commercialista Classico nella maggior parte dei casi si occupa di svariate materie. Si occupa di solito contemporaneamente della Contabilità Ordinaria, Semplificata e Forfettaria di Professionisti ed Aziende, della Contabilità di Società, Srl, Cooperative, Associazioni. Spesso si occupa anche di Diritto Tributario, di buste paga e Diritto del Lavoro. Un Professionista che si occupa di seguire tutte queste materie così diverse tra loro deve riuscire ad aggiornarsi, ed a seguire tutte le novità normative ed i frequenti cambiamenti di ogni singola materia. A mio avviso però è davvero impensabile che un Commercialista o Consulente Fiscale possa essere perfettamente preparato ad esempio su tutte le normative che contraddistinguono le Società, ed essere allo stesso modo perfettamente preparato sul Diritto del Lavoro o sui Regimi Fiscali.

Questo è stato il motivo predominante che mi ha portato a specializzarmi solo ed esclusivamente sul Regime Forfettario: la preparazione. Sono riuscito in questo modo a focalizzarmi su tutte le normative e su tutte le casistiche possibili riguardante questo vantaggioso Regime fiscale, evitando di formarmi in modo vago su più materie. Ho deciso così di escludere dunque dalla mia concentrazione la Contabilità Ordinaria e semplificata, la gestione della contabilità delle Società, delle Associazioni, delle Cooperative ecc.

Un Commercialista Online ha la possibilità dunque di svolgere le stesse funzioni di un Commercialista Classico. Grazie alle deleghe dei miei Clienti ho infatti la possibilità di operare in tutti gli Uffici di competenza. Posso occuparmi delle pratiche necessarie all' apertura della Partita IVA dei miei Clienti, posso gestire la loro Contabilità, posso infine inviare la loro Dichiarazione dei Redditi. Tutti i compiti di un Commercialista Classico dunque.

Nello specifico offro ai miei Clienti un Servizio di Consulenza completo. Ciò che non deve mai mancare in un servizio di Consulenza Online è l' assistenza 365 giorni l' anno. Tutti i miei Clienti infatti sono in possesso del mio numero personale, hanno me come unico interlocutore. Per scelta personale infatti ho deciso di non delegare l' assistenza e la comunicazione giornaliera con i Clienti a dei Collaboratori, Tirocinanti o Segretari. Seguire personalmente tutti i Clienti è un lavoro meticoloso ma preciso. Limita però nel numero di Clienti da poter assistere. Possono, per questo motivo, usufruire di questo servizio ad un numero limitato di Clienti. Oltre è impossibile per un Professionista garantire una precisa gestione.

Il mio *modus operandi* inizia sempre con una Consulenza Gratuita che i Clienti e tutti gli interessati possono richiedere direttamente sul mio sito www.regime-forfettario.it. Tramite questa Consulenza analizzo che siano presenti tutti i requisiti per poter accedere al Regime Forfettario. Solo se il Cliente sarà in possesso di tutti i requisiti necessari (li ho elencati dettagliatamente nel Capitolo riguardante il Regime Forfettario) potrò quindi procedere ad aprire la Partita IVA nel Regime Forfettario.

Dopo avere aperto la Partita IVA ho il compito di istruire i miei assistiti sull' emissione delle proprie fatture, invio dunque ad ogni assistito un prospetto per emettere le proprie fatture nel Regime Forfettario. Naturalmente, durante questa docenza, aiuto i vari Clienti nell'emissione delle prime fatture, accertandomi che riescano ad emettere in futuro le proprie fatture in piena autonomia.

E' necessario poi programmare mensilmente con ogni assistito un briefing telefonico (o su Skype) per riepilogare tutti gli adempimenti fiscali e per poter aggiornare la Contabilità. In queste occasioni i miei Clienti mi inviano via mail (o tramite una cartella

condivisa) tutti i documenti fiscali: fatture emesse, fatture d' acquisto, note di credito ecc.
Tra Maggio e Giugno di ogni hanno predispongo ed invio la Dichiarazione dei Redditi Modello Unico per ogni mio assistito. Questo è il passaggio più importante e più impegnativo per ogni Commercialista Online e non.

Dall' invio della Dichiarazione dei Redditi scaturiranno quindi i conteggi delle tasse e degli eventuali Contributi Previdenziali da pagare, dunque sarà mio compito subito dopo inviare i modelli F24 pre-compilati a tutti i miei assistiti che potranno quindi pagare le proprie tasse semplicemente consegnando in banca o alla posta questi modelli di pagamento pre-compilati.
Sarà inoltre possibile pagare le proprie tasse e i propri Contributi Previdenziali anche tramite Home Banking, in questo caso basterà ricopiare online il modello cartaceo F24 già pre-compilato in ogni suo campo

Come vedi gestire la propria Contabilità con un Commercialista Online è molto semplice ed intuitivo. E' ideale soprattutto per tutte quelle Professioni che hanno sviluppato online il proprio Core Business. Ti avevo già anticipato che uno dei vantaggi nello scegliere un Consulente Online è dato dalla convenienza nel costo della parcella, ed in effetti è proprio così. Un Commercialista "Classico" per la gestione della Contabilità di un titolare di Partita IVA nel Regime Forfettario ha una parcella media di 1.000/1.200 Euro. Un Commercialista Online riesce invece ad avere tariffe molto più competitive.

Il mio servizio di Consulenza Online infatti riesce a sviluppare una gestione della Contabilità completa nei 4 punti di cui ti ho già parlato prima:

• Apertura della tua Partita IVA

- Gestione della Contabilità
- Invio della Dichiarazione dei Redditi
- Assistenza personale 365 giorni l' anno

La tariffa per tutto ciò è davvero conveniente rispetto alle tariffe che riceverai. Il costo di tutto questo infatti è di 39 Euro al mese, già comprensivo di IVA, pagabile scegliendo tra tre tipi di abbonamenti possibili: trimestrale, semestrale o annuale.

Se ne dovessi avere bisogno ti invito quindi a richiedermi una Consulenza del tutto gratuita grazie alla quale analizzerò la tua posizione fiscale e potrò indirizzarti sulle scelte economiche e fiscali più convenienti per te. Ti basterà richiedere la tua Consulenza sul mio sito internet www.regime-forfettario.it compilando l' apposito form di contatto con i tuoi dati (nome e cognome, attività svolta, mail e recapiti) per poter essere ricontattato. Sarò io stesso a richiamarti telefonicamente entro qualche ora e cercherò di risolvere tutti i tuoi dubbi.

In questi ultimi tre anni molti Professionisti o Freelance hanno scelto di optare per un Professionista Online per l' apertura e la tenuta della Contabilità della propria Partita IVA e qualcuno di loro ha deciso (su mio invito) di lasciarmi una testimonianza sul servizio Contabile svolto e sui motivi che hanno determinato la scelta di diventare Liberi Professionisti. Ecco le testimonianze:

Silvia Pinna, 35 anni, Milano
Di cosa mi occupo? Sono esperta di comunicazione e persuasione visiva e responsabile del team Web Communication di Ensolab. Il mio campo d' azione varia dall'ideazione della Strategia Creativa alla scelta della piattaforma tecnologica, dall' Interaction Design alla progettazione di Usabilità, dal Design delle Grafiche allo sviluppo

del sistema di gestione dei contenuti. Faccio parte del team Brianza Restart che ha come obiettivo divulgare la cultura digitale in Brianza. Ho realizzato un prodotto digitale online che si chiama superfreelancer.it per aiutare i designer a far decollare la loro attività grazie a strategie web. Sono anche esperta in presentation design e sto lanciando il mio nuovo progetto creativeslide.it dove, insieme al mio team, realizzeremo presentazioni efficaci per conferenze, eventi, convegni.

Ho deciso di aprire la mia partita IVA nel 2015 nel "vecchio" Regime dei Minimi ed i motivi che mi hanno spinto ad effettuare questo "salto" sono principalmente tre:

• poter decidere con chi lavorare e con chi no
• poter gestire il mio tempo
• poter decidere su quali progetti investire.

In una parola: la libertà. All'inizio è stato un salto nel buio, soprattutto perché non possedendo nozioni di fisco non avevo minimamente idee di cosa mi aspettasse. Ma è stato più bello di quello che potessi immaginare.
Oltre al lavoro "libero da schemi" ho scoperto infatti che fuori dalle mura dell'ufficio posso dedicarmi alle mie passioni, alla mia crescita personale che mi consente di crescere professionalmente ogni giorno. Sono convinta che ogni crescita inizi sempre con un passo indietro ma poi è piena di soddisfazioni.

Oggi in cui tutto è molto veloce, mi son resa conto che il mio Commercialista era rimasto al tempo della pietra. Probabilmente il molto lavoro o l'assetto tradizionale del team non mi consentivano la mobilità e flessibilità che invece cerco. Portare ogni volta i documenti cartacei nel suo ufficio, attendere settimane per una risposta via mail, non era più fattibile. Avevo bisogno di una persona disponibile, con cui confrontarmi online, Skype,

Facebook, WhatsApp come Giampiero. Con lui abbiamo instaurato subito questo rapporto e mi trovo molto bene. E' veloce, disponibile e cosa più importante trova sempre il modo per agevolarmi dal punto di vista fiscale.

Ramona Ficuciello, 27 anni, Roma

Il mio servizio principale è quello di Interprete e Traduttrice cinese/inglese, ma sono anche Tour Leader e curo anche il Sales Marketing sul mercato cinese e asiatico per un Resort 5 stelle Italiano

La decisione di aprire una partita IVA nel mio caso non è stata una vera e propria scelta, almeno inizialmente, è stata l' unica opzione che avevo a disposizione. Lavoravo con la Prestazione Occasionale principalmente ed ho dovuto optare per l' apertura di una Partita IVA perché i miei ricavi superavano i limiti imposti da questo strumento fiscale.

Ho deciso quindi di scegliere un Commercialista Online inizialmente per un fattore economico: ho avuto un reale risparmio sulla parcella del Commercialista. Il secondo motivo che mi ha spinto verso questa scelta è stata una motivazione ideologica: apprezzo molto le iniziative dei giovani che, come me, hanno idee per valorizzare la loro professione ed ho ritenuto il servizio di regime-forfettario.it un servizio nuovo, innovativo ed adatto alle mie esigenze. Ho avuto inoltre altre esperienze precedenti con commercialisti "classici" che mi hanno confermato una carenza sulla conoscenza dei nuovi Regimi Fiscali.

Ho conosciuto quindi Giampiero per caso, ricercando delle informazioni sul web. SI è dimostrato sempre molto disponibile e reperibile. Molto chiaro nel spiegarmi tutti gli argomenti fiscali, dato che non sono assolutamente portata per queste materie fiscali.

Laura Chiari, 34 anni, Milano

Sono una blogger e gestisco in autonomia il mio sito www.laurachiari.it. Quando ho iniziato a pensare che fosse arrivato il momento di aprire Partita IVA mi sono trovata di fronte a una scelta importante. È stato un momento cruciale per la mia vita e la mia attività.

Se da un lato avevo tutto l'entusiasmo di una giovane donna che stava riuscendo a crearsi dal nulla un lavoro in un periodo difficile come quello che noi giovani stiamo vivendo, dall'altro mi sentivo spaventata e in balia di leggi e regolamenti incomprensibili.

Purtroppo in Italia non ci vengono date molte nozioni riguardo la gestione delle finanze e delle questioni fiscali e spesso non siamo consapevoli dei nostri diritti e doveri.
Come tanti, mi sono quindi rivolta al magico internet e ho cercato delle informazioni che mi aiutassero a capirci qualcosa e a scegliere il percorso giusto per me.

C'è voluto un po' di tempo, ho cercato di rimandare il più possibile perché leggendo qua e là sui siti e cercando di documentarmi tra conoscenti e colleghi non ero comunque riuscita ad avere un quadro preciso di cosa mi sarei dovuta aspettare.
Un giorno, nella mia lunga ricerca, mi sono imbattuta nel sito www.regime-forfettario.it e finalmente ho trovato una speranza.
Fino ad allora avevo solo capito che, per le caratteristiche del mio lavoro di blogger, potevo rientrare nell'unico regime agevolato al momento disponibile e ho iniziato quindi a cercare quante più informazioni possibili proprio sul Regime Forfettario.

Il sito www.regime-forfettario.it mi è stato utilissimo e ho sentito una forte empatia nei confronti di Giampiero, colui che ha creato questo sito e risponde accuratamente a tutti i dubbi di noi lettori. Giampiero mi è subito sembrato competente, disponibile e specializzato, cosa non da poco.

Avendo deciso di aprire Partita IVA in Regime Forfettario e non avendo nessun tipo di esperienza, ho deciso di affidarmi a un Professionista serio, capace, che mi desse la necessaria fiducia di cui avevo bisogno.È così che ho scritto una e-mail a Giampiero che mi ha risposto nel giro di qualche ora chiamandomi e chiarendo subito i miei primi dubbi.

Perché ho scelto un Commercialista Online? Per il mio lavoro di blogger sono sempre incollata ad un computer e la maggior parte della mia attività si svolge online quindi avevo bisogno di qualcuno che capisse la mia realtà, che sedasse le mie ansie e fosse disponibile velocemente e in (quasi) qualunque momento.

La comodità di poter fare tutto telematicamente senza dover prendere appuntamento e perdere ore in sala di attesa per me è stato fondamentale nella scelta, secondo solo all'avere la consapevolezza di poter parlare e lavorare con un Commercialista specializzato proprio in quello di cui avevo bisogno.

Per ogni dubbio, per ogni incertezza, per ogni chiarimento Giampiero c'è. Sono io che alle volte mi intimorisco ed evito di chiamarlo o di mandargli una e-mail la sera tardi o durante il week-end ma sono sicura che, se e quando ne avrò bisogno, lui ci sarà.

Luisa Oreglia, 38 anni, Cuneo

Sono Luisa Oreglia e mi occupo di Web-design, Life coaching e formazione. Aiuto, quindi, Freelance e Professionisti a migliorare la loro presenza on-line; aiuto persone che stanno vivendo un momento di cambiamento, di crescita o di crisi in ambito lavorativo/ personale, e persone desiderose di migliorare la propria situazione professionale, attraverso una gestione consapevole di sé stessi e delle proprie competenze e attraverso la valorizzazione delle proprie potenzialità.

Avevo intenzione di aprire la Partita Iva perché volevo mettermi in proprio e avevo sentito dire che esisteva la possibilità di usufruire di particolari agevolazioni fiscali che mi avrebbero permesso di lavorare con continuità, ma nello stesso tempo non essere divorata dalle troppe tasse.

Prima di aprire la mia prima Partita IVA ero molto spaesata, non sapevo come fare, per me era tutto arabo: mi ero rivolta ad alcuni Commercialisti della mia zona per capire meglio come muovermi, ma mi avevano riempito di termini molto tecnici confondendomi ancora di più le idee, ed ovviamente il solo consulto "chiarificatorio" me lo avevano fatto pagare, e anche molto salato. Molto scoraggiata lasciai perdere.

Nel frattempo avevo sentito parlare molto bene di Giampiero, un Commercialista Online, che risiede a Palermo (mentre io sono di Cuneo).Ma, conoscete il detto "moglie e buoi dei paesi tuoi"? Ecco, per i miei familiari valeva lo stesso detto: "Commercialista e buoi dei paesi tuoi"!
Mi dicevano, storcendo il naso: "Online? Ma è una truffa, lascia perdere! Come può un Commercialista gestire tutta la tua documentazione contabile senza vederti di persona? Scegli un Commercialista che abiti vicino a te!"

Ma un giorno, incuriosita, anche se molto molto scettica, ho provato a contattare Giampiero: mi ha davvero colpito la sua totale disponibilità e il suo modo di rispondere e di spiegarmi le cose in modo molto semplice e comprensivo. Oltre a rispondere a tutte (e tante!) le mie domande attraverso un consulto totalmente gratuito ho scoperto che il suo servizio aveva dei costi molto più accessibili rispetto a tutti gli altri Professionisti che avevo contattato in precedenza.

Giampiero ha così aperto per me la partita IVA, mi ha insegnato ad emettere le prime fatture. Mi segue da due anni e senza ombra di dubbio mi farò seguire anche per gli anni successivi. Mi avverte tempestivamente di ogni scadenza e per qualsiasi piccolo dubbio lo contatto via mail e nel giro di pochissimi minuti ricevo già la sua risposta. E' davvero efficiente ed affidabile!

Ritengo che il servizio che offre sia ottimo e svolto con onestà e serietà. Sicuramente Giampiero, attraverso la sua competenza e professionalità, è stato (anzi è) un valore aggiunto per la mia attività e lo consiglio a qualsiasi persona che sia alla ricerca di un Commercialista con la C maiuscola.
www.presenteonline.it

Michele Gravina, 32 anni, Olbia - Web Marketing
Ho conosciuto Giampiero per caso, leggendo un suo articolo in un blog. Avevo urgenza di aprire la Partita IVA per emettere delle fatture ad alcuni clienti che dovevano pagarmi. Nel suo articolo ho trovato le soluzioni che cercavo, cosí mi sono deciso a richiedere una consulenza gratuita. Sono stato contattato dopo qualche ora, e abbiamo parlato del mio business. Ha aperto la mia Partita IVA 2 giorni dopo, ed ormai da 3 anni tiene la mia contabilità. Quello che mi piace di più del suo modo di lavorare è la velocità di risposta a tutte le mie domande.

Daniela Patroncini, 42 anni, Parma - Consulente Comunicazione
Lavoro con il web, mi occupo di consulenza e comunicazione on-line. Anche il mio Commercialista non poteva che essere on-line. Non capisco nulla di fisco e avevo bisogno di una figura alla quale delegare tutte le mie cartacce. Giampiero riesce a spiegarmi in modo semplice

tutto ciò che per me è stato sempre Arabo (fatture, costi, IVA, tasse.. ecc). Mi ha convinto ad aderire al Regime Forfettario, e mi ha spiegato in termini pratici qual'é il mio risparmio effettivo in termini di tasse. Che sia chiaro, non mi diverte proprio pagare le tasse, ma adesso sono sicura di pagare il minimo possibile, e le pago quasi con piacere. Insomma, consigliato!

Claudio Remedi, 34 anni, Roma - Informatore Scientifico
Il mio lavoro mi porta a viaggiare sempre, a non avere quasi mai tempo libero per occuparmi della mia contabilità. Avevo bisogno di un Consulente dinamico, ed ho avuto la fortuna e il piacere di conoscere online Giampiero. Ho richiesto una consulenza gratuita nel suo sito, e ho avuto modo di constatare che era quello di cui avevo bisogno. Comunichiamo spesso con Whatsapp, e condividiamo tutti i documenti fiscali via mail o Dropbox. Avevo bisogno proprio di questo, di riuscire a comunicare con il mio Commercialista da qualsiasi parte d'Italia e nel modo più veloce. Su suo consiglio ho aderito al Regime Forfettario, adesso pago solo il 5% di tasse. Se avessi seguito il mio vecchio Commercialista sarei ancora nel vecchio Regime Ordinario con IVA e tasse triplicate. Grazie!

Giulio Intravaia, 29 anni, Monza - Consulente Aziendale
Si è sempre un po' scettici ad affidarsi a qualcuno che non conosci. Soprattutto quando ci sono in mezzo i soldi e la tua attività. Già solo guardando i video sul suo canale YouTube avevo capito la grande passione di Giampiero per la sua attività. Rende semplice e comprensibile una attività che a noi Liberi Professionisti porterebbe solo via del tempo prezioso nel metterci la testa. Ho deciso di chiamarlo per parlarci direttamente e posso confermare che la professionalità e precisione sono le basi su cui ha strutturato la sua attività. Sono

davvero soddisfatto di avere Giampiero come commercialista perché so che ho un professionista competente e disponibile, oltre ad essere conveniente e rapidissimo. Non è da poco questo!

Paul A. Rodriguez, 30 anni, Brescia - Strategia Marketing
Quando ho deciso di iniziare a camminare con le mie gambe e a costruire la mia attività, mi sono informato circa le agevolazioni che mi potessero aiutare a partire. Ho scoperto con piacere l'esistenza di un regime fiscale così semplice e vantaggioso, che faceva proprio al caso mio.

Grazie al blog di Giampiero dal quale ho studiato i vari scenari e le peculiarità di questo Regime Forfettario, decido finalmente di intraprendere la carriera da libero professionista, e di affidarmi proprio al servizio di consulenza completo che proprio lui offriva.

Da qualche mese tiene la mia contabilità e prontamente risolve i miei dubbi, di qualsiasi genere essi siano, con un linguaggio semplice e comprensibile anche per gli inesperti.

Gian Luca Perni, 38 anni, Roma - Informatico
Ho contattato Giampiero per informazioni su una nuova apertura di una Partita IVA nel Regime Forfettario. Nonostante non lo conoscessi è stato paziente preciso ed esaustivo, fugando ogni mio dubbio. Se dovessi decidere di intraprendere la nuova attività sarà sicuramente il mio Commercialista. Grazie per la Consulenza gratuita e complimenti!

Luca Ferrarese, 27 anni, Monselice - Organizzazione eventi
Cercando informazioni sul Regime Forfettario sul web mi sono imbattuto in un articolo del sito regime-forfettario.it e l'ho trovato subito molto esauriente alle mie domande, senza cercare

www.regime-forfettario.it

altrove. Visto la professionalità dell'articolo ho cercato all'interno del sito il contatto e mi sono messo subito in contatto con Giampiero subito molto disponibile. Ho scelto lui per la sua rapidità, conveniente, e quanto è comodo un Commercialista che ti risponde su whatsapp invece di andare sempre in studio su e giù? Lui risponde sempre a tutte le domande con dei semplici messaggi, eccezionale!

Mario Mulè, 33 anni, Torino - Webmaster

Giampiero si è dimostrato fin da subito un VERO Professionista del Regime Forfettario. Mi ha dato consigli, seguito in tutta la fase preliminare di apertura partita IVA e successivamente mi ha sempre fornito risposte esaustive a tutte le mie domande, dubbi e curiosità. Consigliatissimo, un professionista da 10+++

Ambra Cascio, 28 anni, Palermo - Traduttrice

Ho conosciuto Giampiero per caso, informandomi sul Regime Forfettario. Ho iniziato a seguire il suo preziosissimo gruppo su Facebook in cui risponde a molti interrogativi in modo assolutamente gratuito, dopodiché l'ho contattato per aprire la mia P.IVA e tenere la mia contabilità. Sempre gentile ed esaustivo, pronto a rispondere a qualsiasi mia domanda; conosco Giampiero ancora da poco, ma sono già entusiasta di averlo scelto come mio Commercialista.

Ethior Naborri, 36 anni, Milano - Consulente Aziendale

Gentile, disponibile onesto e soprattutto su 3 Commercialisti sentiti è stato l'unico chiaro coinciso e senza tanti giri di parole l'unico che in realtà sa cosa vuol dire Regime Forfettario. Trovato per caso su Facebook a circa metà settembre quando ho inserito il mio numero per contattarmi, nel giro di qualche ora I ho sentito e mi ha spiegato veramente tutto! Grazie mille di tutto.

Guido Giuseppe. 43 anni, Roma - Informatore Scientifico
Sono un'informatore medico uscito da una grandezza azienda e visto che il mio pensionamento era ancora lontano, mi sono messo in gioco ed ho dovuto aprire la Partita IVA in Regime Forfettario. Cercando in rete informazioni su cosa è come fare mi sono imbattuto in Un serio professionista Giampiero Teresi. Ho chiesto una consulenza gratuita e dopo alcuni chiarimenti mi sono affidato a lui. Sono soddisfatto della mia scelta. Grande Giampiero.

Federico Tomanin, 32 anni, Rovigo - Preparatore olistico
Mi sono rivolto a Giampiero 2 volte nel suo gruppo su Facebook sul Regime Forfettario ottenendo sempre tempestive e professionali risposte. È il top per quanto riguarda il Regime Forfettario. Mi è utile anche leggere i quesiti delle altre persone ai quali risponde sempre con precisione. Grazie Giampiero per il tuo servizio e professionalità.